国家社科基金项目（项目编号：17BGL002）研究成果

彭 伟/著

基于资源拼凑的
社会创业企业成长机制

Growth Mechanism
of Social Ventures from the Perspective
of Resource Bricolage

社会科学文献出版社
SOCIAL SCIENCES ACADEMIC PRESS (CHINA)

前　言

在"大众创业、万众创新"的新时代下，伴随着公益理念的传播与普及，越来越多的创业者积极投身于以通过商业化手段来解决社会问题为特征的社会创业活动中。社会创业者已经成为我国创业群体中的一支重要生力军，社会创业活动日益成为我国创业活动的重要组成部分，也是推动我国民生改善、社会治理的一股重要力量。然而，实践中我国社会创业企业的成长并没有如预期的那样发展顺利，社会创业者的高失败率成为亟待解决的重要现实问题。目前，普遍认为与传统的商业创业企业相比，社会创业企业由于要兼顾社会使命与经济收益，面临更加严峻的资源约束困境。如何创造性地整合利用手头现有资源进而突破资源约束已然成为社会创业企业成长过程中的重要战略问题。

尽管社会创业企业在实践层面发展迅速，但在理论层面学术界对"社会创业企业如何有效地实施资源拼凑策略来实现成长"尚未给予深入系统的解答。目前社会创业领域的文献更多地关注社会创业的内涵、特征以及社会创业过程，社会创业企业成长问题研究略显不足；资源拼凑领域的文献侧重于探讨传统商业创业企业的资源拼凑问题，对于社会创业情境下的资源拼凑的研究尚不多见，尤其缺乏对转型经济情境下社会创业企业的资源拼凑行为的研究。

1

基于上述背景，本书聚焦于社会创业企业这一特定的研究对象，结合中国社会创业企业的成长实践，就"社会创业企业如何有效实施资源拼凑策略来实现成长"这一研究主题展开深入研究，以期丰富社会创业领域的研究成果，深化资源拼凑的理论研究，同时为我国社会创业企业的成长提供更多的理论依据与实践指导。具体来说，本书通过三个子研究层层深入，依据特定的理论视角，对中国情境下社会创业企业资源拼凑行为的内涵、驱动机制及作用机理进行了全面系统深入的探讨。

现有文献就西方发达国家情境下传统商业创业企业资源拼凑行为的内涵开展了诸多研究，转型经济情境下社会创业企业资源拼凑行为的内涵却尚未得到有效阐释。实际上，由于中国转型经济情境下独特的制度环境和文化背景以及社会创业企业与商业创业企业在成长过程中的特征差异，中国转型经济情境下社会创业企业资源拼凑行为可能会呈现与西方发达国家情境下传统商业创业企业资源拼凑行为的不同特征。据此，本书子研究一（第三章）运用规范的扎根理论方法与技术，基于8家社会创业企业的翔实资料数据，就"中国情境下社会创业企业资源拼凑行为的内涵是什么""在不同的发展阶段，社会创业企业资源拼凑行为呈现出怎样的动态演化特征"等两个问题开展了深入的探讨。研究结果表明，社会创业企业主要在实物、技能、人力等领域开展资源拼凑行为，具体包括改造闲置资源、活用废弃资源、巧用假定单一用途物料、整合专业技能、利用业余技能、利用闲置人力、整合志愿者/义工、借力客户、借力员工、利用亲友网络、运用商业伙伴网络、借用师生网络、开拓未被服务的市场、挖掘现有市场、突破规范、打破观念/认知。此外，社会创业企业在不同的发展阶段所采取的资源拼凑策略不同。具体而言，社会创业企业在创建期采取"以实物拼凑和人力拼凑为主"的资源拼凑策略,在存活期采取"技能拼凑是首选"的资源拼凑策略,在成长期采取"以市场拼凑和制度拼凑为主"的资源拼凑策略。该研究结论明晰了中国情境下社会创业企业资源拼凑行为的内涵,深化了我们对转型经济以及社会创业两种情境下资源拼凑内涵的认识。

目前国内外文献较多地探讨资源拼凑的绩效影响,相对缺乏对资源拼凑行为的前因展开深入研究,有关社会创业情境下资源拼凑行为驱动机制的研究更加匮乏。据此,本书子研究二(第四章)构建了个体层面的先前经验与社会网络、组织层面的市场导向与创业导向、环境层面的环境包容性影响社会创业企业资源拼凑行为的理论模型,以国内 26 家社会创业企业为样本,探索性地运用模糊集的定性比较分析方法对理论模型进行实证分析。结果发现:社会创业企业不同类型的资源拼凑行为具有不同的前因组态,高先前经验、高社会网络、低市场导向、低创业导向的协同联动激发社会创业企业的要素拼凑行为,高先前经验、高社会网络、高市场导向、低环境包容性的协同联动激发社会创业企业的市场拼凑行为,高先前经验、高社会网络、低市场导向、高创业导向、低环境包容性的协同联动激发社会创业企业的制度拼凑行为。该研究结论剖析了社会创业企业资源拼凑行为的驱动机制,为我国社会创业企业如何实施资源拼凑策略来突破资源约束困境提供了理论依据与实践参考。

国内外已有不少研究发现了资源拼凑的正向绩效影响效应,资源拼凑对社会创业企业成长的积极影响也得到少许研究证实,然而资源拼凑影响社会创业企业成长的内在作用机理却尚未得到深入研究。对此,本书子研究三(第五章)整合资源拼凑理论与组织合法性理论,就资源拼凑影响社会创业企业成长的内在作用机理开展了深入的多案例研究。研究结果表明,不同类型的资源拼凑有助于社会创业企业获取不同的组织合法性，进而促进其成长。其中，实物拼凑、技能拼凑和市场拼凑有助于社会创业企业获取市场合法性，促进其经济层面的成长；制度拼凑与人力拼凑有助于社会创业获取社会合法性，促进其社会层面的成长。同时，在社会创业企业成长的不同阶段，资源拼凑促进合法性获取的途径有所差异，企业成长程度亦有区别。在生存期，社会创业企业注重实物、技能以及市场等资源拼凑策略来获取市场合法性，实现经济营收以保证企业存活；在成长期，社会创业企业则主要通过人力和制度拼凑来推动社会合法化，实现企业的可持续性成长。社会创业企业在经济层面和社会层面的成长呈现动态平衡特征，经济层面的成长有助于经济目标的实现，而经济价值的实现对社会价值的实现有正向影响，当社会目标实现后，又会进一步促进企业在经济层面的成长。该研究结论揭示了资源拼凑影响社会创业企业成长的作用机制，同时为我国社会创业企业如何发挥资源拼凑的价值来实现成长提供了理论依据与实践指导。

通过上述三个子研究的深入分析，本书明晰了中国情境下社会创业企业资源拼凑行为的内涵，剖析了社会创业企业资源拼凑行为的驱动机制，揭示了资源拼凑影响社会创业企业成长的作用机理。基于上述研究发现，本书在第六章讨论了研究结果的理论价值以及实践启示，并指出了研究的局限性以及未来研究方向。

本书所做研究具有多重理论意义，对社会创业、资源拼凑、组织合法性、战略导向等研究领域均有一定的理论贡献。①对社会创业研究领域，现有文献聚焦于社会创业的内涵与特征以及社会创业过程研究，本书聚焦于社会创业企业成长研究，丰富了社会创业领域的研究主题；国内外学者主要将资源拼凑应用于商业创业情境，转型经济与社会创业情境下的资源拼凑研究并不多见，本书探索性地将资源拼凑理论应用于中国转型经济情境下社会创业企业成长研究，拓展了社会创业领域的研究视角；目前国内外社会创业领域的研究以质性研究方法为主、实证分析方法为辅，本书运用扎根理论方法来探讨中国情境下社会创业企业资源拼凑行为的内涵，运用多案例研究方法来探究资源拼凑影响社会创业企业成长的作用机理，还探索性地运用定性比较分析方法就社会创业企业资源拼凑行为的驱动机制开展研究，扎根理论、案例研究以及定性比较分析方法的综合运用创新了社会创业领域的研究方法。②对资源拼凑研究领域，现有文献较多将资源拼凑理论应用于商业创业情境，本书将资源拼凑理论积极运用于社会创业情境，拓展了资源拼凑理论的应用情境；已有研究较多探讨西方发达国家商业创业企业资源拼凑行为的内涵，本书进一步明晰了中国转型经济情境下社会创业企业资源拼凑行为的内涵，深化了资源拼凑的内涵研究；国内外学者主要就资源拼凑的绩效影响效应开展了诸多研究，相对缺乏对资源拼凑的前因展开探讨，本书剖析了社会创业企业资源拼凑行为的驱动机制，强化了资源拼凑的前因研究；现有研究聚焦于探讨资源拼凑的直接影响，有关资源拼凑的作用机制研究比较鲜见，本书揭示了资源拼凑影响社会创业企业成长的作用机理，推进了资源拼凑的后果研究。③对组织合法性研究领域，已有研究较多探讨组织合法性对商业创业企业成长的影响，就组织合法性与社会创业企业成长关系开展的研究比较少见，本书通过案例研究证实了市场合法性有助于社会创业企业经济层面的成长，社会合法性有助于社会创业企业社会层面的成长，深化了我们对社会创业企业组织合法性作用机制的认识；已有研究更多探讨创业企业组织合法性的绩效影响，较少涉及创业企业组织合法性的前因，本书通过案例研究发现实物拼凑、技能拼凑以及市场拼凑有助于社会创业企业获取市场合法性；人力

5

拼凑和制度拼凑有助于社会创业企业获取社会合法性，深化了我们对社会创业企业组织合法性形成机制的认识。④对战略导向研究领域，已有文献采用原子化的视角，仅仅就市场导向或创业导向对企业资源拼凑行为的影响开展了实证研究，本书运用定性比较分析方法，同时将市场导向、创业导向与先前经验、社会网络、环境包容性等变量纳入分析框架中，就社会创业企业资源拼凑行为的前因构型开展了研究，结果发现高先前经验、高社会网络、低市场导向、低创业导向的协同联动激发社会创业企业的要素拼凑行为，高先前经验、高社会网络、高市场导向、低环境包容性的协同联动激发社会创业企业的市场拼凑行为，高先前经验、高社会网络、低市场导向、高创业导向、低环境包容性的协同联动激发社会创业企业的制度拼凑行为，该研究结果深化了我们对市场导向、创业导向与社会创业企业资源拼凑行为之间关系的认识。

本书的实践应用价值体现在以下两个方面：一是为政府部门精准出台培育与促进社会创业企业成长的政策组合拳提供了决策参考；二是为社会创业企业有效实施资源拼凑策略来突破资源约束困境进而获得成长提供了理论依据与实践参考。

PREFACE

In the new era of "mass entrepreneurship and innovation", with the spread and popularization of public welfare concept, more and more entrepreneurs actively engage in social entrepreneurial activities characterized solving social problems by commercial means. Social entrepreneurs have become an important force in China's entrepreneur group. Social entrepreneurship has increasingly become an important part of China's entrepreneurial activities, as well as an important force to promote the improvement of people's livelihood and social governance. However, in practice, the growth of social ventures in China has not developed smoothly as expected, and the high failure rate of social entrepreneurs has become an important practical problem to be solved urgently. At present, it is generally believed that compared with traditional commercial ventures, social ventures are facing more severe resource constraints because they have to take into account both social mission and economic returns. How to creatively integrate and utilize existing resources and break through resource constraints has become an important strategic choice in the growth process of social ventures.

Despite the rapid development in practice, the academic community has not yet given a thorough and systematic answer to the question of how to effectively implement the resource bricolage strategy to achieve growth for social ventures at the theoretical level. At present, the literature in the field of social entrepreneurship pays more attention to the connotation, characteristics and process of social entrepreneurship, while the study on the growth of social ventures is rare. The literature in the field of resource bricolage focuses on the resource bricolage behavior of traditional commercial ventures while the study on resource bricolage in the context of social entrepreneurship is rare. In particular, there is a lack of study on the resource bricolage behavior of social ventures in the context of transition economy.

Based on the above background, this book takes social ventures as research object and carries out in-depth study on how to effectively implement resource bricolage strategy to achieve growth for social ventures, with a view to enriching the research results in the field of social entrepreneurship and deepening the theoretical study of resource bricolage, then providing more theoretical basis and practical guidance for the growth of social ventures in China. Specifically, this book conducts thorough and systematic study of the connotation, driving mechanism and impact mechanism of resource bricolage behavior of social ventures in Chinese context through three sub-studies from specific theoretical perspectives.

The existing literature has carried out lots of research on the connotation of resource bricolage behavior of traditional commercial ventures in the context of western developed countries, while the connotation of resource bricolage behavior of social ventures in the context of transition economy has not yet been explained. In fact, due to the unique institutional environment and cultural background in the context of China's transitional economy and the differences in the growth process between social ventures and commercial ventures, the resource bricolage behavior of social ventures in the context of China's transitional economy may present different characteristics from commercial ventures in the contest of western developed countries. Therefore, Chapter 3 applies grounded theory method to carry out in-depth discussion on two questions based on detailed data of eight social ventures. One question is what is the connotation of resource bricolage behavior of social ventures in Chinese context and the other is what's dynamic evolution characteristics of resource bricolage behavior of social ventures at different stage of development. Research results show that social ventures mainly carry out resource bricolage activities in six fields, including physical resources, human resources, network, skill, market and institutions. Specifically, it includes transforming idle resources, utilizing waste resources, skillfully utilizing assumed single-purpose materials, integrating volunteers, borrowing customers, employing employees, utilizing relatives and friends' network, utilizing business partner's network, borrowing teachers and students' network, developing new market, tapping existing market, breaking through norms, breaking concepts or perception. Moreover, social ventures adopt different resource bricolage strategies at different stages of their development. During the establishment period, they mainly adopt physical bricolage and human bricolage strategy. In the survival period, skill bricolage is the preferred strategy. They mainly carry out market and institutional bricolage strategy in the growth period. The conclusion clarifies the connotation of resource bricolage for social ventures in China and deepens our understanding of resource bricolage in the context of transitional economy and social entrepreneurship.

At present, domestic and foreign literature mainly discuss the impact of resource bricolage on performance while the study on the antecedents of resource bricolage behavior is rare. Especially, the study on the driving mechanism of resource bricolage in the context of social entrepreneurship is more scarce. Therefore, Chapter 3 of this book builds a theoretical model among prior experience, social network, market orientation, entrepreneurial orientation, environmental munificence and social ventures' resources bricolage. Taking 26 social ventures in China as a sample, the fuzzy set qualitative comparison analysis method is used to empirically analyze the theoretical model.

Research results show that different types of resource bricolage behaviors have different antecedent configurations. The joint effect of high prior experience, high social network, low market orientation and low entrepreneurial orientation promotes the occurrence of social ventures' physical bricolage behavior. The joint effect of high prior experience, high social network, high market orientation and low environmental munificence promotes social ventures' market bricolage behavior. The joint effect of high prior experience, high social network, low market orientation, high entrepreneurial orientation, and low environmental munificence promotes social ventures' institutional bricolage behavior. The conclusion analyses the driving mechanism of social ventures' resource bricolage behavior and provides theoretical basis and practical reference for social ventures in China on how to implement resource bricolage strategy to break through the dilemma of resource restriction.

Many studies at home and abroad have confirmed the positive effect of resource bricolage on the growth of social ventures. However, the impact mechanism of resource bricolage on the growth of social ventures is still unclear. Therefore, Chapter 5 of this book integrates resource bricolage theory and organizational legitimacy theory and conducts in-depth multi-case study on the internal mechanism of the impact of resource bricolage on the growth of social ventures. Research results show that different types of resource bricolage can help social ventures obtain different organizational legitimacy to promote the growth of social ventures. Physical bricolage, skill bricolage and market bricolage mainly help social ventures obtain market legitimacy to promote the economic growth of social ventures, while human bricolage and institutional bricolage mainly help social ventures obtain social legitimacy to realize the social value of social ventures. Meanwhile, different types of social ventures are different in patterns of legitimacy and degrees of growth at different stages of growth. In the survival period, social ventures mainly obtain market legitimacy by physical bricolage, skill bricolage and market bricolage and achieve economic revenue to ensure the survival. In the growth period, social ventures mainly obtain social legitimacy by human bricolage and institutional bricolage and achieve sustainable growth. The growth of social ventures at the economic and social levels shows a dynamic balance. The growth of social ventures at the economic level is conducive to the realization of economic goals. The realization of economic values has positive impact on the realization of social values. When the social goals are achieved, it will further promote the growth of social ventures at the economic level. The conclusion reveals the impact mechanism of resource bricolage on the growth of social ventures and provides theoretical base and practical guidance for social ventures in China on how to realize the growth by applying resource bricolage strategy.

Through the in-depth analysis of the above three sub-studies, this book clarifies the connotation of resource bricolage behavior of social ventures in the Chinese context, analyzes the driving mechanism of resource bricolage behavior of social ventures, and reveals the impact mechanism of resource bricolage on the growth of social ventures. Based on the above findings, Chapter 6 discusses the theoretical value and practical implications of the findings, and points out the limitations of the study and future research directions.

This book has multiple theoretical significance and has made some theoretical contributions to social entrepreneurship, resource bricolage, organizational legitimacy, strategic orientation and other research fields. In the field of social entrepreneurship, the existing literature focuses on the connotation and characteristics of social entrepreneurship and the process of social entrepreneurship. This book focuses on the growth of social ventures and enriches the research topics in the field of social entrepreneurship. In addition, domestic and foreign scholars mainly apply resources bricolage theory to the context of commercial entrepreneurship while the study on resource bricolage in the context of transitional economy and social entrepreneurship is rare. This book applies resource bricolage theory to the study on the growth of social ventures in the context of China's transition economy and expands the research perspective of social entrepreneurship field. Moreover, the research in the field of social entrepreneurship at home and abroad at present is mainly based on qualitative research method and supplemented by empirical analysis method. This book applies grounded theory to explore the connotation of resource bricolage behavior of social ventures in Chinese context, and applies multi-case study method to explore the impact mechanism of resource bricolage on the growth of social ventures. This book applies qualitative comparative analysis method to study the driving mechanism of resource bricolage behavior of social ventures. The comprehensive application of grounded theory, case study and qualitative comparative analysis method innovates the research methods in the field of social entrepreneurship. In the field of resource bricolage, the existing literature mostly applies resource bricolage theory to the context of commercial entrepreneurship, this book actively applies resource bricolage theory to the context of social entrepreneurship, which expands the application context of the resource bricolage theory. There are many studies which explore the connotation of resource bricolage behavior of commercial ventures in western developed countries while this book further clarifies the connotation of resource bricolage behavior of social ventures in Chinese transitional economy which has deepened the connotation of resource bricolage. Scholars at home and abroad have mainly carried out a lot of research on the performance impact of resource bricolage while the study on the antecedents of resource bricolage is relatively rare. This book analyses the driving mechanism of resource bricolage behavior of social ventures which strengthens the study on the antecedents of resource bricolage. Existing research focuses on the direct impact of resource bricolage while the study on the impact mechanism of resource bricolage is rare. This book reveals the impact mechanism of resource bricolage on the growth of social ventures, which promotes the research on the consequences of resource bricolage. In the field of organizational legitimacy, there have been many studies on the impact of organizational legitimacy on the growth of commercial ventures while the research on the relationship between organizational legitimacy and the growth of social ventures is relatively rare. This book proves that market legitimacy contributes to the growth of social ventures at economic level and social legitimacy contributes to the growth of social ventures at social level, which deepens our understanding of the impact mechanism of organizational legitimacy of social ventures. Existing studies mainly explored the performance impact of organizational legitimacy of ventures while the study on the antecedents of organizational legitimacy of ventures is rare. This book finds that physical bricolage, skill bricolage and market bricolage are helpful for social ventures to obtain market legitimacy while human bricolage and institutional bricolage are helpful for social ventures to obtain social legitimacy, which deepens our understanding of the formation mechanism of organizational legitimacy for social ventures. In the field of strategic orientation, existing literatures have conducted empirical research on the impact of market orientation or entrepreneurial orientation on resource bricolage behavior from the perspective of atomization. This book applies qualitative comparative analysis method and incorporates market orientation, entrepreneurial orientation and previous experience, social network and environmental munificence into the analytical framework to explore the antecedent configuration of resource bricolage behavior of social ventures. The results show that the joint effect of high prior experience, high social network, high market orientation and low environmental munificence promotes social ventures' market bricolage behavior while the joint effect of high prior experience, high social network, low market orientation, high entrepreneurial orientation, and low environmental munificence promotes social ventures' institutional bricolage behavior. The research results deepen our understanding of the relationship among market orientation, entrepreneurial orientation and social ventures' resource resource bricolage behavior.

The practical application value of this book is embodied in the following two aspects. On the one hand, it provides decision-making reference for government departments to precisely formulate policies to cultivate and promote the growth of social ventures. On the other hand, it provides theoretical basis and practical reference for social ventures to effectively implement resource bricolage strategy to break through resource constraints and achieve growth.

目　录

图　目　录

表 目 录

Contents

Contents of Figures

Contents of Tables

第一章　绪论

　　本章主要就本书的研究背景、研究问题、研究意义及研究方案等问题进行阐述。第一节通过对实践问题的观察及理论问题的阐述来说明本书研究的现实背景与理论背景；第二节提出了本书要重点探讨的三个研究问题；第三节着重阐述本书的理论意义及现实价值；第四节从研究程序、技术路线、研究方法以及内容组织结构等四个方面概述本书的研究方案。

第一节　研究背景

一　现实背景

　　社会创业是指运用商业化手段来创新性地解决社会问题进而创造社会价值的活动（Dees，1998）。1976 年，穆罕默德·尤努斯在孟加拉国一个贫穷山村创办向当地村民提供小额贷款业务的民间信贷机构就是社会创业活动的典型例证。2006 年，尤努斯因其创办的小额信贷企业而获得诺贝尔和平奖，掀起了全球社会创业活动的浪潮。西方发达国家纷纷采取立法、成立相应组织机构等措施，构

1

建完善的政策支持体系来给予社会创业活动充足的支持与全方位的
保障，有力地推动了社会创业企业的发展。社会创业企业的发展有
效弥补了西方发达国家在解决社会问题时遭遇的市场失灵、政府失
灵以及慈善失灵问题，在优化国家福利、改善社会民生过程中发挥
了重要的作用（李德，2018）。社会创业活动对创造就业岗位、促
进社会创新、带动经济发展以及推动社会进步都具有重要的意义。

　　近年来，在"大众创业、万众创新"的新时代背景下，伴随
着公益理念的广泛传播，我国越来越多的创业者对自然资源匮乏、
生态环境破坏、食品安全隐患、弱势群体生存等诸多社会问题给予
关注，并投入社会创业活动中。社会创业者日益成为我国创业群体
中的一支重要力量，社会创业活动也逐渐发展成为我国创业活动的
重要组成部分。《2017 年中国慈展会社会企业认证工作报告》显
示，我国社会企业数量与日俱增，2017 年我国社会企业的数量增
幅高达 300%；同年发布的《大中华区社会企业调研报告》也显
示，我国社会企业在近三年发展迅速。目前我国社会创业活动呈现
蓬勃发展之势，社会创业企业在乡村振兴、精准扶贫、社区重建、
环保与可持续发展等领域产生了日益重要的影响，已逐渐成长为促
进中国社会创新和变革的重要力量（刘志阳等，2018）。

　　我国各级政府部门也纷纷出台相应政策措施，积极为社会创业
活动提供优良的支撑条件和发展环境。长三角诸多城市出台了一些
政策举措来推动当地的社会创业园区的建设与发展。比如，上海市
的爱上公益发展中心、南京市江宁区的青年公益组织培育中心、常
州市新北区的北斗星公益园、无锡的公益创新创业园、苏州市的北
极星青年公益成长中心、昆山市的公益创新中心、南通市的公益创
业园等，社会创业园区的建设有力地降低了社会创业的成本，进一
步推动了社会创业活动的蓬勃发展。

虽然近年来我国社会创业活动发展迅速，然而我国社会创业企业的成长实践并没有如预期的那样发展顺利，社会创业者的高失败率也成为亟待解决的重要现实问题。王义明（2014）基于在珠江三角洲地区开展的实践调研，总结了社会创业企业发展过程中面临的六大困境，分别是重要人才匮乏、项目创新不足、财务资金有限、专业支持缺乏、诚信保障不够、法律基础薄弱。郑晓芳、汪忠和袁丹（2015）基于对全国各高校 KAB 体系以及社会创业组织机构推荐的 144 位社会创业者的问卷调查结果显示，社会创业者在创业过程中面临重重困难，将近 1/3 的社会创业企业在获取人力资源过程中遭遇阻碍，15% 以上的社会创业企业由于缺乏足够的场地面临倒闭的风险，一半以上的社会创业企业面临财务资金匮乏的困境。笔者所在研究团队近两年在南京、常州、无锡等地社会创业园区开展的个案访谈与调研发现，多数社会创业企业发展过程中面临着严重的资源约束，因而处于举步维艰的境地；也有部分社会创业企业遭遇合法性不足的生存挑战；少数社会创业企业通过创造性地利用手头资源突破资源困境进而保持了良好的发展势头。社会创业活动的高失败率以及不同社会创业企业成长现状的差异性不仅让我们反问"社会创业企业成长机制是什么？社会创业企业如何成功地突破资源匮乏的困境才能实现顺利生存与成长呢？"剖析社会创业企业成长困境的根源，基于资源拼凑视角来揭示社会创业企业成长机制，进而提出促进社会创业企业实现持续成长的可行途径，对社会创业企业自身的成长以及我国社会创业活动的进一步发展无疑都具有重要的现实意义。

二 理论背景

尽管近年来我国社会创业的实践发展迅速，但整体而言学术界对社会创业开展的理论研究严重滞后于实践需要。与商业创业企相比，社会创业企业在资源存量以及资源获取方面都存在更严峻的挑战，面临着高度的资源匮乏困境（Austin et al.，2006）。在资源高度约束情境下，社会创业企业如何获得生存与成长，目前学术界对该问题尚未给予清晰的解答。

回顾已有文献发现，国外社会创业研究历经了"萌芽起步"（1988～2002 年）、"稳步发展"（2003～2009 年）、"快速增长"（2010 年至今）等三个阶段。

①萌芽起步阶段，国外学者主要针对社会创业现象开展描述归纳性研究，研究主题聚焦于"什么是社会创业""社会创业者的特征"等（Dees，1998；Thompson et al.，2002）。

②稳步发展阶段，相关研究主要围绕社会创业的内涵与特征、社会创业兴起的制度因素、社会创业动机等问题来展开（Seelos & Mair，2005；Austin et al.，2006；Townsend & Hart，2008；Zahra et al.，2009）。

③快速增长阶段，部分学者围绕社会创业意向形成（Nga & Shamuganathan，2010；Yiu et al.，2014）、社会创业机会识别与开发（Corner & Ho，2010；Mair et al.，2012；Yitshaki & Kropp，2016）、社会创业企业的生成（Tracey et al.，2011；Renko，2013；Stephan et al.，2015；Bacq et al.，2016）等创业过程问题开展了深入的研究；另有部分学者着眼于社会创业企业的成长问题，基于制度理论、社会网络理论、资源基础观、注意力基础观等理论视角，探讨了组织合法性、制度支持、创业者社会网络、资源获取、创业者的注意力配置等因素对社会创业企业成长的影响（Ruebottom，2013；Bacq & Eddleston，2016；Zhao & Lounsbury，2016；Hoogendoorn，2016；Lamy，2019）。总体来看，国外社会创业研究呈现出"研究主题不断扩展、研究方法日益多样"的发展态势，并已成为创业研究领域的

一个重要分支（Dwivedi & Weerawardena, 2018；Saebi et al., 2019）。

国内社会创业研究起步较晚，主要沿着以下三条路径展开：一是对国外相关研究的梳理与评介（陈劲和王皓白，2007；邬爱其和焦豪，2008；刘玉焕和井润田，2014；王晶晶和王颖，2015；刘振等，2015；薛杨和张玉利，2016；傅颖等，2017）；二是就社会创业机会识别与开发、社会创业资源整合、社会创业动机与决策等创业过程问题开展深入的案例研究（李华晶和肖玮玮，2010；王皓白，2010；买忆媛和徐承志，2012；郭新东，2013）；三是探讨社会创业企业成长管理问题，包括社会创业导向的形成及作用机制（盛南和王重鸣，2008）、社会创业企业的国际化战略（赵丽缦，2014）、社会创业企业的商业模式（刘志阳和金仁旻，2015）、社会创业企业绩效评价（孙世敏和汤甜，2010；汪忠等，2013）、社会创业企业成长的驱动因素（刘振等，2016）。总体来看，国内社会创业研究仍处于起步阶段，理论探索略显不足。

综观现有文献，作为创业研究的新兴领域，社会创业研究取得了较好的进展，但仍处于现象驱动的研究阶段，迫切需要在理论驱动层面有所突破。一方面，研究情境上，现有研究集中于英美等发达国家以及南非、印度等发展中国家，对中国情境下的社会创业关注不够。事实上，中国的经济转型和社会变革为社会创业的兴起提供了绝好的机会，也为社会创业研究提供了特殊的制度背景（李垣和田龙伟，2013）。另一方面，研究主题上，已有文献对社会创业的内涵及社会创业过程关注较多，少数文献探讨了社会创业企业成长问题，却尚未有效解释社会创业企业成长过程中的独特机理。实际上，社会创业企业成长面临着实现社会使命与为投资者创造有竞争力的收益的"双重压力"，其成长过程具有一定的独特性，深入探讨社会创业企业成长机制无疑具有重要的理论价值。

"拼凑"（Bricolage）概念最早由人类学家 Levi-Strauss（1966）提出，后来渗透到心理学（Weick，1993）、社会学（Rao et al.，2005）等学科。Baker 和 Nelson（2005）首次将"拼凑"概念引入创业研究领域，提出"创业拼凑"的概念，将其定义为"组合手头资源并即刻行动来解决新的问题或开发新的机会"。随后，国外学者沿着以下三条路径对创业拼凑开展研究。

一是拼凑行为的内涵及测量研究（Baker，2007；Senyard et al.，2009；Duymedjian & Ruling，2010；Stinchfield et al.，2013；Ronkko et al.，2014）。

二是拼凑行为的功效检验，部分学者探讨了资源拼凑在创业机会识别与开发等创业过程中的作用（Di Domenico et al.，2010；Vanevenhoven et al.，2011）；另有部分学者研究发现，资源拼凑行为对创业企业成长、服务创新、商业模式创新、新产品开发具有显著的促进作用（Linna，2013；Bacq et al.，2015；Guo et al.，2016；Sunduramurthy et al.，2016；Stenholm & Renko，2016；Rahman et al.，2016；Wu et al.，2017）；少数研究结果却表明资源拼凑可能会对企业绩效产生负面影响（Fuglsang，2010；Senyard et al.，2014）。

三是拼凑行为的前因研究，主要探讨创业者社会网络、组织特征以及外部环境等因素对创业企业资源拼凑行为的影响（Mair & Marti，2009；Desa，2012；Desa & Basu，2013）。

总体来看，经过十多年的理论探索，创业拼凑理论已发展成为创业领域的一项重要理论，用于揭示创业者在资源稀缺的创业情境下，如何创造性地拼凑利用手头现有资源来实现创业成长（Fisher，2012；Welter et al.，2016）。

近年来，国内学者对资源拼凑也开展了相关研究，主要集中在以下三个方面。

一是对国外相关研究成果的评介（秦剑，2012；方世建和黄明辉，2013；梁强等，2013；祝振铎和李新春，2016；于晓宇等，2017）。

二是采用案例研究方法探讨资源拼凑的功效和过程，比如张玉利等（2009）研究发现有限资源的创造性拼凑是企业商业模式创新的重要路径；高静和张应良（2014）的研究表明选择性拼凑行为有助于农户创业价值的实现；张建琦等（2015）基于双元视角揭示了拼凑行为影响中小企业创新的内在机制；孙红霞和马鸿佳（2016）研究发现资源拼凑与机会开发、团队融合之间的匹配是农民创业成长的关键；苏芳等（2016）就资源贫乏企业应对环境剧变的资源拼凑过程进行了深入的案例研究。

三是借鉴国外量表，就资源拼凑的影响效应开展实证研究（芮正云和庄晋财，2014；李非和祝振铎，2014；李晓翔和霍国庆，2015；祝振铎，2015；何一清等，2015；赵兴庐等，2016；吴亮等，2016）。

总体来看，国内资源拼凑研究仍处于探索起步阶段，资源拼凑行为的本土化研究略显不足。

综观现有文献，资源拼凑研究取得了较好的进展，但还存在一些不足。

①缺乏对资源拼凑概念的清晰理解，尤其是对转型经济情境下资源拼凑的内涵认识不足。现有研究集中在西方成熟市场经济条件下的资源拼凑，对于转型经济情境下的资源拼凑涉及较少。在中国特殊的转型经济情境下，尚不发达的市场体制和特有的文化传统使创业企业资源拼凑行为可能呈现与西方不一样的特征。

②缺乏对资源拼凑的动因开展整合性研究。现有研究在不同层面探讨了资源拼凑的动因，却很少研究不同层面动因之间的关系。事实上，各因素之间不是相互孤立的，资源拼凑行为的发生是多层面多因素共同作用的结果。

③资源拼凑对创业企业成长的内在作用机制有待深入探讨。现有文献着重阐释了资源拼凑对创业企业成长的直接影响效应，忽视了对资源拼凑影响创业企业成长的内在作用机制进行探讨。

④资源拼凑的动态演化过程研究不足。现有研究笼统地探讨资源拼凑对创业企业成长的影响，缺乏对企业不同成长阶段资源拼凑的动态演化研究。由于创业企业不同成长阶段所需要的资源及其组合方式不同，笼统地探讨资源拼凑的功效难以清晰认识拼凑在不同成长阶段发挥的具体作用。

作为创业研究的新兴领域，社会创业的内涵及创业过程机制已得到了较好的阐释，但我们对社会创业企业的成长机制却还知之甚少。作为一项新兴发展的创业理论，创业拼凑理论已被广泛用于揭示资源匮乏情境下创业企业成长的过程机制。中国情境下创业企业成长普遍面临较高的资源约束（蔡莉和单标安，2013）；与商业创业企业相比，社会创业企业具有实现社会目标与经济目标的"双重压力"，面临着更加严峻的资源约束（Desa & Basu, 2013; Sunduramurthy et al., 2016）。因此，本书拟将创业拼凑理论应用于社会创业企业成长研究中，综合运用扎根理论、定性比较分析、案例研究等方法，通过系统探讨中国情境下社会创业企业资源拼凑行为的独特内涵、驱动机制及作用机理，揭示资源拼凑视角下社会创业企业成长过程机理，进而设计促进我国社会创业企业实现持续成长的对策建议体系，以期丰富中国情境下的社会创业理论研究，同时为我国社会创业企业成长提供更多的理论依据与实践参考。

第二节 研究问题

通过对社会创业、资源拼凑等研究领域已有文献的分析，笔者发现，现有文献没有很好地回答以下三个问题。①中国转型经济情境下，社会创业企业资源拼凑行为的内涵是什么；在不同的发展阶段，社会创业企业资源拼凑行为呈现怎样的动态演化特征。②个体层次的先前经验与社会网络、组织层次的市场导向与创业导向、环境层次的环境包容性是否会对社会创业企业资源拼凑行为产生影响；相互之间有没有联动影响。③资源拼凑对社会创业企业成长的内在作用机理是什么；在不同的成长阶段，不同类型的资源拼凑对社会创业企业成长的作用过程是否存在一定的差异性。通过多个研究领域的交叉，本书具体探讨如下三个问题，并通过三个子研究分别加以分析。

一　明晰中国情境下社会创业企业资源拼凑行为的内涵

现有研究就商业创业企业资源拼凑的内涵、影响因素及绩效影响等问题展开了诸多探讨（Baker & Nelson，2005；Baker，2007；Mair & Marti，2009；Senyard et al.，2014）；少数研究将资源拼凑理论应用于社会创业情境中，探讨了社会创业企业资源拼凑问题，证实了资源拼凑策略的运用有助于社会创业企业成长（Di Domenico et al.，2010；Desa & Basu，2013；Bacq et al.，2015），却尚未深入探讨社会创业企业资源拼凑的内涵。资源拼凑具有较高的情境依赖性，在不同的情境下，创业企业的资源拼凑策略会有所差异（于晓宇等，2017）。一方面，在中国特殊的转型经济情境下，独特的制度、市场和文化环境可能会使中国的社会创业活动与西方发达国家的社会创业活动存在较大的差异（刘志阳等，2018），尚不发达的市场体制和特有的文化传统使创业企业资源拼凑行为可能呈现与西方不一样的特征（邓巍等，2018）；另一方面，传统的商业创业企业以利润最大化为前提，而社会创业企业以社会价值为使命，以商业化运营为手段，这种"手段—目的"关系可能会使其资源拼凑行为存在独有的特征（祝振铎和李新春，

2016)。鉴此，本书的子研究一（第三章）将综合考虑中国转型经济情境以及社会创业情境，采用规范的扎根理论方法，就"中国情境下社会创业企业资源拼凑行为的内涵是什么""在不同的发展阶段，社会创业企业资源拼凑行为呈现怎样的动态演化特征"等两个问题做出深入的解答，以期明晰中国情境下社会创业企业资源拼凑的独特内涵，揭示社会创业企业资源拼凑行为的动态演化过程，进而为我国社会创业企业实施资源拼凑策略来突破资源匮乏困境提供更多的理论依据与实践参考。

二 剖析社会创业企业资源拼凑行为的驱动机制

梳理资源拼凑领域的文献发现，学者们较多探讨资源拼凑的绩效影响（Garud & Karnoe, 2003; Ruef et al., 2003; Senyard et al., 2009; Fuglsang, 2010），相对缺乏对资源拼凑的前因展开深入研究，尤其是对社会创业情境下资源拼凑驱动机制的研究更加匮乏。虽然已有部分研究分别从创业者、创业企业、创业环境等不同的层次出发，探讨了创业企业资源拼凑的影响因素（Ferneley & Bell, 2006; Preeta & Benjamin, 2009; Raffi & Charles-Clemens, 2010; Geoffrey & Sandip, 2013; Salunke et al., 2013; Senyard et al., 2014），但这些研究都是单一视角下的碎片化研究，主要关注单个或少数几个因素对资源拼凑行为的影响（于晓宇等，2017），难以明晰不同层次的变量之间的相互影响作用，忽视了不同层次的影响因素之间的协同效应对资源拼凑的影响。此外，现有研究在探讨资源拼凑的影响因素时，将资源拼凑行为作为一个整体变量来考虑，尚未考虑不同类型资源拼凑行为的独特性，缺乏对不同类型资源拼凑的影响因素展开深入的探讨（于晓宇等，2017）。因此，本书子研究二试图运用模糊集的定性比较分析方法，同时从个体层次的先前经验与社会网络、组织层次的市场导向与创业导向、环境层次的环境包容性出发，考察不同因素对社会创业企业要素拼凑、市场拼凑、制度拼凑等不同类型的资源拼凑行为的联动影响效应，以期剖析社会创业企业资源拼凑行为的驱动机制，为我国社会创业企业有效开展资源拼凑活动提供更多的理论依据与实践参考。

三 揭示资源拼凑对社会创业企业成长的作用机理

资源拼凑有助于创业企业突破资源匮乏的困境进而获得成长，这已经得到诸多研究的证实（Baker & Nelson，2005；Salunke et al.，2013；Senyard et al.，2009）。少数研究将资源拼凑应用于社会创业情境中，同样证实了资源拼凑有助于社会创业企业突破资源约束进而获得成长（Di Domenico et al.，2010；Desa，2012；Desa & Basu，2013），然而现有研究尚未揭示资源拼凑影响社会创业企业成长的内在作用机理（祝振铎和李新春，2016），尤其缺乏就不同类型的资源拼凑影响企业成长的内在作用过程开展深入探索（于晓宇等，2017），也缺乏从动态视角来审视不同成长阶段资源拼凑影响创业企业成长的内在作用过程（邓巍等，2018）。因此，本书子研究三（第五章）拟整合资源拼凑理论与组织合法性理论，系统考察资源拼凑如何影响社会创业企业的组织合法性进而对其成长产生影响，以期揭示资源拼凑影响社会创业企业成长的内在作用机理。具体而言，该子研究将通过回答以下两个问题来深入解读资源拼凑影响社会创业企业成长的内在作用机理：①不同类型的资源拼凑（实物拼凑、技能拼凑、人力拼凑、市场拼凑、制度拼凑）是如何影响社会创业企业的市场合法性以及社会合法性进而对其经济层面和社会层面的成长产生影响；②在不同的成长阶段，资源拼凑影响社会创业企业成长的内在作用机制呈现怎样的动态演化特征。

第三节　研究意义

一　理论意义

基于上述研究背景以及本书提出的三个主要研究问题，本书具有一定的理论价值和实践意义。具体而言，本书的理论价值体现在以下三个方面。

（一）聚焦于社会创业企业这一特定研究对象，丰富创业研究的情境，补充社会创业领域的研究成果

改革开放以来，我国经济取得了较高速度的增长，同时也引发了一些亟待解决的社会问题。为了有效缓解在解决社会问题过程中出现的市场失灵与政府失灵现象，近年来以创新性的商业手段来解决社会问题的社会创业活动在我国发展尤其迅速。国外学者对社会创业现象也开展了诸多研究，早期研究主要聚焦于对社会创业现象的描述性研究（Dees，1998；Thompson et al.，2002），就社会创业的内涵及特征等问题开展了较多的探讨（Austin et al.，2006；Townsend & Hart，2008）；后期研究涉及社会创业机会识别与开发、社会创业资源获取等创业过程问题（Corner & Ho，2010；Stevens et al.，2015；Bacq & Eddleston，2016；Hoogendoorn，2016），上述研究取得了较好的进展，为后续研究奠定了良好的基础。然而国内学者却尚未对社会创业企业这一特定的研究对象给予足够的关注，对社会创业的理论研究严重滞后于实践需要（王晶晶和王颖，2015；傅颖等，2017；刘志阳和庄欣荷，2018）。因此，本书聚焦于社会创业企业这一特定研究对象，一方面，有助于丰富创业研究的情境；另一方面，通过深入探讨社会创业企业成长机制这一微观层次上的问题，有助于补充社会创业领域的研究成果。

（二）基于资源拼凑视角来深入探讨中国情境下社会创业企业资源拼凑的内涵、驱动机制及作用机理，拓展资源拼凑理论的应用领域，深化资源拼凑领域的研究成果

自 Baker 和 Nelson（2005）率先将"拼凑"概念引入创业研究领域，提出"创业拼凑"的概念以来，基于创业拼凑理论视角来探讨创业问题很快就得到了越来越多学者的关注，并且有力推动创业拼凑理论发展成为创业研究领域的重要理论视角之一（Fisher，2012；Welter et al.，2016）。基于资源基础观的创业研究主要从资源属性及其租金产生机制的角度来阐述创业资源对于创业成长的意义（Alvarez & Busenitz，2001）；然而，创业拼凑理论认为，特定资源的价值不是既定的，通过创业者的创造性行为和与其他资源进行交互可以挖掘现有资源的新用途，进而对创业企业成长产生影响（方世建和黄明辉，2013；梁强等，2013）。国外学者较多探讨商业创业情境下资源拼凑的内涵、影响因素及绩效影响等问题（Baker & Nelson，2005；Baker，2007；Mair & Marti，2009；Senyard et al.，2014），少数学者也将资源拼凑理论应用于社会创业情境下，证实了资源拼凑对社会创业成长的重要作用（Di Domenico et al.，2010；Desa，2012；Desa & Basu，2013）。国内学者对资源拼凑的研究仍处于理论探索阶段，中国情境下的资源拼凑理论研究有待拓展与深入（邓巍等，2018），尤其是对中国情境下社会创业企业资源拼凑的内涵认识不清，从整体上尚未审视社会创业企业资源拼凑行为的驱动机制，也未涉及资源拼凑影响社会创业企业成长的内在机理（于晓宇等，2017）。因此，本书将创业拼凑理论应用于社会创业情境中，基于资源拼凑视角来探讨社会创业企业成长问题，一方面，基于中国转型经济情境特征以及社会创业企业的成长特点来探讨资源拼凑的独特内涵，实现了资源拼凑概念情境化的理论构建；另一方面，从个体、组织、环境等三个层面就社会创业企业资源拼凑行为的动因开展整合性研究，同时揭示资源拼凑如何通过影响社会创业企业的市场合法性以及社会合法性进而对其成长产生影响的内在机制，这有助于拓展与丰富资源拼凑理论的应用领域及研究成果。

（三）从中国情境下社会创业企业成长的独特性出发，揭示社会创业企业成长机制，有助于构建与发展本土创业管理理论

现有研究主要从创业者、创业机会及创业组织方式等方面来构建创业研究的主题框架（Busenitz et al.，2003；张玉利等，2012）。国内外学者在探讨组织层次的创业问题时，通常采用两种不同的研究路径：多数研究将传统的组织管理理论应用于创业企业情境下，旨在通过新的研究情境来加大现有理论的解释力度；少数研究从创业企业的独特特征出发，通过研究提供新的理论命题，旨在推进与深化创业理论研究（Wiklund & Shepherd，2011）。目前国内创业领域的研究工作更多沿用第一条研究路径，在建构中国创业理论上略显不足（张玉利等，2012）。与传统的商业创业企业相比，社会创业企业由于要同时兼顾社会价值以及经济价值，其成长过程中有其独有的特征（Austin et al.，2006；刘振等，2015；赵萌和郭欣楠，2018）。本书旨在从中国社会创业企业成长的独特性出发，基于创业拼凑理论视角，通过全面深入地探讨中国情境下社会创业企业资源拼凑的内涵、驱动机制、作用机理等问题来揭示社会创业成长机制，这将有助于深化中国情境下的创业管理理论研究。

二 现实意义

本书的实践价值主要体现在以下两个方面。

（一）为我国社会创业企业如何实现顺利生存与成长提供理论指导

近年来，伴随着"大众创业、万众创新"的时代浪潮，越来越多的创业者投入以创新性商业手段来解决社会问题的社会创业活动中，各地的社会创业活动呈现蓬勃发展之势。在社会创业活动涌现一轮又一轮高潮现象的同时，社会创业企业成长现状却不容乐观，不少社会创业企业以失败告终，仅有少数社会创业企业取得成功（沙勇，2014；刘志阳和庄欣荷，2018）。探讨社会创业企业成长机制对推动社会创业的成长实践无疑具有重要的现实意义。然而，国内外学者就社会创业企业成长问题开展的研究还不多见。本书基于资源拼凑视角，综合运用扎根理论、定性比较分析、案例研究等方法，明晰中国情境下社会创业企业资源拼凑行为的内涵，剖析社会创业企业资源拼凑行为的驱动机制，揭示资源拼凑影响社会创业企业成长的内在作用机理。研究结论有助于为我国社会创业企业如何创造性拼凑资源进而实现顺利生存与持续成长提供理论指导与经验借鉴。

（二）为政府部门出台相关政策促进社会创业企业成长提供决策参考

随着公益理念的广泛传播以及我国第四次创业浪潮的兴起，用商业方法来解决社会问题的社会创业日益成为我国创业活动的重要组成部分。然而，现实实践中不容乐观的社会创业企业发展现状亟待引起社会各界的关注与支持。如何保障当地社会创业企业健康成长进而推动社会创业活动与经济创业活动同步发展成为各级政府部门关注的焦点议题。本书将在大量的实践观察以及案例研究的基础上，深入探讨中国情境下社会创业企业资源拼凑行为的内涵、驱动机制及作用机理，相关研究结论有助于政府和社会大众理解社会创业活动的价值，为我国社会创业企业的兴起和发展营造良好的宏观环境，推动我国深层次改革中出现的社会问题得到妥善解决，促进我国实现民生改善的"中国梦"。

第四节　研究方案

一　研究程序

本书的研究程序如图 1-1 所示。基于实地调研和文献回顾，

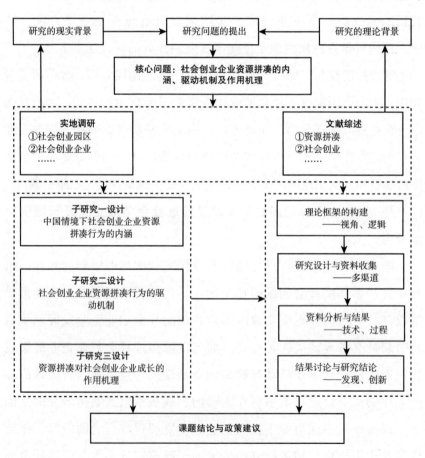

图 1-1　本书的研究程序

本书首先形成研究的现实背景和理论背景。在此基础上，本书提出核心研究问题"社会创业企业资源拼凑行为的内涵、驱动机制及作用机理是什么"，围绕这一核心问题，本研究进一步通过实地调研和文献研究将研究问题细化，并形成三个子研究设计。然后，本研究按照"理论框架构建—研究设计与资料收集—资料分析与结果报告—结果讨论与研究结论"的研究程序依次对三个子研究进行分析。最后，本研究对三个子研究进行总结，归纳本书的研究贡献，指出研究局限性，并对未来研究提出展望。

二 技术路线

本书按照"现状调查→理论探索→实践应用"这一逻辑思路展开研究，基本思路如图 1－2 所示。

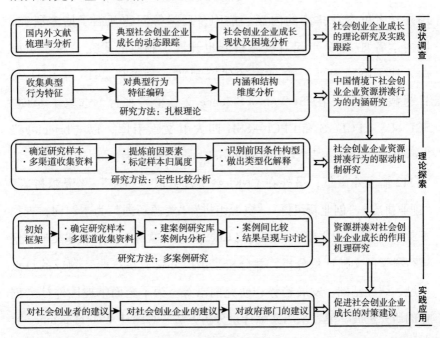

图 1－2 本书的技术路线

三 研究方法

为了全面回答上文提出的三个研究问题，本书综合运用了文献计量、扎根理论、定性比较分析、案例研究等研究方法。具体而言，在回顾国内外资源拼凑以及国外社会创业领域的研究成果时，本书以文献计量方法为主；在开展中国情境下社会创业企业资源拼凑行为的内涵研究时，本书以扎根理论方法为主；在开展社会创业企业资源拼凑行为的驱动机制研究时，本书以定性比较分析方法为主；在开展资源拼凑对社会创业企业成长的作用机理研究时，本书以案例研究方法为主。

（一）文献计量

自 Baker 率先将"拼凑"这一概念引入创业研究领域以来，国外学者就资源拼凑的内涵、前因及后果等问题开展了诸多研究；国内学者自 2009 年起对资源拼凑也开展了相应的研究。为了全面深入地了解国内外资源拼凑的研究现状，笔者以 2018 年 9 月 30 日为截止日期，在 ISI Web of Science 文献检索平台，选取了 SSCI、SCI - E、CPCI - S 和 CPCI - SSH 四大引文索引库，以"bricolage""resource bricolage""entrepreneurial bricolage"为主题词，查找下载了 112 篇国外文献；另外在 CNKI 数据库，以"拼凑""资源拼凑""创业拼凑""创业新组拼""资源组拼""资源巧创"为主题词，查找下载了 84 篇国内文献。然后使用 CiteSpace V 软件对上述全部文献数据进行科学的文献计量分析，并分析了国内外资源拼凑研究领域的热点主题、研究基础、发展趋势和研究前沿等。为了全面掌握国外社会创业的研究进展，笔者采用文献计量分析方法，对国外 Web of Science 数据库中刊载的 336 篇社会创业研究文献进行可视化分析，从知识演化路径和研究热点两个方面梳理国外社会创业的研究现状。

（二）扎根理论

扎根理论是由 Glaser 和 Strauss 于 1967 年提出的一种质性研究方法，该方法通常运用于探讨一个非事先设想好的研究问题，要求研究者抛开先前的理论假设，秉承开放的心态根据经验性资料逐步归纳总结来构建理论。鉴于现有文献尚未明晰中国情境下社会创业企业资源拼凑行为的内涵，本书选择以分享收获等 8 家具有典型性与代表性的社会创业企业为研究对象，从多渠道广泛收集相关资料，运用扎根理论方法与技术，按照"开放性编码—主轴编码—选择性编码"的操作流程，就中国情境下社会创业企业资源拼凑行为的内涵开展了深入研究。

（三）定性比较分析

伴随着组织管理研究范式由"普适向权变转变""权变向构型转变"的演化过程，综合了定性研究优点以及定量研究优点的定性比较分析（Qualitative Comparative Analysis，QCA）方法由于能够探究前因条件之间的互动（包括互补、替代和抑制）如何共同引致被解释结果出现可观测到的变化或不连续的问题，而被引入组织管理研究领域，成为管理学研究的一条新道路（Ragin，1987；Fiss，2011；龚丽敏等，2014；杜运周和贾良定，2017）。鉴于现有文献更多的是从个体或组织或环境等单一视角出发来探讨资源拼凑行为的影响因素，缺乏对不同层次因素的联动效应研究，因此尚未能有效揭示资源拼凑行为的驱动机制。本书选择运用定性比较分析方法，综合考虑个体层次的先前经验与社会网络、组织层次的市场导向与创业导向、环境层次的环境包容性对社会创业企业资源拼凑行为的联动影响效应，以期剖析社会创业企业资源拼凑行为的驱动机制。

（四）案例研究

现有文献更多探讨资源拼凑的直接影响效应，尚未深入探讨资源拼凑对社会创业企业成长的影响过程，因此本书采用多案例研究方法，以期揭示资源拼凑影响社会创业企业成长的内在作用机理。基于规范的多案例研究方法，本书选取了4家社会创业企业为样本企业，收集了丰富的资料与数据，并对这些资料与数据开展了规范的质性研究工作，旨在打开资源拼凑影响社会创业企业成长的过程"黑箱"。

四　内容组织

本研究将分为6章，各章节的内容安排如下。

第一章交代本书具体的研究背景，提出本书致力于解答的研究问题，指出本书研究的理论意义和实践意义，并对本书研究的技术路线、具体方法和内容组织做概括性的介绍。

第二章首先采用文献计量方法，对国内外资源拼凑领域的研究成果进行系统的回顾、梳理与总结，比较国内外研究的异同，据此提出中国情境下资源拼凑的研究方向，为本课题研究视角的选取提供指引；然后在明确社会创业内涵的基础上，就国外社会创业的相关研究成果开展文献计量分析，并回顾了国内社会创业领域的研究成果，指出了国内外相关研究的不足，为本书研究的开展奠定基础。

第三章围绕本书的第一个子研究展开，运用扎根理论方法，基于8家具有典型性与代表性的社会创业企业的翔实资料，开展资料分析，明晰中国情境下社会创业企业资源拼凑行为的内涵，并进一步分析不同发展阶段下社会创业企业的资源拼凑策略。

第四章围绕本书的第二个子研究展开，整合个体层面、组织层面以及环境层面的因素，运用定性比较分析（QCA）方法，就社会创业企业资源拼凑行为的影响因素开展全面、综合的研究，以期明晰社会创业企业资源拼凑行为的驱动机制。

第五章围绕本书的第三个子研究展开，整合资源拼凑和组织合法性理论，选取 4 家社会创业企业为案例研究对象，广泛收集案例企业的资料，运用严谨的扎根理论方法开展多案例研究，构建"资源拼凑—组织合法性—社会创业企业成长"的理论模型，剖析社会创业企业成长路径的过程机理，以期揭示资源拼凑影响社会创业企业成长的内在作用机理。

第六章对以上三个子研究进行总结，提炼出本书的理论贡献以及实践启示，并指出研究局限性及未来研究方向。

依据每章的具体内容，各章节之间的关系可用图 1 - 3 表示。

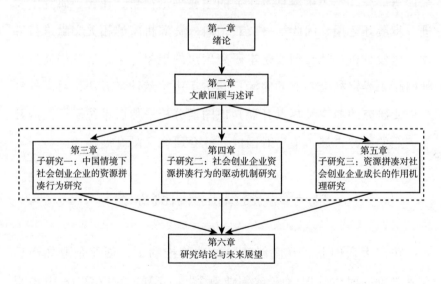

图 1 - 3　本书各章节之间的关系

第二章　文献回顾与述评

本章主要对本书涉及的理论视角以及社会创业领域的文献进行综述与评介。资源拼凑是本研究的主要理论视角，在各子研究中将进一步展开运用，因此第一节对国内外资源拼凑的相关文献进行综述与比较分析。社会创业是本研究聚焦的现象，第二节首先通过文献回顾来界定社会创业的内涵；其次运用文献计量方法，对国外社会创业研究的演进及热点开展知识图谱分析；然后系统回顾国内社会创业的研究进展；最后对国内外社会研究文献开展评述。

第一节　资源拼凑研究综述

在"大众创业、万众创新"的政策推动下，创业企业如雨后春笋般应运而生。但《全球创业观察（GEM）2017/2018 中国报告》显示，创业者恐惧失败的比例逐步提高，究其原因，资源约束是困扰创业者的首要因素（于晓宇等，2017）。如何解决创业企业的资源困境成为实业界亟待解决的问题。对于成熟企业而言，创业者面临资源困境时，往往通过早期构建的社会网络，获取信息及资源帮助企业渡过难关。但是对创业企业而言，绝大多数创业者往往缺乏历史记录、资本基础和先前经验，贫乏的资源禀赋使许多创业者无法通过自身网络关系筹集到创建新企业所需的资本。Baker 和 Nelson（2005）提出的资源拼凑理论为创业企业在资源高度匮乏的创业环境中实现成长提供了一条可行的途径。资源拼凑是创业企业资源约束下的一种创新模式（Senyard et al.，2014），指的是创业者聚焦于自有资源，通过对手头有限资源的创造性整合和利用，因陋就简，实现自力更生的过程。资源拼凑策略突破资源多寡对创业成败的影响，对处于资源困境的创业企业实践具有重要的意义。

经过十余年的发展，资源拼凑理论已发展成为创业领域的一项重要理论，取得了比较丰硕的研究成果。国内外学者围绕资源拼凑的内涵与测量（Baker et al.，2003；Garud & Karnoe，2003；Duymedjian & Ruling，2010；Senyard et al.，2014）、资源拼凑的影响因素（Fuglsang，2010；Desa & Basu，2013；祝振铎，2015）以及资源拼凑对创业企业成长的功效（Kickul et al.，2010；李非和祝振铎，2014）等话题展开了相关研究。在此期间，国内学者对资源拼凑进行了定性的文献综述（秦剑，2012；梁强等，2013；方世建和黄明辉，2013；祝振铎和李新春，2016；于晓宇等，2017），这些研究详细地阐述了资源拼凑的起源、概念内涵、测量以及实证应用。毋庸置疑，这些研究对资源拼凑在国内的引入、传播及应用发挥了举足轻重的作用。然而，现有研究仍存在两点不足：一方面，现有国内相关文献综述基本属于描述性回顾的定性研究（秦剑，2012；梁强等，2013；方世建和黄明辉，2013；祝振铎和李新春，2016；于晓宇等，2017），资源拼凑研究的热点主题、知识结构及演化趋势等问题并未得到系统关注。相比而言，这些问题更加具体化、动态化和前瞻性，对于未来开展学术研究至关重要。另一方面，现有研究大多是借鉴国外的研究成果，我国社会经济进入转型升级的关键时期，大众创业全面展开，国内创业情境发生了新变化，资源拼凑研究迫切需要新的突破，资源拼凑理论需要情境化（邓巍等，2018）。

因此，为了全面客观了解资源拼凑的国内外研究现状，本研究采取文献计量方法，运用 CiteSpace V 软件对来自 WOS 数据库和 CNKI 数据库中的相关文献数据进行分析。一方面，本研究通过文献计量法对国内外文献进行科学计量分析，得到相关的研究热点、研究基础、发展趋势和研究前沿等；另一方面，本研究就国内外学者开展的资源拼凑研究开展比较分析，在此基础上，提出中国情境下资源拼凑理论研究的未来展望，进而为推动我国创业活动良性发展提供参考。

一 数据来源与分析工具

为全面收集国外资源拼凑领域的相关文献，本研究在 SSCI、SCI - E、CPCI - S 以及 CPCI - SSH 等文献库中，以 2018 年 9 月 30 日为截止日期，以 "bricolage" "resource bricolage" "entrepreneurial bricolage" 为主题词，经 "Article" 和 "Review" 精练，检索得到 289 篇文献；然后依次阅读这 289 篇文献，发现一些文献与资源拼凑无关，剔除这些无关文献后，最终得到 112 篇有效文献。为全面收集国内资源拼凑领域的相关文献，本研究在 CNKI 数据中，以 2018 年 9 月 30 日为截止日期，以 "拼凑" "资源拼凑" "创业拼凑" "创业新组拼" "资源组拼" "资源巧创" 为主题词，得到 212 篇文献，阅读摘要后删除与资源拼凑无关的文献，最终得到 84 篇有效文献。

科学知识图谱是一种对某研究领域开展可视化分析的方法，该方法主要运用图形绘制、信息分析等手段来对该研究领域的发表期刊、发表年份、作者分布、被引频数、关键词以及发展趋势等开展深入系统的分析（陈悦，2014）。CiteSpace V 是由美国德雷塞尔大学陈超美教授基于 JAVA 平台开发出来的一种较具影响力的可视化分析工具，它可以实现机构作者描述性统计、文献的共引分析以及共词分析等功能。该软件既能静态展示某一研究领域的知识结构框架，又能动态展示该研究领域的知识发展进程，因此能够满足快速高效解读大样本文献共引和关键词共现分析的要求。基于上述背景，本研究选择借助 CiteSpace V 软件对资源拼凑研究领域进行知识图谱分析。

二　国内外资源拼凑研究的热点主题

（一）国内外资源拼凑共词图谱揭示的热点主题

关键词是概括反映文献主题和内容的规范性术语（Chen，2006）。通过构建并分析关键词共现图谱，可以识别出资源拼凑研究的热点领域。因此，本研究应用 CiteSpace V 对 112 篇国外资源拼凑文献和 84 篇国内资源拼凑文献开展计量分析，以 1 年为时间切片，将关键词确定为节点类型，进而得到国外资源拼凑的共词图谱以及国内资源拼凑的共词图谱，如图 2 - 1 所示。图 2 - 1 中的每个节点代表一个关键词，用十字架方式表示关键词的被引频次，十字架越大表明单位时间段被引用频次越高，十字架颜色深浅表示年份的远近。将中介中心度在 0.1 以上的节点添加了圆圈，表示该圆圈为资源拼凑研究领域的关键文献。

在识别出高频关键词的基础上，结合图 2 - 1 显示的中介中心性比较高的关键词，对国内外资源拼凑研究领域的共词图谱进行分析，发现国外资源拼凑领域的研究成果可以划分为 5 个主题，国内资源拼凑领域的研究成果可以划分为 3 个主题，这些研究主题之间既相对独立，同时又相互支撑。进一步结合各个主题类的文献分析可以将这些不同的主题进行命名，发现国外资源拼凑领域的文献主要围绕组织类、企业绩效类、资本类、概念模型类、制度环境类等 5 个主题来展开；国内资源拼凑领域的文献主要围绕组织类、企业绩效类、资本类等 3 个主题来展开。将国外与国内相似的 3 个研究主题用实线椭圆来表示，将国外独有的两个研究主题用虚线椭圆来表示，具体参见图 2 - 1。

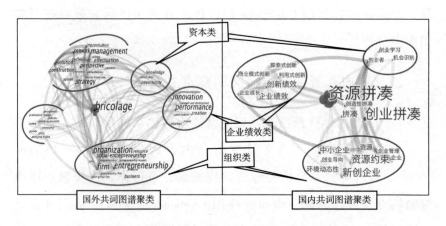

图 2 - 1　国内外资源拼凑共词图谱揭示的热点主题

（二）国内外资源拼凑研究相似的热点主题

图 2 - 1 显示，国内外资源拼凑研究领域相似的热点主题主要包括组织类、企业绩效类、资本类等 3 类。进一步从语义、中介中心性等方面对这 3 类主题开展比较分析，发现虽然国内外学者都围绕这 3 类主题开展了相关研究工作，但各自研究的侧重点略有不同。

1. 组织类

企业与组织在国内外研究中均为词频最高的主题词，且拥有较高的中介中心性。国外该类研究不仅涉及商业创业企业，还包含社会创业企业（Kwong et al.，2017；Servantie et al.，2018）；不仅研究新创企业，也对在位企业进行资源拼凑研究。与其连线的共现主题词有机会、管理、研发、绩效、创新等，说明国外资源拼凑研究不仅在静态的研究对象范围上不断扩展，也积极关注创业行为动态变化中的资源拼凑发展。相比之下，国内研究主要集中在中小企业与新创企业，与其连线的共现主题词有资源约束、创业学习、机会识别、企业绩效等，更多的是研究这些组织在面临资源约束时的拼凑战略，偏重于企业发展初期面临问题时的解决对策及其绩效后果。

2. 企业绩效类

作为资源拼凑重要的结果变量，企业绩效在国内外研究中词频均较高，主要包含创业绩效与企业创新两类。国内相关研究主要针对企业的财务绩效与成长绩效，企业创新研究聚焦于创新方式以及围绕将资源拼凑视为一种商业模式创新这一新认知展开。相比于国内相关研究，国外相关研究还涉及价值创造、优势、影响等，不仅关注短期的财务绩效，也关注长期竞争优势，同时还强调资源拼凑战略可以带来资源优势（Steffens et al.，2009）；在创新研究方面，国外研究也更加点面俱全，除了关注创新的形式以及创新绩效外，还关注组织、管理、创业等多方面的创新，显示出丰富的研究内容和视角。

3. 资本类

该主题主要包括机会识别能力、学习能力以及知识存量等，国内研究中的机会识别与资源约束相连，主要为新创企业在资源约束条件下发现机会继而采取资源拼凑策略来解决资源问题。国外研究中的机会识别与社会创业、网络关系、外部环境等均有关联，不仅表现为要素拼凑，而且还强调通过多角度识别机会进行拼凑，拼凑对象更加丰富。国内研究中机会识别的中介中心性大于创业学习，国外研究中机会识别的中介中心性却小于创业学习，这表明国内有关资源拼凑的研究更倾向于对机会识别能力的研究，但在国外资源拼凑研究领域，知识的学习比机会识别更具重要地位。

（三）国外资源拼凑研究侧重的热点主题

与国内研究相比，国外研究独有的聚类主题有 2 个，分别是概念模型类与制度环境类。

国外资源拼凑的共词图谱中，中介中心性最高的主题是"概念模型类"。国外学者较多就资源拼凑的概念模型开展相关理论研究，相关联的主题词包括"资源基础观""网络关系""制度理论""即兴创作""因果推理""效果推理"等众多经典概念，凸显了资源拼凑的理论基础与关键构念，也从多个视角展现了资源拼凑主题的动态演化。国外该主题的研究也相对比较成熟，是后续研究主题的理论基础。

"制度环境类"主题是近年国外研究的热点主题，主要聚焦于在制度变革、环境动态变化情境下新兴经济体、新兴市场中组织的资源拼凑，如关注制度欠发达国家的企业利用拼凑战略进行创业活动（Khoury & Prasad，2016）、资源有限的新兴市场公司通过拼凑策略进行产品创新（Ravishankar & Gurca，2016）、亚非等地区资源有限的贫困社区使用拼凑的方法进行社会创业（Holt & Littlewood，2017）等。

相比国外资源拼凑研究，国内资源拼凑领域的研究尽管在情境条件、价值实现、影响机理等方面做了初步探索，但仍存在很多局限，视角单一，还需要进一步完善；在概念模型、主题演化上，理论研究仍处于起步阶段，需进一步探索。

三　资源拼凑研究的知识结构和重要转折期

（一）国外资源拼凑共被引文献图谱识别的知识结构

将共同被同一文献引用的参考文献建立起一个完整的网络，就可以构建共被引文献知识图谱（Chen，2006）。本研究基于对国外资源拼凑共被引文献图谱的高频节点和高中介中心性节点开展分析，来识别出对资源拼凑研究产生重要影响的主要学者与奠基性文献，揭示资源拼凑知识起源的结构特征与理论基础。

将国外文献数据导入 CiteSpace V，时间区间设定为 2003 ～ 2018 年，时间切片为 1 年，节点类型选择被引文献，最终得到国外资源拼凑共被引文献知识图谱，如图 2 – 2 所示。图谱中共有节点 87 个，连线 242 条，节点代表参考文献，其半径用来衡量文献被引用的频数，不同节点之间的连线用以反映不同文献之间的引用关系，连线越粗表示共引频数越高。图 2 – 2 显示，国外资源拼凑研究领域被引用频数最高的三个节点分别是 DUYMEDJIAN R、DI

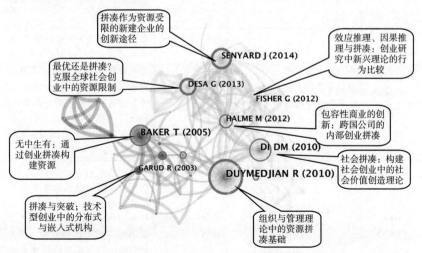

图 2 – 2　国外资源拼凑共被引文献图谱识别的知识结构

DM、BAKER T，图谱中中介中心性最高的三个节点分别是
DUYMEDJIAN R、DESA G、SENYARD J。

由图 2-2 可以看出，国外资源拼凑研究领域的知识结构具有以
下三个特征：一是相关聚类围绕 8 个关键节点形成；二是按阶段来
划分，国外资源拼凑研究领域主要有三个阶段，2010 年和 2014 年均
是转折点；三是国外资源拼凑研究以概念界定与理论验证类研究为
主，早期高被引文献更多是定性研究，为后期的实证检验等深一步的
研究奠定理论基础。国外资源拼凑研究的代表性文献如表 2-1 所示。

表 2-1 国外资源拼凑研究的代表性文献

作者（年份）	研究问题	研究方法	研究对象	研究结论
Garud 和 Karnoe （2003）	考察拼凑在技术创业中的作用	案例研究	丹麦企业和美国企业的比较案例研究	拼凑战略比传统的计划战略更有助于技术创业的开展；且拼凑更适用于产品革新速度快的行业，适用于部门、产品和制度处在非线性的动态组织中，或是企业竞争力、市场偏好、制度等因素共同产生作用的快速发展的市场中
Baker 和 Nelson （2005）	探讨创业者在资源约束条件下整合资源开发机会的过程	田野调查	29 家受资源约束的新创企业	资源拼凑包含 3 个核心概念，即利用手头资源、即刻行动、有目的的资源重组；资源拼凑有并行拼凑与选择性拼凑两种模式，其中并行拼凑阻碍了新企业成长，而选择性拼凑模式则有助于新企业成长；构建了资源拼凑与企业成长的过程模型
Baker （2007）	探讨玩具商店成功经营中的组织拼凑行为	案例研究	美国一家玩具商店	网络拼凑指充分利用手头现有的社会网络，通过挖掘自己能接触到的所有社会关系，以尽可能低的成本利用当地资源。相关研究结论也可以推广应用到相似的组织活动中

续表

作者（年份）	研究问题	研究方法	研究对象	研究结论
Duymedjian 和 Rüling（2010）	探讨组织中资源拼凑过程的概念基础	理论构建	理论文献	拼凑嵌入组织情境之中，拼凑过程涉及行为（实践）、认知（认识论）和潜在的世界观（形而上学）。这3个环节相互补充、相互加强，体现了与工程师有明确的优先级顺序、结构化知识等相反的思维方式
Di Domenico 等（2010）	探讨社会创业情境下资源拼凑的内涵	案例研究	英国8家社会企业	社会创业资源拼凑具有6个维度，包括即刻行动、拒绝受限、即兴、社会价值创造、利益相关者加入、说服
Desa（2012）	探讨在制度支持匮乏的环境下社会企业的资源利用问题	实证研究	来自45个国家202家社会企业	验证了技术规制支持和经商便利度与社会企业参与资源拼凑行为可能性的负向关系，但政治支持的影响作用不显著，及制度环境的不友好会促进资源拼凑手段的使用
Halme 等（2012）	探讨内部拼凑如何帮助创新者克服组织约束并充分利用内部和外部资源	案例研究	来自电信和能源行业的两家企业	大型跨国公司内部通过拼凑克服内外限制开展针对金字塔底端市场的包容性商业业务，其内部资源拼凑对创新至关重要，且内部资源拼凑的有效性依赖于内部创业者调动资源的能力以及组织对这种不寻常举动的容忍度
Fisher（2012）	探讨在效果推理、因果推理不同理论视角下拼凑行为的异同	案例研究	6家新创企业	创业因果模型可能无法有效地反映企业家在动态环境中创建新企业的实际行为，在采用该模型时，要和与效果推理资源拼凑相关的行为结合使用，即将传统的创业模式与新兴模型相结合，从资源、创业机会、行动、解决方案、社区、资源约束、创造力等方面解释企业家在创建新企业过程中的行为方式

续表

作者 （年份）	研究问题	研究方法	研究对象	研究结论
Desa 和 Basu （2013）	探究影响社会创业者调动资源的因素	实证研究	45 个国家的202 家科技社会企业的调查数据（二手数据）	环境包容性与组织突出性和资源拼凑的使用呈 U 型关系，与资源优化的使用呈正相关关系。在环境包容性和组织突出性较低的情况下，资源优化和资源拼凑是相互替代的，而在环境包容性和组织突出性较高的情况下，资源优化和资源拼凑是相互补充的
Senyard 等 （2014）	探讨新创企业能够有效创新的途径	实证研究	澳大利亚 78 家新创企业的创业者	"拼凑"将现有资源组合应用于新的问题，进而促进创新的产生，是处于资源约束情境下的新创企业实现创新的重要途径
Wu 等 （2017）	探讨资源拼凑对新产品开发的影响，以及成功进行新产品开发的边界条件	实证研究	中国 222 家企业的问卷调查	创业拼凑加速了新产品的开发，但与新产品的创造力呈倒 U 型关系；技术动荡性正向调节资源拼凑与新产品开发速度之间的关系
An 等 （2018）	探讨拼凑在企业家创造力与企业创新绩效关系中的中介作用	实证研究	中国 249 家中小型企业的问卷调查	资源拼凑在企业家创造力与企业创新绩效之间起中介作用；企业家创造力对资源拼凑的影响程度受企业创办时间影响，企业创办时间越短，作用越强
Tasavori 等 （2018）	探讨资源拼凑战略如何扩大社会企业的产品和市场范围	案例研究	英国 9 家社会企业	只有依靠内部资源和外部网络拼凑的社会企业才能利用新开发的产品开拓新市场；对于只依赖内部资源的社会企业，可以通过即兴达到同样的目的，先实现产品开发或市场开拓，再实现另一个
An 等 （2018）	探讨拼凑对于公司创业的作用，以及机会识别的中介作用	实证研究	中国 248 家企业的问卷调查	资源拼凑正向影响机会识别；机会识别在资源拼凑与公司创业关系中起中介作用；学习导向正向调节资源拼凑与机会识别的关系

续表

作者 （年份）	研究问题	研究方法	研究对象	研究结论
Kickul 等 （2018）	探讨在资源约束条件下，社会企业的资源拼凑行为对创新的影响	实证研究	113 名社会创业者的问卷调查	资源拼凑与创新之间存在正向关系，但是过度依赖资源拼凑会束缚社会企业寻找能带来社会变化的新资源，即资源拼凑与社会创新之间呈曲线关系

（二）国外资源拼凑研究的 3 个转折期

图 2-2 显示，有 8 个节点的引用频数较高，也拥有较高的中介中心性，这 8 个节点所代表的 8 篇文献主要是理论建构性研究，这些研究既保持相对独立，相互之间又有很强的演进关系。这 8 篇具有重要地位的文献（见表 2-2）为国外资源拼凑研究奠定了里程碑，也贯穿于国外资源拼凑研究的 3 个转折期，形成了国外资源拼凑研究领域的演进脉络。

表 2-2 国外资源拼凑研究的核心文献

作者	年份	文献名	期刊名
Garud 和 Karnoe	2003	Bricolage versus breakthrough: Distributed and embedded agency in technology entrepreneurship	Research Policy
Baker 和 Nelson	2005	Creating something from nothing: Resource construction through entrepreneurial bricolage	Administrative Science Quarterly
Duymedjian 和 Rüling	2010	Towards a foundation of bricolage in organization and management theory	Organization Studies
Di Domenico 等	2010	Social bricolage: Theorizing social value creation in social enterprises	Entrepreneurship Theory and Practice
Halme 等	2012	Innovation for inclusive business: Intrapreneurial bricolage in multinational corporations	Journal of Management Studies
Fisher	2012	Effectuation, causation and bricolage: A behavioral comparison of emerging theories in entrepreneurship research	Entrepreneurship Theory and Practice

作者	年份	文献名	期刊名
Desa 和 Basu	2013	Optimization or bricolage? Overcoming resource constraints in global social entrepreneurship	Strategic Entrepreneurship Journal
Senyard 等	2014	Bricolage as a path to innovativeness for resource-constrained new firms	Journal of Innovation Management

1. 国外资源拼凑研究的第一个转折期

首先，拼凑在组织管理领域运用最早的经典文献是 Garud 和 Karnoe 于 2003 年在 *Research Policy* 上发表的《拼凑与突破：技术创业中的分布式与嵌入式机构》，该文考察了拼凑在技术创业中的作用，认为将低技术设计作为起点，在过程中逐步进行拼凑的方法或许可以解决直接采用高科技的突破性方法无法解决的问题。

Garud 和 Karnoe（2003）等对同时开发涡轮机技术的丹麦企业和美国企业进行了案例研究，案例研究结果发现，在技术创业过程中，采用拼凑战略比传统的计划战略在资源整合上能够更灵活、更有效地解决资源短缺情境下的具体问题。该文进一步指出，拼凑战略更适用于处于复杂、非线性的动态环境以及快速发展的新兴市场环境中的组织。Garud 和 Karnoe（2003）的研究辨析了资源拼凑与突破的内涵，开始将拼凑理论引入创业管理领域。

其次，早期引用频次最高的经典文献是 Baker 和 Nelson（2005）的《无中生有：通过创业拼凑构建资源》，这篇文献的节点较大，处于多篇早期文献的核心位置，与 Garud 和 Karnoe（2003）等的研究一起构成资源拼凑早期研究的"基石"。

Baker 和 Nelson（2005）的贡献在于首次将"拼凑"的概念引入创业研究领域，通过对 29 家资源约束企业的田野研究发现，在高度资源约束的情境下，创业者可以通过整合手边现有元素来挑战制度与约束，进而提供独特的服务。该文将资源拼凑定义为"为了解决新问题、发现新机会，通过整合手边现有资源采取即刻行动"，为后续学者理解资源拼凑的内涵奠定了基础。Baker 和 Nelson（2005）从"利用现有资源""即刻行动""资源重构"三点来解读资源拼凑，并识别出资源拼凑的两种模式：并行拼凑与选择性拼凑，并行拼凑表现为同时进行多个项目的拼凑，采取选择性拼凑的企业并不是在多领域进行持续、重复的拼凑，而是有选择性地进行。采用并行拼凑加强了企业的社群嵌入与组织认同，使并行拼凑模式一直存在，并限制企业成长。而采取选择性拼凑的企业在企业建立后便减少甚至停止拼凑，可以避免被嵌入关系所束缚，因此该拼凑模式能够驱动企业的成长。在此分析基础上，作者最终构建了创业资源拼凑与企业成长的过程模型。

Baker 和 Nelson（2005）的论文被公认为资源拼凑理论研究的代表作，使资源拼凑真正引起广泛关注，他们创建的创业资源拼凑理论从一个全新的视角解读创业者在资源利用方面不同类型的行为特征。此后，创业资源拼凑以定性研究为主，众多学者在 Baker 和 Nelson（2005）归纳总结创业拼凑的核心要素和过程模型的基础上，对创业拼凑与相关概念进行辨析研究，以厘清创业资源拼凑的概念内涵。正因为如此，Baker 和 Nelson（2005）的研究堪称资源拼凑研究史上的首个里程碑，引领资源拼凑成为创业研究领域的一个重要研究方向。

2. 国外资源拼凑研究的第二个转折期

伴随着资源拼凑相关研究的进一步发展，国外不同学科领域的学者基于不同的研究视角，将资源拼凑与不同的创业情境进行有效结合，推动资源拼凑的理论与实践共同发展。自 2010 年起，多篇有代表性的研究成果刊发出来，其中 Duymedjian 和 Ruling（2010）、Di Domenico 等（2010）、Halme 等（2012）、Fisher

（2012）、Desa 和 Basu（2013）这五篇文献具有比较重要的地位。

第一，在资源拼凑研究领域中，引用频次与中介中心性均最高的是 Duymedjian 和 Ruling（2010）的"组织与管理理论中的资源拼凑基础"。Duymedjian 和 Ruling（2010）认为拼凑嵌入组织情境之中，拼凑过程涉及行为（实践）、认知（认识论）和潜在的世界观（形而上学）。文章从主观的建构主义角度探究创业者对资源和资源间关系的认知，认为不同情境会导致创业者对资源价值的不同理解，进而导致创业者根据不同情境需求对手头资源进行重组。因此，拼凑就是一种对组织实践的重新配置。Duymedjian 和 Ruling（2010）的研究从组织理论视角，探索拼凑作为分析组织中日常行为的途径的作用，结合建构主义与组织情境为拼凑研究提供概念基础，也为后续的研究开辟了广阔的领域。

第二，作为社会创业领域资源拼凑研究的奠基者，Di Domenico 等（2010）的"社会拼凑：构建社会创业中的社会价值创造理论"的引用频次和中介中心性均较高。该文指出，创业拼凑不再局限于商业创业企业，同样存在于社会创业企业中，并提出"社会创业资源拼凑"的概念，从社会创业的角度对资源拼凑的理解进行深入改进与发展。Di Domenico 等（2010）基于英国 8 家社会创业企业的案例研究，提出了资源拼凑的 6 个要素，即刻行动、不屈从于约束、即兴而作、社会价值创造、利益相关者参与、游说。社会创业拼凑概念的提出，极大地丰富和拓展了资源拼凑的研究情境，促进了资源拼凑的多元化研究主题形成。

第三，随着资源拼凑研究的深入发展，资源拼凑研究的情境及研究对象得到进一步拓展，资源拼凑不再局限于中小型新创企业，同样也用于大型在位企业进行产品创新或战略更新。Halme 等（2012）在"包容性商业的创新：跨国公司的内部创业拼凑"一文中提出了"内部资源拼凑"概念，将其定义为"创造性地使用稀缺资源的大型组织的内部创业活动"。该活动是一种帮助大型跨国公司中层管理者克服组织约束，充分利用内外部资源，开展针对金字塔底端市场的包容性商业业务的活动。研究表明，内部资源拼凑对跨国公司的创新至关重要，对降低成本和提高效率方面也有重要作用。Halme（2012）等的研究为大型企业和社会创业企业的创新实践提供了宝贵的参考，内部创业拼凑的研究成为该领域的重要研究方向之一。

第四，Fisher（2012）研究的贡献在于从理论上比较分析了在效果推理、因果推理等不同理论视角下拼凑行为的异同。因果推理是指根据既定目标，选择达成这些目标的手段的决策过程；效果推理逻辑则认为"在高不确定性动态环境下，目标是不断变化的，要根据既有资源与手段选择目标"。Fisher（2012）认为因果模型可能无法有效反映企业家在动态环境中创建新企业的实际行为，所以在采用该模型时，要结合与效果推理资源拼凑相关的行为一起使用，即将传统的创业模式与新兴模型相结合，以解释企业家在创建新企业过程中的行为方式。有关效果推理和拼凑的新兴创业理论，为识别和开发关于资源、创业机会、行动、解决方案、社区、资源限制和创造力之间的关系等新的命题提供了基础，进一步丰富了创业理论研究。

第五，Desa 和 Basu（2013）从资源环境层面探究资源拼凑的前因变量，研究发现东道国的环境包容性较高或较低时，有利于社会企业实施资源拼凑策略，东道国的环境包容性处于中等水平时，反而会抑制社会创业企业采取资源拼凑策略。Desa 和 Basu（2013）等通过探究外部环境包容性和内部组织声誉对社会创业企业采取资源拼凑和资源优化两种资源调动手段的影响，构建了企业资源调动的理论框架，丰富了资源拼凑理论研究，同时深化了社会创业、制度创业领域的理论研究。

早期的资源拼凑以定性研究为主、致力于探讨创业资源拼凑的核心要素和过程模型，但视角单一，对于不同的创业拼凑形式，早期的概念无法进行完全解释。而上述这批文献的出现，以定性研究为主，定量研究为辅，大多是概念理论类研究，引用频率和中心性极高。这些经典文献一方面继续采用定性研究方法从多个视角出发展开研究讨论，辨析拼凑与相关概念之间的区别和联系，识别不同拼凑类型，弥补了先前概念内涵的不足；另一方面，探索运用定量研究方法来探索资源拼凑的前因变量，丰富了资源拼凑领域的研究成果，极大地提升了资源拼凑理论对创业实践的解释力和指导作用，使资源拼凑和具体创业问题更紧密地结合起来。经典基础理论的形成，预示着资源拼凑研究逐步定型。

3. 国外资源拼凑研究的第三个转折期

图 2 - 2 显示，浅色的节点大多分布于右上方，节点和连线颜色偏浅，这表明文献共被引年份较新，组成近年高被引文献聚类。其中，节点年轮最大的是 Senyard 等（2014）的"拼凑作为资源受限的新创企业的创新途径"，引用频次最高。在参考借鉴前一阶段大量理论研究的基础上，Senyard 等（2014）从"即刻行动""在手资源""有目的的资源重组" 3 个基本要素出发，运用 8 个题项开发了资源拼凑的量表，为后续学者们开展资源拼凑的实证研究提供了测量工具，推动了资源拼凑研究由此迈过了又一个转折点，逐渐以定量研究为主、定性研究为辅，意味着国外资源拼凑研究开始迈入理论驱动的实证检验的重要发展阶段。

（三）国内资源拼凑高频共被引文献识别的知识结构

本研究通过 CNKI 数据库计量可视化分析工具，对国内资源拼凑领域的文献数据进行统计整理，得到国内资源拼凑的高频共被引文献，如表2-3所示。表2-3显示，国内资源拼凑的高频共被引文献中，国内文献和国外文献分别有9篇和8篇，国外文献比较陈旧，国内文献比较新；从文献类别来看，国内文献以综述类（5篇）为主，实证研究（2篇）、案例研究（2篇）为辅，国外文献却以案例研究（6篇）为主，实证研究（2篇）为辅。

表2-3 国内资源拼凑高频共被引文献

单位：次

序号	频次	作者	序号	频次	作者
1	25	Senyard J. 等	10	13	秦剑
2	23	梁强等	11	13	张建琦等
3	22	Garud R. 和 Karone P.	12	12	Di. Domenico 等
4	21	Baker T. 和 Nelson	13	11	Ferneley E. 和 Bell F.
5	21	Salunke S. 等	14	11	张玉利等
6	17	Desa G. 和 Basu S.	15	11	祝振铎和李新春
7	17	李非和祝振铎	16	10	于晓宇等
8	15	方世建和黄世建	17	10	祝振铎
9	14	Baker T.			

总的来说，国内资源拼凑研究领域的现状可以概括如下：一是已基本完成对国外相关研究的推介工作；二是在跟踪甚至引领国外资源拼凑领域工作上还有很大空间；三是近年来国内也开始涌现出资源拼凑的定量研究。

（四）国内资源拼凑研究的3个转折期

自2009年资源拼凑概念从国外引入以来，国内资源拼凑研究文献从2012年起才开始不断涌现，尤其是自2016年来，呈现"J"形的增长趋势，发文量从2012年后开始稳步上升，特别是近两年，"J"形增长趋势明显。国内资源拼凑的代表性研究文献如表2-4所示。进一步分析，可以发现国内资源拼凑研究领域先后出现了3个关键的转折点：①从2009年国内出现首篇资源拼凑的文献起，

2010 年和 2011 年并未有相关文献；直至 2012 年，相关文献不断涌
现出来，有多篇引用频次较高的经典文献主要对国外资源拼凑的研
究成果进行了梳理与评价，为国内资源拼凑的研究奠定了一定的基
础。②自 2014 年起，国内资源拼凑领域的研究文献数量开始不断
上升，少数资源拼凑的实证研究文献也先后在某些重要期刊刊发。
③自 2016 年起，国内资源拼凑的研究文献开始呈现井喷式增长态
势，研究方法向"定量研究为主、定性研究为辅"转变，研究内
容更为全面丰富，开始关注和验证情境因素对"拼凑—绩效"关
系的调节作用；2017 年，国内资源拼凑的相关文献数量再攀新高，
实证研究不仅探索更加广泛的前因变量与结果变量，也不断验证更
多调节变量与中介变量的有效性，这一阶段的研究使拼凑理论的应
用边界得到进一步扩展，理论与实证研究发展迅速。

表 2-4　国内资源拼凑研究的代表性文献

作者（年份）	研究问题	研究方法	研究对象	研究结论
祝振铎、李非（2014）	探讨转型经济时期新企业资源拼凑对企业绩效的动态影响	实证研究	北京、广东、湖北三省市 212 家新企业的问卷调查	资源拼凑对初创阶段和早期成长阶段的新企业财务绩效均具有显著直接功效；资源拼凑对初创阶段的新企业成长绩效具有正向影响，与早期成长阶段的新企业成长绩效关系不显著
李非、祝振铎（2014）	探讨资源拼凑对新企业绩效的影响，以及动态能力的中介作用	实证研究	北京、广东、湖北三省市 212 家新企业的问卷调查	资源拼凑对新企业绩效与动态能力具有显著的直接功效，并通过动态能力对新企业绩效具有一定的间接功效
祝振铎（2015）	实证探讨新企业如何在资源约束困境下通过资源拼凑获得成功，以及创业导向对拼凑行为及其功效的驱动与调节双重作用	实证研究	北京、广东、湖北三省市 212 家新企业的问卷调查	资源拼凑作为一种突破新企业资源约束的战略与商业模式创新，它对新企业的财务绩效、成长绩效具有显著的正向作用；创业导向对资源拼凑具有正向作用，且创业导向正向调节资源拼凑与新企业财务绩效、成长绩效之间的关系

续表

作者 （年份）	研究问题	研究 方法	研究对象	研究结论
何一清等 （2015）	探讨创新能力在互动导向与企业创新绩效关系间的中介作用，以及拼凑对该中介模型的调节作用	实证研究	北京、上海、天津等省市120家企业的问卷调查	互动导向与创新绩效正相关；创新能力在互动导向与创新绩效的关系中起完全中介作用；拼凑对创新能力与创新绩效间的关系具有调节作用
赵兴庐、张建琦 （2016）	考察组织结构和文化氛围在支持或阻碍企业实施资源拼凑战略方面的权变影响	实证研究	广东、北京、湖北三省市349家新创企业的问卷调查	参与式决策的企业更善于集思广益，为拼凑提供一手和现场的经验和知识，进而提升拼凑效果；部门间的关联程度越高，越有可能实现跨职能的资源重组，发掘新的资源协同性，提升拼凑效果；组织对失败的容忍程度越高，企业越有可能从试错中找到更优的问题解决方案，提升拼凑效果；企业的学习氛围越强，企业越可能从拼凑中学习并逐渐形成惯例和能力，进而提升企业绩效
赵兴庐等 （2016）	探讨资源拼凑对于企业绩效的影响路径	实证研究	广东、北京、湖北三省市349家新创企业的问卷调查	要素拼凑有助于提升资源整合能力，但一定程度上阻碍了机会识别能力；市场拼凑能够提升机会识别能力，对资源整合能力没有显著影响；制度拼凑对机会识别能力和资源整合能力均存在正向影响，但影响程度相对较小；资源整合能力和机会识别能力越高，新创企业的绩效越好
苏芳等 （2016）	探讨拼凑如何影响资源贫乏企业应对环境剧变	案例研究	一家中小型中外合资公司	应对环境的资源拼凑分为3个阶段：在发现机遇和把握机遇阶段，企业根据已有经验挑选和组合已有资源，在发展机遇阶段，企业有计划地根据新战略开展拼凑活动。企业进行拼凑后，积累了知识资源和社会资本，更新了资源列表，培养了新的能力，因此拼凑是一个动态的资源挑选和组合过程

作者 (年份)	研究问题	研究方法	研究对象	研究结论
奚雷等 (2017)	实证探讨资源拼凑与双元创新协同性的关系，以及环境动态性对两者关系的调节作用	实证研究	江苏、上海、安徽、浙江四省市203家高新技术企业的问卷调查	资源拼凑与双元创新协同性及其两个维度（双元创新平衡性、双元创新互补性）均正相关；环境动态性正向调节它们的关系
祝振铎、李非 (2017)	探讨资源拼凑对新企业生存与成长的影响机制及该过程中关系信任的作用机理	实证研究	北京、广东、湖北三省市212家新企业的问卷调查	资源拼凑对新企业财务绩效、成长绩效具有显著的正向影响；关系信任对资源拼凑与新企业财务绩效、成长绩效具有显著的正向调节作用
王兆群等 (2017)	探讨不同类型资源拼凑对新创企业合法性的直接效应以及环境动态性的调节效应	实证研究	陕西省266家新创企业的问卷调查	需求型资源拼凑对规制合法性和认知合法性为正向影响，环境动态性对其有加强调节的作用；需求型资源拼凑对规范合法性为负向影响，环境动态性对其有干扰调节作用；构想型资源拼凑对规范合法性为正向影响，环境动态性对其有加强调节作用；对规制合法性有负向影响，环境动态性对其有干扰调节作用；对认知合法性无明显作用
刘人怀、王娅男 (2017)	探讨资源拼凑对新创企业突破性创新影响的内部作用路径，以及创业学习在其中发挥的中介作用	实证研究	中国东北地区、东部地区、中部地区和西部地区213家新创企业的问卷调查	资源拼凑对突破性创新有正向影响；创业学习在资源拼凑对突破性创新的影响中发挥完全中介作用
刘人怀、王娅男 (2017)	探讨资源拼凑对创业学习的影响，以及创业导向的3个维度对资源拼凑与创业学习之间关系的调节作用	实证研究	中国东部地区、东北地区、中部地区和西部地区213家新创企业的问卷调查	资源拼凑有利于创业学习；创新性和超前行动性负向调节资源拼凑与创业学习的关系，而风险承担性对二者之间的关系没有显著的调节作用

续表

作者 （年份）	研究问题	研究 方法	研究对象	研究结论
于晓宇等 （2017）	探讨资源拼凑对冗余资源与企业绩效关系的调节作用，以及两类冗余资源的交互效应对企业绩效的影响	实证研究	全国345家企业的问卷调查	资源拼凑对冗余资源和企业绩效的关系存在显著的调节作用；对倾向使用选择性拼凑的企业而言，已沉淀冗余对企业绩效有正向影响；对倾向使用并行拼凑的企业而言，已沉淀冗余对企业绩效有负向影响；已沉淀冗余和未沉淀冗余对企业绩效有正向交互作用
吴亮、刘衡 （2017）	探讨资源拼凑对企业创新绩效的影响及其内在作用机制	实证研究	广东和浙江两省211家企业的问卷调查	资源拼凑与创新绩效显著正相关，资源拼凑与双元学习显著正相关；双元学习在资源拼凑与企业创新绩效之间起中介作用；市场动荡性调节资源拼凑与双元学习之间的正向关系；市场动荡性调节双元学习对资源拼凑与创新绩效关系的中介作用，表现为被调节的中介作用
孙锐、周飞 （2017）	从资源拼凑的视角探讨企业社会联系与商业模式创新之间的关系	实证研究	珠三角地区119家企业的问卷调查	商业联系、政治联系、研发联系均对商业模式创新有显著正向影响；商业联系、政治联系、研发联系均对企业资源拼凑有显著正向影响；资源拼凑在商业联系、研发联系与商业模式创新之间起到了部分中介作用，在政治联系与商业模式创新之间起到了完全中介作用
黄艳等 （2017）	探讨新创企业社会网络对资源拼凑行为的激发效应，以及对企业创新绩效的影响	实证研究	北京、福建、广东、四川、黑龙江等省市164家新创企业的问卷调查	新创企业社会网络的网络规模和网络强度均对资源拼凑产生显著的正向影响；资源拼凑对新创企业的创新绩效具有显著的正向作用，且资源拼凑在社会网络与新创企业创新绩效之间起完全中介作用
张秀娥、张坤 （2018）	探讨资源约束环境下创业导向、资源拼凑与新创社会企业绩效之间的关系	实证研究	171家新创社会企业的问卷调查	创业导向对资源拼凑有显著正向影响；资源拼凑对新创社会企业的经济绩效和社会绩效均有显著正向影响；资源拼凑在创业导向与经济绩效、社会绩效之间起中介作用；规制在资源拼凑与经济绩效之间起负向调节作用，并调节资源拼凑在新创社会企业创业导向与经济绩效之间的中介作用

作者 （年份）	研究问题	研究方法	研究对象	研究结论
朱秀梅等 （2018）	探讨变革领导力对新企业创业拼凑的前因影响，以及员工建言和刻意练习在两者之间的路径作用	实证研究	北京、广东、浙江、吉林四省市的198家新企业的问卷调查	变革领导力对计划拼凑和即兴拼凑具有积极的促进作用，员工建言在变革领导力与计划拼凑和即兴拼凑的关系中起中介作用，刻意练习正向调节员工建言与计划拼凑和即兴拼凑之间的关系
孙永磊等 （2018）	探讨双元战略导向对资源拼凑的影响	实证研究	北京和天津两地339家企业的问卷调查	技术导向和市场导向均有利于资源拼凑行为的展开；差异性导向和交互性导向与资源拼凑之间均存在显著的正向相关关系，整体性战略导向与资源拼凑之间不具有显著的正向相关关系
王国红等 （2018）	探讨新企业创业导向通过资源拼凑转化为成长绩效的内在机理	案例研究	2家企业的比较案例研究	创业导向通过资源拼凑的思维和行动形成"二阶段"转化模型向成长绩效转化；创业导向的转化过程呈迭代演进；随着新企业发展，创业导向的战略性不断增强，拼凑思维从即兴制作向战略匹配转变，拼凑行动从资源组合向资源重构转变；资源拼凑的思维是转化过程的核心环节
付丙海等 （2018）	探讨资源拼凑的多层次诱发机制及其影响效应	案例研究	上海、浙江、江苏、山东四省市5家企业	魅力型领导、战略柔性、关系学习都对资源拼凑具有显著正向影响；资源拼凑对企业绩效具有显著正向影响；不确定环境下魅力型领导、战略柔性、关系学习会进一步诱发新企业采取资源拼凑战略；知识基础在资源拼凑和绩效之间发挥正向调节效应

四　国内外资源拼凑研究热点的时序演进

（一）国内外资源拼凑时区图谱展示的研究热点演进

通过开展关键词共现时区图谱分析，可以分析各节点文献的发表年代以及引用年代（Chen，2006），有助于揭示某研究领域在不同年代下的研究主题（陈悦，2014）。本研究运用 CiteSpace V 软件，以 1 年为时间切片，将节点类型限定为关键词，对国外以及国内资源拼凑领域的研究文献开展计量分析，得到国内外资源拼凑研究的关键词共现时区图谱（见图 2－3），以期厘清国内外资源拼凑研究领域的演进脉络。根据图 2－3，本研究进一步对国外资源拼凑研究领域以及国内资源拼凑研究领域的热点演进进行归纳分析，发现国外资源拼凑的相关研究主要沿着"概念引入—理论构建—多情境理论研究"的演进路径，国内资源拼凑的相关研究主要沿着"概念引入—理论探索—中国情境化理论构建"的演进路径。

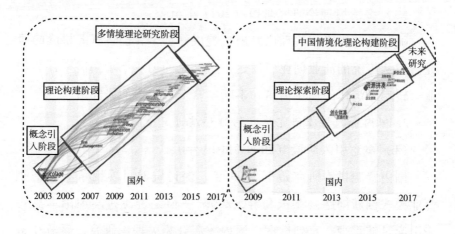

图 2－3 国内外资源拼凑研究关键词共现时区图谱展示的研究热点演进

1. 国外资源拼凑研究热点的时序演进三个阶段

（1）概念引入阶段（2003～2006 年）

这个阶段是资源拼凑研究的初始阶段，Baker 和 Nelson（2005）开始将法国人类学家列维－斯特劳斯在《野性思维》一书中提出的"拼凑"概念引入管理学的创业研究领域，并构建了资源拼凑的过程模型。该阶段主要关键词为"拼凑"，节点年轮较大，节点外环较厚，引用较为频繁，同时出现的还有"网络关系""即兴"等早期理论的核心基础，是资源拼凑研究的起点。该阶段的后期研究主要聚焦在企业管理中的资源拼凑。

（2）理论构建阶段（2007～2016年）

随着资源拼凑概念的引入，一些学者通过大量的理论探索与实证检验，从资源理论、制度理论、社会网络等多元化的研究视角，对资源拼凑的前因变量、情境因素、结果效应进行深入探究，同时开发了资源拼凑的测量量表，形成了较为清晰完整的理论体系。这一阶段涌现的新主题较多，研究较为活跃，理论体系构建基本形成。

（3）多情境理论研究阶段（2017年至今）

随着资源拼凑相关理论发展日趋成熟，学者们将资源拼凑的研究情境从传统的商业创业、发达市场国家的创业情境拓展至社会创业、转型经济体的创业情境，不断丰富资源拼凑的研究情境。

2. 国内资源拼凑研究热点的时序演进三个阶段

（1）概念引入阶段（2009～2013年）

国内资源拼凑研究始于2009年，探讨资源拼凑视角下的企业商业模式创新问题（张玉利等，2009），但是资源拼凑理论本身并未引起足够重视，直到后期，国内才展开相关理论研究，逐渐开始关注面临资源约束的中小企业的创业资源拼凑问题，此阶段属于国内资源拼凑研究的启蒙阶段。

（2）理论探索阶段（2014～2017年）

随着概念引入的结束，国内学者开始探索资源拼凑的绩效影响以及内在作用机制、情境条件等问题。特别是在2016年，涌现出一大批实证研究，研究问题也开始涉及资源拼凑的前因，这表明资源拼凑研究领域已经受到国内学者们的广泛关注。

（3）中国情境化理论构建阶段（2018 年至今）

国内资源拼凑研究的下一步需以中国情境为背景，与实际问题结合起来，本研究在后文中建立资源拼凑中国情境化问题形成的解释模型，拟深入进行探讨。

（二）国内外资源拼凑研究热点演进的比较分析

图 2 - 3 显示，国内外资源拼凑研究领域的热点主题沿着两条相似却又不同的路径在不断演进。一方面，国外和国内资源拼凑研究的演进路径都有概念引入及理论探索阶段这两个相似的阶段，然而各阶段的侧重点却有一定的差异性。另一方面，从时间维度来看，自概念引入开始至理论探索阶段，国内资源拼凑研究滞后国外几年，且初期发展较为缓慢，以引入为主，近年才开始进行多视角实证研究。从内容维度来看，国外资源拼凑理论构建基本成熟，但是国内仍处于理论探索至理论构建的初期，处于起步阶段，所以未来要结合中国情境做进一步研究。

综上分析，得到以下结论。

第一，国内资源拼凑研究的发展相比于国外资源拼凑研究的发展，阶段大致对应，主要为概念引入与理论构建研究，但在时间与内容上存在些许差别，整体呈现两个特点。一方面，相较国外资源拼凑的概念引入，国内该领域的研究滞后 6 ~ 7 年，且引入前期一度沉寂，但是中后期发展迅速，特别是近两年国内资源拼凑研究数量呈爆发式增长；另一方面，虽然国内资源拼凑研究在迅速发展，但是研究范围不广，研究内容不深入，进一步分析可以看出，国内研究视角较国外少，且关联不及国外紧密，缺少经典理论文献，尚未形成基于中国情境的独特理论体系。

第二，国内外均出现基本概念引入阶段，与其他大多数研究领域相似，该阶段属于前期研究阶段，国内外资源拼凑概念的引入不仅在时间上存在先后，研究的发展也存在差异。国外资源拼凑概念最早从社会学的拼凑概念引入，引入后首先运用于组织管理等领域；国内资源拼凑概念引自国外该领域的研究，首先与组织管理领域等相结合，发展至中后期，国内才开始涌现大量关于资源拼凑理论本身的研究，这与从国外引入相关概念的时间点密切相关。

第三，在概念引入之后，国内外资源拼凑研究均进入理论研究阶段，不同之处在于，国外资源拼凑理论研究进入多视角的理论构建阶段，对资源拼凑的内涵、测量、前因变量、情境因素、结果变量进行了广泛研究，进展十分迅速，成果众多；在理论构建阶段之后，国外资源拼凑研究进入多情境理论研究阶段，2018 年国际顶级创业期刊 *Entrepreneurship and Regional Development* 特别推出一辑资源拼凑专刊，通过案例与实证研究，着重讨论了社会创业情境下的资源拼凑问题，重点关注新兴经济体的社会创业过程中资源拼凑的特征、局限性以及与企业成长的关系等问题（Janssen et al.，2018；Sarkar，2018；Ladstaetter et al.，2018；Tasavori et al.，2018；Bojica et al.，2018），将资源拼凑理论与新情境进行有效结合，极大地丰富了资源拼凑的研究情境。国内资源拼凑领域的研究仍处于探索阶段，针对中国情境的资源拼凑理论研究较为匮乏，在该阶段的初期，国内研究多是对国外理论的综述和整合，主要通过案例研究进行理论检验和完善。2016 年前后才开始出现大量的实证研究，通过样本数据检验研究假设的正确性，以探索基于中国情境下的资源拼凑理论框架，指导创业实践活动。总体而言，国内资源拼凑仍处于从理论探索到理论建构的转变过程，下一步在国内具体情境下开展具有原创性的基础理论研究，将是研究重点之一，如何结合国内外研究现状，以中国转型情境为背景开展资源拼凑理论研究，也是值得未来深入研究的方向。

五　文献评介

（一）资源拼凑研究的困境

资源拼凑概念的引入使创业者以独特的视角重新审视企业现有资源的价值，为企业解决资源匮乏问题提供了新的解决思路。资源拼凑在创业实践中的作用也得到越来越多学者的重视，理论研究已经取得了一定的进展。但是，资源拼凑理论仍然处于发展阶段，现有研究仍存在需进一步解决的问题。

1. 概念内涵问题

已有研究对资源拼凑类型的划分存在概念的交叉和重合（于晓宇等，2017），且资源拼凑与效果推理、即兴等相关概念在内涵与本质特征上的界限仍不清晰，这些概念之间区别与联系尚须进一步明确。资源拼凑的概念内涵与类型划分在学界未达成统一共识，将不利于后续资源拼凑理论研究的开展。

2. 综合模型的构建

现有的资源拼凑过程模型主要从建构主义视角分析资源环境、资源拼凑与创业绩效之间的关系，缺乏具有更强解释力的综合模型，这严重制约了后续研究工作的开展，如不同情境下资源拼凑量表的开发等。

3. 组织情境的拓展

已有学者开始关注不同创业情境下的资源拼凑行为，但在测量方法及结果变量方面的研究较为匮乏。一方面，现有资源拼凑量表主要针对商业创业企业的资源拼凑行为（Senyard et al.，2014），尚未考虑社会创业、制度创业、公司创业等情境下的资源拼凑行为可能具有其独特性；另一方面，资源拼凑与结果变量间作用关系可能会受到情境的影响，不同创业情境下，资源拼凑对结果变量的作用效果可能存在差异性（Senyard et al.，2014）。

（二）国内资源拼凑研究的不足

国内资源拼凑相关研究在基础理论方面的不足包括以下两点。①国内高频引文多是综述类文献，公认的原创性基础理论文献尚未出现，基础理论的缺乏，无法为国内实践提供详尽的理论指导。②尚未开发中国情境下的资源拼凑量表，目前国内定量研究使用的仍是国外开发的资源拼凑量表，但是中国作为经济转型国家，拥有自己独特的制度与市场环境，缺乏基于本土情境的资源拼凑量表将不利于实证研究的展开。

国内资源拼凑相关研究在实证分析方面的不足包括以下两方面。①既有研究关注的情境相对狭窄。一方面，已有研究更多关注新创企业等组织情境，尚无研究关注国有企业、大中型企业、在位企业等组织情境中的资源拼凑行为。另一方面，制度要素等外部情境也会影响拼凑行为及其结果，在西方情境下，支持市场活动的制度比较健全，企业拥有较多渠道从外部获取资源；而在处于转型经济期的中国情境下，要素市场仍不完善，存在制度空白，此时创业企业通常会面临资源能力有限和外部合法性匮乏的双重成长困境，使企业更加广泛地依赖资源拼凑以应对资源困境。中西制度结构对比鲜明，但从现有实证文献来看，针对中国特有的制度结构、关系网络情境下的资源拼凑研究较少。②从国内资源拼凑的实证文献来看，在时间上，多数研究采用横截面的方法，数据可能只代表了某一个时间点的特征，无法体现变量的动态性；在内容上，多数研究仅采用某一地区的中小企业作为样本，规模和范围的局限可能会对研究结论的普适性有所影响。

（三）资源拼凑中国情境化研究的展望

近些年，在"大众创业、万众创新"的呼唤下，良好的创业环境氛围推动着大众创业，使我国创业活动蓬勃发展；"一带一路"倡议历史新机遇的出现，共创合作共赢使更多人走向创业（郝志鹏等，2018）。供给侧结构性改革的深入与"三去一降一补"五个任务的提出，从企业的落后产能、冗余资源角度为资源拼凑的发展提供现实可能；资源共享经济热潮，也对资源拼凑产生积极影响。但是，在国内经济转型的大背景下，创业环境的高不确定性与经济新常态下资源合理配置困境使资源拼凑研究仍面临着众多挑战，如未能形成本土化的基础理论，缺乏基于中国情境的资源拼凑量表，不利于后续的实证研究；同时制度支持不健全，社会网络关系错综复杂，市场政策环境变换等问题都对中国情境下企业的资源拼凑行为提出了新要求。在中国经济转型的情境背景下，结合当前国内外资源拼凑研究的现状，本研究构建了资源拼凑中国情境化研究问题形成的解释模型（见图 2 - 4）。

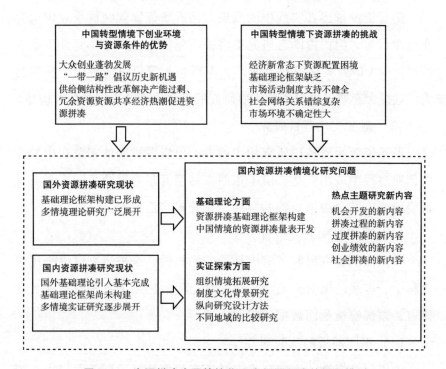

图 2 - 4　资源拼凑中国情境化研究问题形成的解释模型

1. 中国情境下资源拼凑的基础理论研究问题

基于中国独有的制度环境以及文化背景，中国情境下资源拼凑的理论研究还有些问题亟待突破。①构建资源拼凑基础理论框架。运用规范的扎根理论方法与技术，采取案例研究方法对资源拼凑的基础理论问题开展探索性研究，构建理论框架。②开发中国情境下的资源拼凑量表。不仅开发商业创业资源拼凑量表，还要开发针对不同创业形式拼凑的测量工具，探索不同情境下拼凑行为的差异与特征，为后续实证研究的深入展开提供前提基础。

2. 中国情境下资源拼凑的实证探索研究问题

基于中国独有的制度环境以及文化背景，中国情境下资源拼凑的实证研究同样也有待不断深入完善。

（1）资源拼凑的组织情境拓展

随着资源拼凑在实践中的发展，已有研究发现在位企业中也存在拼凑行为，但国内既有研究更多关注新创企业、中小企业等研究情境，尚无研究关注国有企业、大中型企业等组织情境中的拼凑行为，这极大影响了国内资源拼凑研究的多情境理论基础模型的构建。

（2）制度文化背景研究

虽然资源拼凑理论研究始于西方，但资源拼凑的实践在中国企业创业过程中应用广泛。由于东西方制度背景差异明显，未来资源拼凑研究应结合中国独特的制度文化背景广泛展开。

（3）采用纵向研究设计方法

横截面的研究限制了对因果效应的检验，未来研究可以采用更为科学、客观的纵向研究设计对变量之间的因果关系进行更深入的探讨，以缓解横截面数据的限制。

（4）不同地域的比较研究

中国幅员辽阔，人文环境多样，东西部地区发展差距较大，资源拼凑的主体与所处的网络关系、市场环境也存在较大的差异，所以有必要采集国内不同地域、不同规模的资源拼凑样本进行比较研究，进而根据不同地区的发展状况选择合适的拼凑模式与合理边界。

3. 中国情境下资源拼凑研究热点主题新内容

基于中国独有的制度环境以及文化背景，中国情境下的资源拼凑研究可以在以下方面开拓新的研究主题。

（1）机会开发

持机会视角的学者们认为，资源拼凑的过程就是利用手头资源开发机会的过程（梁强等，2013）。近年来，在大众创业和"互联网＋"的推动下，创业环境骤变，机会不再是静态易识别的，很多创业企业的成功并非源于预定机会的管理，而是对机会"无中生有"地创造与开发（Welter et al.，2016），相关研究的焦点也从最初的机会识别转向对机会的开发。创业者如何利用手头现有、零散的资源，构想资源的新用途，进而创造机会并有效开发机会是未来研究可以深入探讨的问题。

（2）拼凑过程

资源拼凑过程研究的焦点多集中于定量研究推动的作用机制探索（秦剑，2012），对案例探索构建资源拼凑过程模型研究较少。创业环境的变化以及企业的成长阶段更迭使创业企业在不同阶段需要采取不同的资源拼凑策略，以应对企业内部资源的匮乏与外部环境的变化。因此，从动态视角切入，运用探索性案例研究，探究创业企业在不同发展阶段下资源拼凑行为的具体演化过程是值得深入探讨的研究问题。

（3）过度拼凑

虽然资源拼凑能够帮助创业企业从现有资源中创造出应对资源

困境的方案，但创业者过度依赖于手头旧资源。一方面，会导致企业忽视新资源的获取与整合，抑制企业的创新；另一方面，若创业者陷入拼凑思维，可能会导致企业在规模上无法扩张（赵兴庐和张建琦，2016）。双创政策的推进促使国内创业企业数量激增，资源固有的稀缺性以及难获取性使过度依赖手头资源的创业企业不在少数，如何解决国内企业过度拼凑的问题，必将成为资源拼凑领域需要关注的重点话题之一。

（4）资源拼凑的非线性绩效影响

上述知识图谱显示，资源拼凑的绩效影响是目前国内资源拼凑研究的热点主题。实际上，学术界对资源拼凑与企业绩效之间的正向关系或负向关系仍存在争议。资源拼凑可以降低资源的获取成本，促进绩效的提升；然而，资源拼凑形成的产品或服务可能存在瑕疵，不利于企业的长期发展（于晓宇等，2017）。资源拼凑与创业企业绩效之间的关系可能并不是简单的线性因果关系，探讨中国情境下资源拼凑与创业绩效的非线性关系无疑具有重要的理论价值与现实意义。

（5）社会创业情境下的资源拼凑问题

中国转型经济情境下，社会问题的频发使社会创业在国内大量兴起，然而现实中能够实现稳健成长的社会企业数量不尽如人意。究其原因，社会创业往往面临更为匮乏的资源困境（Austin et al.，2006）。资源拼凑能够使得社会创业企业在外部资源匮乏的情境下，对手头资源进行创造性利用，因陋就简，帮助社会创业企业突破资源困局（Bojica et al.，2018）。资源拼凑对社会创业企业的重要性日益显现，但国内对此研究还处于起步阶段，如何有效地运用资源拼凑策略解决社会创业企业的资源窘境是资源拼凑领域面临的新课题。

第二节　社会创业研究综述

近年来，过度关注经济发展使食品安全问题频发、环境污染、贫富分化等社会问题逐步显现，影响着社会的可持续发展，仅依靠经济创业的单一模式难以有效解决这些问题（傅颖等，2017）。社会问题的激增以及市场机制的失灵为社会创业活动的蓬勃发展提供了重要机会。作为以社会价值为最终使命，兼具市场化运营能力的新型创业实践，社会创业在很大程度上解决了当今社会所面临的种种可持续发展问题（刘志阳和庄欣荷，2018），受到政府、学界和业界的广泛赞誉。在各界的共同关注下，国内社会创业实践蓬勃发展，据《2017年中国慈展会社会企业认证工作报告》，我国社会创业数量增幅高达300%，领域分布广泛。诸如著名的残友集团、分享收获、微笑图书馆等一批国内具有影响力的社会企业，通过雇用残障人群就业、以风险共担的方式提供有机蔬菜、线上为山区孩童捐赠书籍等创新形式，在助残、食品安全、教育等领域发挥着重要作用。虽然目前难以量化社会创业活动对于中国经济发展的贡献，但毫无疑问的是，社会创业活动正逐渐成为中国转型情境下解决社会问题、推动社会创新的重要途径。

由于社会创业在推动社会变革方面的重要作用，国内外学者对社会创业现象给予了广泛的关注，研究成果相继出现且快速增长。纵观社会创业的研究历程，国外学者 Bailey 于 1988 年发表了社会创业领域的首篇文献 "The rapids of change-social entrepreneurship in turbulent times"，但在当时并未引起学界足够关注。直至 21 世纪初，以 Austin（2006）、Mair（2006）等为代表的学者才开始探讨社会创业的概念内涵，相关研究逐步兴起。随后，大量学者就社会创业机会识别与

开发（Corner & Ho，2010；Yitshaki & Kropp，2016）、社会创业资源整合
（Di Domenico et al.，2010）、社会创业动机（Zahra et al.，2009）等问题
开展深入研究。近年来，学者们引入相关理论，着重探讨了社会创业
企业的成长规律（Ruebottom，2013；Stevens et al.，2015；Bojica et al.，
2018）。这期间，国内学者在定性文献综述方面提供了有益的尝试，对
国外社会创业领域的研究文献进行了详细的梳理（刘振等，2015；王晶
晶和王颖，2015；薛杨和张玉利，2016），这些研究系统地阐述了社会
创业的概念内涵（刘玉焕和井润田，2014）、社会创业过程及成长（焦
豪和邬爱其，2008；刘振等，2014）、不同层次下的社会创业研究主题
（傅颖等，2017）、社会创业定量研究的现状（刘志阳和庄欣荷，2018）。
这在一定程度上对推动国内社会创业领域的研究提供了较好的理论指
导，但仍存在一些不足：在概念内涵方面，学者们基于各自不同的研
究视角对社会创业进行界定，尚未形成统一明确、认可度较高的定义，
不利于理论和实务的发展（Choi & Majumdar，2014）；在演进趋势方
面，仅有少量学者从发文量的角度对社会创业的演进趋势进行了划分
（刘振等，2015），但尚未给出社会创业演化趋势的量化证据；在研究
内容方面，学者们基于不同的学科背景和理论视角提出了一系列研究
话题，导致现有研究成果碎片化，研究方向较为分散，限制了相关学
者对社会创业研究现状的整体把握与理解（刘志阳和庄欣荷，2018）。

鉴此，本研究首先对社会创业的内涵进行分析，阐述不同视角
下的代表性定义，提炼出社会创业活动的基本特征，澄清社会创业
与商业创业、社会创业、公益活动的异同；其次，采用文献计量分
析方法，对国外 Web of Science 数据库中刊载的 336 篇社会创业研
究文献进行可视化分析，从知识演化路径和研究热点两个方面梳理
国外社会创业的研究现状；再次，对国内社会创业研究进展进行梳
理与回顾，总结国内社会创业的研究现状；最后，对国内外社会创

业研究进行评价，在识别现有研究局限的基础上，提出未来的研究方向，以期为社会创业研究提供重要的理论指导。

一　社会创业的内涵

（一）社会创业的定义

伴随全球范围经济特征与社会形态的更迭，社会创业实践活动也发生着动态的变化，学者们基于不同的视角对社会创业进行了定义（见表2-5）。早期社会创业实践活动以公益组织、商业企业以及非营利组织为主体，该阶段学者基于运营部门视角对社会创业进行界定，认为社会创业是发生在商业企业、非营利组织和政府部门中的创新性活动（Austin et al.，2006）。随着时代变迁，社会创业实践发展至以新企业创建为显著特征的新阶段，Martin 和 Osberg（2007）提出早期界定视角过于宽泛，应拓展新的视角，将社会创业框定于特定研究领域中。该阶段研究开始聚焦于社会创业活动本

表 2 - 5　社会创业的代表性定义

视角	研究者（年份）	概念定义	本质
基于运营部门视角	Dees（1998）	非营利组织的商业化运作	社会创业是发生在商业企业、非营利组织和政府部门中的创新性活动
	Austin 等（2006）	非营利组织、企业和政府部门中出现的，创造社会价值的创新性活动	
基于过程视角	Mair 和 Marti（2006）	通过整合资源和开展创新活动以追求机会，刺激社会变革和满足社会需求	社会创业是基于未得到满足的社会需求（机会），通过商业化手段，整合创业者自身及外部资源，而创造价值的活动
	Zahra 等（2009）	发现、定义和开发机会以增加社会财富的活动和过程，包括建立新组织和通过创新的方式管理既有组织	
基于结果视角	Dacin 等（2010）	兼顾经济价值与社会价值创造，采用商业化方式为社会问题提供创新性的解决方案	社会创业是自给自足、持续解决社会问题、创造社会价值的活动
	Tracey 等（2011）	为社会问题提供可持续的解决方式，融合了社会福利逻辑与商业化逻辑	

身，部分学者基于过程视角提出社会创业是以未得到满足的社会需求为契机，利用商业化手段整合资源，满足社会需求并创造社会价值的过程（Mair & Marti，2006；Zahra et al.，2009）；也有学者侧重创业结果，认为社会创业是自给自足、持续解决社会问题、创造社会价值的活动（Dacin et al.，2010；Tracey et al.，2011）。本研究更为赞同结果视角下的定义，原因在于其强调了社会创业的关键点在于社会价值的创造，既能反映出这三种视角的共同之处，又比运营部门视角及过程视角更加突出社会使命的首要地位。

（二）社会创业的特征

基于对社会创业定义的梳理，可以将社会创业的特征归纳为四个方面：社会性、市场性、创新性、可持续性。

1. 社会性

社会性是社会创业概念中最重要、最本质的特征。社会创业是为现有的社会问题提供创新的、可持续的解决方案的创业活动，识别社会问题是社会创业的前提。目前社会创业所解决的社会问题主要聚焦于教育、环保、贫困、医疗、就业等领域，覆盖范围广且侧重金字塔底层受众（Yitshaki & Kropp，2016）。此外，社会创业以创造社会价值、推动社会变革为最终使命，通常以就业人数增长、帮扶对象规模扩大等社会效益来衡量社会创业绩效（Rey et al.，2016）。

2. 市场性

市场性是社会创业企业实现其最终使命的有力保证。市场性在社会创业过程中具有多种表现形式。一方面，社会创业企业会采用诸如市场分析、战略规划等市场化工具对企业内部进行治理，重视企业运作的效率与市场竞争力（Tracey et al.，2011）；另一方面，经济收益不是社会创业的最终目标，但经济收益的获取能够帮助社会创业企业维持自主运营，进而更高效地为社会问题提供解决方案，经济收益的获取是社会使命实现的前提与基础（Battilana et al.，2015）。

3. 创新性

创新性是促进社会创新、推动社会变革的助推器。社会创业活动的创新性具体体现在两个方面。一方面，社会创业活动力求打破对现有市场的规范认知，致力于突破被商业创业所忽视的金字塔底层市场，通过采用创新思维和创新举措逐渐增强这些弱势市场参与主流市场活动的能力（Nga & Shamuganathan，2010）。另一方面，社会问题的发生往往伴随着紧迫性和危害性（Zahra et al.，2008），社会创业者需要具备发现社会问题、对社会问题进行重新定义并提出解决方案的创新思维，而不是对既有组织或模式的简单复制（Rey et al.，2016）。

4. 可持续性

可持续性是社会价值创造的前提。社会创业企业在通过市场化的方式获取收益、为企业提供持续经济支撑的同时，需要时刻关注创造社会价值的最终使命，持续解决社会问题，对社会福祉产生积极作用（Santos，2012）。可持续性体现在成功的社会企业既不过于关注社会使命，使企业失去"自造血"功能，也不过度关注产品创新与经济收益，使企业向商业企业发展。社会创业企业需要在市场性与社会性二者之间取得动态平衡，进而成为一种可持续解决社会问题的发展模式（Stevens et al.，2015）。

（三）相关概念的比较

1. 社会创业与商业创业的比较

社会创业与商业创业均以市场化运营方式为基础，关注企业的创新能力，以获取可持续的价值为最终目标（Austin et al.，2006）。两者的本质差异在于：社会创业具有高度的社会性，社会价值创造是其最终使命（Rey et al.，2016）；对商业创业而言，虽在运营过程能够通过新产品的开发、提高就业率等方式间接创造社会价值，但经济效益最大化仍是商业创业的最终目标（Stevens et al.，2015）。

2. 社会创业与社会创新的比较

社会创新是指以解决社会问题、满足社会需求为目标，通过具有社会目的的组织运营的创新性活动和服务（Mulgan，2012），具有显著的创新性与社会性。社会创新可发生在诸如商业创业、政府部门、非营利部门等各个行业部门，因此市场性并不是社会创新所必备的特征（苟天来等，2012）。但社会创业与社会创新两者均打破了传统慈善捐赠的方式，使组织在参与社会问题解决的同时获取收益，是一种可持续解决社会问题的运作模式（Lamy，2019）。

3. 社会创业与公益活动的比较

有学者将公益活动划分为满足社会需求、服务提供方的非竞争性、受助方的非替代性三个维度（赵立波，2017），由此可知，公益活动具有鲜明的社会性。公益活动与社会创业的不同之处在于，前者通常以政府、企业为主体，采用现金援助、实物援助以及医疗援助等一次性帮扶的方式（刘威，2018）；而后者借助市场化方式以实现自给自足，且运营形式多样，敢于打破现有的制度规范和认知（Stevens et al.，2015），因此是否具备市场性、创新性及可持续性是二者的差异所在。

本研究将社会创业与商业创业、社会创新、公益活动在社会性、市场性、创新性和可持续性四个方面的对比总结如表 2-6 所示。

表 2-6 社会创业与相关概念的比较

	社会创业	商业创业	社会创新	公益活动
社会性	高	低	高	高
市场性	高	高	低	低
创新性	高	高	高	低
可持续性	高	高	高	低

二 国外社会创业研究进展

(一) 研究设计

文献计量分析是以文献体系和文献计量特征为研究对象，运用统计学、数学等计量研究方法，对某一学科领域的特征、规律进行探究的一种研究方法（邱均平等，2003）。相比于传统文献综述，文献计量分析能够对大量的文献进行客观、高效的系统分析，同时能够借助软件进行可视化操作，将其结果以图谱形式清晰展示。国内常用的知识图谱绘制软件众多，由于运用 CiteSpace 开展文献计量分析可以得到主题更加鲜明的结果，该软件在引文分析中具有突出的优点，因此本研究也选择采用 CiteSpace V 作为分析工具。在文献共被引分析、关键词共现分析及关键词时区图等输出图谱的基础上，对国外社会创业的研究现状进行整合，并通过综合性的、动态性的视角归纳出国外社会创业研究领域的知识演化路径及研究热点。

筛选出准确有效的文献是进行某一研究领域研究综述的前提和保证，本研究选取美国科学情报研究所的 Web of Science（简称 WOS）数据库搜索文献，该数据库包含了 8000 多种世界范围内具有影响力的高质量期刊，涵盖了发表社会创业研究论文的国际主流期刊。具体的检索步骤为：首先，选用 WOS 数据库为检索平台，通过高级搜索设定检索条件，选取 SSCI 引文索引库，以"social entrepreneurship""social entrepreneur""social venture""social business""social entrepreneurial""social enterprise""social intrapreneurship""hybrid venture""public entrepreneurship"为主题词进行搜索。社会创业首篇文献是发表于 1988 年的"The rapids of change-social entrepreneurship in turbulent times"，故将检索年限设定为 1988～2018

年。经预检索发现，社会创业的核心文献主要源于战略管理和商业经济等研究领域，因而正式检索时将学科精练至商业（Business）、经济（Economic）和管理（Management），经"Article"和"Review"精练和除去重复文献，共检索出581篇文献。其次，本研究对检索文献摘要进行系统阅读，删除诸如书评、访谈、会议通知等非学术文献，剔除内容不相关的论文，最终得到文献336篇，全部数据最后更新日期为2018年7月31日。最后，将文献信息以纯文本格式导出，作为后续分析的基础样本。

（二）研究文献统计及图谱分析

由于1988～2003年社会创业研究的文献大多集中于教育学领域、公共管理学领域等，因此本研究筛选后得到的336篇文献分布于2003～2018年，时间跨度为16年（见图2－5）。总体来说，2003～2009年发文量较少，年均不超过10篇；2012年后文献数量明显增多，到2016年达到顶峰。统计上述文献所刊发的期刊后发现，刊发社会创业文献最多的五家期刊均为具有较高影响力的创业类期刊，占据比例高达30.62%，如表2－7所示。这表明社会创业日益成为创业领域的一个重要研究方向。

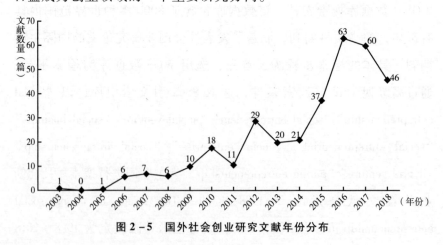

图2－5　国外社会创业研究文献年份分布

表 2 - 7 国外发表社会创业研究文献排名前 5 期刊统计

单位：篇，%

期刊名称	数量	占比
Entrepreneurship and Regional Development	28	8.30
Entrepreneurship Theory and Practice	22	6.55
Journal of Business Ethics	22	6.55
Journal of Business Venturing	16	4.76
International Journal of Entrepreneurial Behaviour and Research	15	4.46

共被引文献知识图谱是由共同被同一篇文献引用的参考文献相互连接而成的网络，图谱的每个节点代表一篇参考文献，节点越大表示该文献被引用次数越多；节点间的连线代表两篇文献被共同引用，通过对知识图谱的解读可以识别出该领域的知识基础以及相互间的关系，可视化地反映出研究领域的知识结构（陈悦，2014）。将文献数据导入 CiteSpaceV，节点类型选择被引文献，时间切片设置为 1 年，采用寻径网络算法，最终得到社会创业共被引文献知识图谱，该图谱共包含 389 个节点，910 条连线，如图 2 - 6 所示。中介中心度大于 0.1 且频次较高的节点是该研究领域的关键节点，在

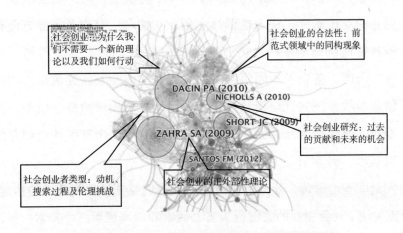

图 2 - 6 国外社会创业研究文献的共被引知识图谱

数据网络中起着枢纽作用（陈悦，2014），鉴此，本研究梳理得出重要节点文献，如表2-8所示。

表2-8　重要节点文献一览

作者	文献名称	年份	被引频次(次)	中心度
Zahra. S. A. 等	A Typology of Social Entrepreneurs: Motive, Search Processes and Ethical Challenges	2009	98	0.11
Dacin. P. A. 等	Social Entrepreneurship: Why We Don't Need a New Theory and How We Move Forward From Here	2010	82	0.12
Short. J. C. 等	Research in Social Entrepreneurship: Past Contributions and Future Opportunities	2009	62	0.13
Nicholls. A.	The Legitimacy of Social Entrepreneurship: Reflexive Isomorphism in a Pre-Paradigmatic Field	2010	47	0.12
Santos. F. M.	A Positive Theory of Social Entrepreneurship	2012	46	0.12

被引用频次最高的经典文献是Zahra等（2009）的"社会创业者类型：动机、搜索过程和道德挑战"。该文将社会创业者划分为社会修理工、社会构建者及社会工程师，分析不同类型创业者的行为及可能存在的道德风险，以此丰富了社会创业者的相关研究基础。Dacin等（2010）基于社会创业与传统创业、制度创业以及文化创业的对比研究，认为挖掘社会创业在使命、过程及资源方面具有的独特性质是未来研究的方向。Short等（2009）从多学科、多领域的角度，整合了不同领域中社会创业的内涵及研究成果，构建了创业领域、公共管理领域及非营利组织三个领域的概念模型，并从不同学科视角为社会创业研究提出展望，以此丰富了社会创业的知识基础。针对社会创业制度层面研究的不足，Nicholls（2010）引入制度理论视角，分析了如何推动社会创业领域理论范式的构建，重点关注了社会创业的关键行为者、话语和叙事逻辑三个要素，强调了合法性在理论范式构建过程中的重要地位。Santos（2012）从社会

创业服务领域及运作方式两个方面探讨了社会创业的独特之处，认为构建社会创业研究新理论是迫切且必要的。以上文献为社会创业研究的重要节点文献，从不同视角为社会创业研究提供了重要理论依据，为后续理论探索与实践发展提供了参考。

　　关键词是凝练文献主题和内容的规范性术语，对施引文献的关键词共现分析所形成的共现网络中，每个节点代表一个关键词，节点以十字架形式表示，十字架的大小对应引用的频次，十字架由中心到外围，颜色由深到浅，年份由远及近（陈悦，2014）。通过对文献关键词共现图谱进行解读，能够确定该领域在一段时间内的研究热点，明确研究的前沿（陈悦，2014）。将文献数据导入CiteSpace V，节点类型选择关键词，时间切片设置为1年，采用寻径网络算法，最终得到社会创业关键词共现图谱。该图谱共包含198个节点，如图2-7所示。

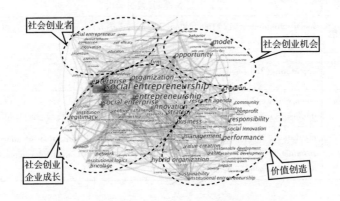

图2-7　国外社会创业研究的关键词共现图谱

　　通过对关键词共现图谱（见图2-7）的频次等信息解读，结果表明现有社会创业研究呈现分区域的特点，主要集中于四个热点主题，将热点主题及对应的核心关键词整理成表（见表2-9）。第一个热点领域处于关键词共现网络的左上方，关键词突出了社会创业者的个人特质、动机及意向，表明相关研究围绕社会创业者展开，故将该研究热点归结为"社会创业者"。第二个热点领域聚焦于"社会创业机会"，通过对关键词的解读，社会创业机会存在于社会问题之中，社会创业的过程围绕机会展开。第三个热点领域从社会网络、资源拼凑、制度等不同理论视角探讨社会创业企业成长相关问题，因而将该热点总结为"社会创业企业成长"。第四个热点领域处于图谱的右下方，表明社会创业关注企业能否创造可持续的经济和社会价值，因而将该领域归纳为"价值创造"。这四个研究热点呈现层层递进的关系，由最初探讨社会创业者到关注社会创业机会与企业成长，最终上升到企业价值创造的研究。

表 2-9   国外社会创业热点主题及核心关键词一览

热点主题	关键词（被引频次）
社会创业者	social entrepreneur(12); motivation(7); intention(6); compassion(5); self efficacy(5); experience(4); gender(4)
社会创业机会	opportunity(38); model(38); behavior(6); poverty(5)
社会创业企业成长	management(32); strategy(32); legitimacy(24); bricolage(15); institution(12); network(11); institutional logics(11); growth(8); resource(7); embeddedness(4)
价值创造	innovation(53); performance(37); responsibility(29); value creation(19); sustainabity(15); nonprofit(13); community(10); sustainable development(7); economic develop(7); mission drift(2)

（三）国外社会创业研究的演进趋势

时区图谱能够展示节点的提出时间、引用频次、节点间的关系，关键词共现时区图谱可以从时间维度揭示研究主题的整体发展趋势（陈悦，2014）。应用 CiteSpace V 对文献数据进行分析，时间切片为1年，节点类型为关键字，得到社会创业关键词共现时区图谱，参见

图 2 – 8。该图谱横轴表示演进时间，节点间的连线表示关键词的时区传承。进一步结合图谱、高频节点和相关文献，归纳得出社会创业研究的 3 个演化阶段——现象驱动时期、理论探索时期以及理论与实践双重推进时期，代表性研究文献如表 2 – 10 所示。

图 2 – 8　国外社会创业研究的演进趋势

表 2 – 10　国外社会创业研究的代表性文献

作者（年份）	研究问题	研究方法	研究对象	研究结论
Sharir 和 Lerner（2006）	探讨社会创业者成功创建社会企业的影响因素	问卷调查、实地访谈	以色列 33 家社会创业企业的问卷调查及实地访谈	存在 8 个影响社会创业者能否成功创建社会企业的因素，分别是：创业者的社会网络、创业者是否全身心投入、初始资本、企业理念在公众中的接受程度、创业团队的组成、与公共部门和非营利组织的合作、能否经受住市场的测试以及创业者的先前经验
Nga 和 Shamuganathan（2010）	考察社会创业者的个人特质对社会创业的影响	实证研究	181 份来自马来西亚大学生的问卷调查	社会创业者的随和性对社会创业的各个维度都有积极的影响，而开放性对社会愿景、创新和财务回报产生了积极的影响
Domenico 等（2010）	探讨社会创业情境下资源拼凑的内涵	实地访谈	对英国 8 家社会企业的实地访谈	社会创业资源拼凑具有六个维度，包括即刻行动、拒绝受限、即兴、社会价值创造、利益相关者加入、说服

作者（年份）	研究问题	研究方法	研究对象	研究结论
Corner 和 Ho（2010）	探究开发社会创业机会的模式	案例研究	成立于 1972 年的 1 家新西兰社会企业	开发社会创业机会具有 4 种模式。①总体模式，社会创业者随时间推移会自主发掘社会问题；②集体协作模式，机会的开发需要多个利益相关者共同参与；③经验走廊模式，社会创业者的以往经验会为机会开发带来信息；④火花灵感模式，机会开发的想法可能来源于某一瞬间的灵感
Desa（2012）	探索在制度环境不利的情况下社会创业企业如何调动资源	实证研究	45 个国家的 202 家科技社会企业的调查数据（二手数据）	验证了技术规制支持和经商便利度与社会创业企业参与资源拼凑行为可能性的负向关系，但政治支持的影响作用不显著，即制度环境的不友好会促进资源拼凑手段的使用
Katre 和 Salipante （2012）	探究社会创业者在社会创业启动和社会创业早期采取哪些行动以及成功的社会创业者与失败的社会创业者差异所在	电话访谈、实地访谈	对北美 23 家新创社会企业的电话访谈和实地访谈	社会创业者在创业初期会采取机会概念化、对产品和服务展开探索、社会企业的启动与运作三种行为。成功的社会创业者通常将社会问题的解决视为首要活动，创建社会企业的目的在于实现社会变革，仔细选取产品或服务，提升自身技能并扩大社会联系以获得外部支持
Ruebottom （2013）	探究社会创业企业获取合法性的策略	实地访谈	对加拿大 10 家社会企业的实地访谈	修辞策略能够帮助社会创业企业获取合法性，具体而言，采用修辞策略能够将社会创业者塑造为伟大的变革者，将反对变革者塑造为其对手，通过制造二者的紧张关系，突出二者之间的区别，唤起社会接受变革的氛围，进而帮助社会创业企业获取合法性

续表

作者(年份)	研究问题	研究方法	研究对象	研究结论
Desa 和 Basu(2013)	探究影响社会创业者调动资源的因素	实证研究	45 个国家的 202 家科技社会企业的调查数据(二手数据)	环境包容性与组织突出性和资源拼凑的使用呈 U 型关系,与资源优化的使用呈正相关关系。在环境包容性和组织突出性较低的情况下,资源优化和资源拼凑是相互替代的,而在环境包容性和组织突出性较高的情况下,资源优化和资源拼凑是相互补充的
Renko(2013)	探究亲社会动机对社会创业过程的影响	实证研究	PSED(创业动态跟踪研究)数据库中的数据	亲社会动机对于社会创业企业的出现呈现显著的负向影响,在社会创业企业提供的产品新颖性越高的时候,这种负向影响更为明显
Yiu 等 (2014)	探究社会创业意愿的影响因素	实证研究	2006 年中国私营企业调查数据(二手数据)	创业者有越多早年的困苦经历(包括教育程度低、失业、在贫穷乡村的经历、创业地域的贫困),他们就越会参与社会创业活动;同时,他们的社会地位感知可改变此关系的强弱
Battilana 等 (2015)	探究社会印记对社会创业绩效的影响	实证研究	2003 ~ 2007 年法国1家社会企业的面板数据	社会印记对社会创业企业绩效存在矛盾的作用机制,一方面直接提高其社会绩效,另一方面通过降低生产力间接地降低企业的社会绩效
Stephan 等 (2015)	探究什么样的制度环境能够促进社会创业企业的产生	实证研究	1995 ~ 2008 年间 GEM、WVS、世界银行等数据库的数据	后物质主义、政府行动主义、社会文化支持能够分别促进个人社会创业行动。此外,后物质主义与政府行动主义存在替代作用,当二者交互同时加强时,个人选择社会创业的可能性降低,而社会文化支持与政府行动主义的交互作用则对个人社会创业起到了加强作用

作者(年份)	研究问题	研究方法	研究对象	研究结论
Bacq 和 Eddleston (2016)	探究吸引利益相关者、获得政府支持和赚取收入对社会创业企业的社会影响有何影响	实证研究	对美国 171 家社会创业企业的问卷调查	吸引利益相关者、获得政府支持和赚取收入能够正向促进社会创业社会影响的规模,以创业者为中心的管理文化和以员工为中心的管理文化均能够正向调节三者对社会创业企业社会影响规模之间的关系
González 等 (2017)	探究社会创业机会发现与机会创造的影响因素	实证研究	对墨西哥 74 位社会创业者的问卷调查	信息搜索对机会发现具有积极的促进作用;创新激进性对机会识别具有正向的促进作用
Hockerts (2017)	探究社会创业意愿的影响因素	实证研究	257 份大学生问卷调查、327 份互联网公司员工问卷调查、2790 份网络在线参与者问卷调查	创业者的先前经验、同理心、道德判断、自我效能感以及感知到社会支持均能够对社会创业意向产生显著的正向影响
Lortie 等 (2017)	探究性别在社会创业中的重要作用	实证研究	150 份美国社会创业者的问卷调查	社会凸显完全中介了性别与社会绩效之间的关系,即女性通过社会凸显(以社会目标和意向来创建企业的倾向)能够提高企业社会绩效的作用机制
Bacq 和 Alt(2018)	探究移情影响社会创业意向的内在作用机制	实证研究	对美国 281 名大学生的问卷调查	移情通过两种中介机制(自我效能和社会价值)影响社会创业意向
Dwivedi 和 Weerawardena (2018)	探究社会创业导向的概念,考察社会创业导向对社会创新的影响	实证研究	对美国 507 名社会创业者的问卷调查	社会创业导向主要可以划分为创新性、先动性、风险承担性、效果导向、社会使命导向以及可持续导向六个维度;社会创业导向的六个维度均对社会创新具有积极的促进作用

1. 阶段一:现象驱动时期 (2003~2009 年)

21 世纪初,经济全球化进程进一步加快,在推进了全球社会发展现代化的同时,也使国际贫富差距拉大、生态破坏、环境污染等各种社会问题日益凸显。伴随着政府对非营利组织的资助经费逐年减少，市场失灵使人们对于社会服务的需求有增无减，社会创业企业逐步成长为解决社会问题的良好途径，迅速从欧美各国向日本、韩国、中国香港、中国台湾等国家和地区铺开（Zahra et al.，2008）。实践活动的兴盛也驱动了社会创业的学术研究，以 Austin（2006）、Mair（2006）为代表的学者聚焦于"什么是社会创业"展开讨论，但整体来看，概念之间同义重复，特征之间难以整合（Short et al.，2009）。Townsend（2008）、Zahra（2009）等学者开始初步探索社会创业的成长问题，涉及社会创业机会、组织形式等议题，相关研究数量较少且零星分散，研究方法局限于理论阐述或案例研究。整体来看，该阶段社会创业研究学者较少，尚未形成稳定的研究群体，取得的理论进展甚微，仍处于现象驱动的起步阶段。

2. 阶段二：理论探索时期（2009~2014 年）

伴随着社会创业实践的快速发展，传统创业研究中的相关理论如资源基础观、制度理论、社会网络理论等既有理论相继被引入社会创业研究中。学者们将社会创业理论研究与实际问题相结合，研究焦点从社会创业的概念内涵研究转向社会创业过程研究，以 Corner（2010）、Nga（2010）、Domenico（2010）为代表的学者，开始关注社会创业机会、社会创业意向、资源获取等问题；研究方法也从单一的理论阐述、案例研究发展至理论驱动的定量研究（Nga & Shamuganathan，2010；Moss et al.，2011）。整体来看，该阶段的研究多是对相关领域理论的借鉴与整合，呈现研究主题不断扩展、研究方法日益多样的发展态势，社会创业研究已逐渐发展成为创业研究的一个重要分支方向。

3. 阶段三：理论与实践双重推进时期（2014 年至今）

伴随着后危机时代的到来，世界经济整体呈现疲软乏力的特征，经济全球化与逆全球化的交织碰撞也使地区冲突加剧、经济环境不确定性大大增强，传统的商业企业自顾不暇，市场机制的失灵为社会创业的崛起提供了良好的土壤。学者们在深入研究后发现社会创业可能存在其独特之处，上一阶段对传统创业相关理论的借鉴已无法给予现阶段的社会创业实践更多的理论指导，迫切需要构建适用于社会创业领域的理论。学者们开始关注社会创业的独特性，以 Battilana（2015）、Rey（2016）、Lortie（2017）为代表的学者探究社会创业的独特诉求，相关研究围绕社会企业社会价值创造展开；Stephan（2015）、Zhao（2016）等学者聚焦于社会创业所处的独特制度环境；社会创业企业成长过程中面临的障碍也成为这一阶段的研究重点（Davies et al.，2017；Bojica et al.，2018），这些研究在更好地解释社会创业现象的同时也丰富了创业领域的研究基础。总体来看，该阶段学者们积极探索在社会创业情境下开展具有原创性的理论研究，深化并拓宽了社会创业领域的知识基础。

总体来看，社会创业领域的研究最早源于社会问题的凸显及政府、市场机制的失灵。随后，社会创业实践的发展驱动着学者们关注社会创业的概念内涵以及进一步将研究主题扩展至社会创业过程。此后，世界经济的疲软加剧了市场机制的失灵，推动社会创业实践的蓬勃发展吸引了大量学者开展适用于社会创业情境的基础理论研究，形成理论与实践共同推进的良好态势。从研究内容上看，研究焦点由最初的概念内涵研究发展至关注具体情境下的理论构建；从研究方法上看，由最初的理论阐述、案例研究发展至理论驱动的定量研究方法，整体呈现从现象驱动到理论探索再到理论与实践双重推动的演进脉络。

（四）国外社会创业的研究热点

由图 2 - 7 可知，国外社会创业研究主要集中于社会创业者、社会创业机会、社会创业企业成长、价值创造等四个热点主题，对其进行具体深入的探讨能够进一步明确社会创业研究的现状。

1. 社会创业者

相较于商业创业者，社会创业者不仅需要采取创新的方式解决社会问题，更肩负着创造社会价值、推动社会变革的历史使命，具有不可小觑的作用，因而迅速成为社会创业领域研究的重点（Nga & Shamuganathan，2010）。相关研究从社会创业者特质、社会创业动机以及社会创业意愿的影响因素等三个方面展开。从社会创业者个人特质来看，有学者认为社会创业者与商业创业者的差异性体现在前者具有更强烈的社会使命感，原因在于，只有当社会创业者具有使命感时才会全身心地投入社会创业活动中（Bacq & Alt，2018）。另有学者提出社会创业者在品德与情感方面也存在独特性，成功的社会创业者通常具有令人折服的远见、实现理想的决心、强烈的道德准则等品德（Yitshaki & Kropp，2016）以及同情心、同理心等情感特质（Miller et al.，2012；McMullen & Bergman，2017；Bacq & Alt，2018）。

有学者认为关注社会创业者个人特质使社会创业领域的研究止步不前，主张关注社会创业者的创业动机研究（Miller et al.，2012）。商业创业中通常将创业动机归结于经济价值获取、自我成就感获得等利己偏好；然而在社会创业情境中，虽不排除部分利己导向的动机，但纯粹的利己动机不足以促使社会创业者在经济基础和社会资源极度匮乏的情况下承担起巨大的创业压力与成本。社会创业者既要采用创新性的方式解决社会问题，也要在多个利益相关者中平衡冲突性需求，因此具有明显的"利他导向"动机（Tan et al.，2005）。此后，有学者提出情感作为动机对社会创业行为的解释作用更为显著。Miller 等（2012）认为所谓社会创业动机是基于社会需求未得到充分满足的情况下所产生的"同情"反应。Grimes

等（2013）进一步提出将同情纳入亲社会动机可以更加合理地解释社会创业者面对社会问题时的反应。Bacq 和 Alt（2018）用移情来解释社会创业的动机，认为移情是推动社会创业最初的情感因素。

Stephan 等（2015）认为创业动机不足以支撑社会创业行为的发生，社会创业者最终的创业意愿还受到外界制度环境的影响。相关研究从制度缺失和制度支持两个视角分别展开。持制度缺失论的学者基于社会需求角度认为政府能力有限，社会问题的暴露需要更多的社会创业企业共同解决，从而吸引社会创业者参与到社会创业中（Dacin et al., 2010; Estrin et al., 2013）；持制度支持论的学者侧重于资源视角，认为政府支持能够为社会创业者提供有形和无形的资源，从而激励社会创业者的加入（Hoogendoorn, 2016）。Stephan 等（2015）整合了制度缺失和制度支持两个视角，证实在制度支持的氛围下，政府行动主义、后物质文化价值观以及社会支持文化能够促进社会创业者加入社会创业行动中。制度层面的研究被批评忽视了微观层次因素的重要作用（Hockerts, 2017），后续学者开始关注个体层面因素对于社会创业意愿的影响。作为独特的创业形式，社会创业关注社会边缘群体和社会问题，因而有学者提出社会创业行为选择会受到其过往经历的影响（Hockert, 2017）。还有学者更进一步将制度层面和个体层面相结合，将制度理论与人力资本理论相结合建立了跨层次模型，同时探讨法治与教育水平对社会创业者的创业选择影响，以更加全面地阐释社会创业意愿的影响因素（Estrin et al., 2016）。

总的来说，个人特质研究是探索社会创业者的起点，社会创业动机研究打破了个人特质研究的局限性，社会创业的影响因素研究将社会创业者相关研究从个体层面延伸至宏观层面。但关于社会创业者进行社会创业的组织层面影响因素的研究略显不足，且作用路径研究也相对匮乏。

2. 社会创业机会

机会是创业领域的核心主题。社会创业机会以创造社会价值为核心，是社会创业者投入财力、精力和物力后产生足够社会影响力的可能性，因而受到研究者们的广泛关注（González et al.，2017）。现有研究集中于探讨社会创业机会与商业创业机会的区别以及社会创业机会识别等相关问题上。由于社会创业与商业创业诉求显著不同，因而社会创业机会与商业创业机会具有差异性（Austin et al.，2006）。一方面，与商业创业致力于追求创新性和突破性的异质性市场机会不同，社会创业机会存在于社会问题中，社会创业关注金字塔底层的需求，致力于解决普遍存在的社会问题，追逐基础、长期、可及的机会，本质上具有同质性；另一方面，与商业创业机会存在于市场中不同，社会创业机会往往嵌入社会或社区环境中（Austin et al.，2006；Perrini et al.，2010）。

在社会创业机会的相关研究中，社会创业机会识别被认为是社会创业行为的先导，解释了社会创业行为发生的动力（González et al.，2017），相关研究从社会创业机会识别的前因及后果两方面展开。早期学者关注社会创业机会识别的结果，认为社会创业行为基于机会识别之上，社会创业机会识别能够影响社会企业运营的时机以及地理范围，不仅对于社会创业成功有着至关重要的影响，对于社会变革也具有较大的促进作用（Zahra et al.，2008；Perrini et al.，2010）。后期学者主张关注社会创业机会识别的影响因素，认为社会创业者能否正确识别机会往往受其个人因素的影响。部分学者认为不同类型的社会创业者具有不同的个人经历、信息搜索能力以及风险承担能力，对于社会创业机会的警觉性有所不同（Lehner & Kaniskas，2012；Yitshaki & Kropp，2016；González et al.，2017）；也有学者提出社会创业机会识别源于对外界社会现象的观察与思考，社会创业者与外部环境的互动能够对社会创业机会识别产生影响（Corner & Ho，2010）。

总体来看，关于社会创业机会的相关研究仍处于起步阶段，对社会创业机会识别影响因素的研究不够系统，尚未形成一个完整的研究框架，制度环境、地域差异等宏观因素在机会识别中的作用并未得到关注，现有研究也没有揭示社会创业机会识别对企业绩效等因素的影响。

3. 社会创业企业成长

企业成长是创业研究的热点议题，社会创业由于在社会发展中日益凸显的积极作用而备受关注，因而，学者们对于社会创业企业成长的关注也日益升温（Hynes，2009），相关研究主要围绕两类热点话题，第一类研究对社会企业成长特征展开分析，第二类研究引入不同视角探究社会创业成长规律。较商业创业而言，社会创业企业成长具有先天不足的特点，服务的受众往往难以足额支付产品或服务，其规模较小、获利能力较低且难以生存与发展（Austin et al.，2006）。究其原因，社会创业的明确目标是同时获取社会价值与经济价值，与单纯追求经济收益的商业企业相比，双重使命使社会企业在成长上面临更多复杂障碍（Davies et al.，2017）。有学者提出资源匮乏是现代社会创业企业成长面临的核心问题，直接影响了企业社会价值创造以及社会使命达成，严重阻碍了社会创业企业的生存与发展（Zhao & Lounsbury，2016；Bojica et al.，2018），因此，如何冲破资源束缚往往决定了社会创业的成败。现有研究基于制度理论、社会网络理论以及资源拼凑理论，认为企业具有合法性、构建社会网络关系以及运用资源拼凑策略是社会创业企业解决资源稀缺性以及创业资源需求这一悖论的有效途径（Ruebottom，2013）。

从制度视角来看，合法性是社会企业所处环境对组织所做出的社会价值贡献的认可，也是社会创业企业持续获得外部资源、保障其生存与发展的重要手段。因此，如何获取合法性以促进社会企业成长成为学者研究的重点（Ruebottom，2013）。与商业创业企业不同，受社会使命驱动的社会创业企业有着与生俱来的合法性优势，获取合法性的过程更倾向于道德性诉求与践行（Nicholls，2010）。有学者提出清晰地界定社会企业的组织使命，明确组织身份，能够帮助企业更容易地获取合法性（Moss et al.，2011）。也有学者认为需要借助"修辞""元叙事"等语言工具将社会创业企业塑造成"历史英雄"的形象，切实地吸引、感动利益相关者，以帮助利益相关者形成对社会创业合法性的合理感知，进而帮助企业更容易地获取外部资源（Ruebottom，2013；Parhankangas & Renko，2017）。

社会网络的构建将进一步巩固利益相关者对于社会创业企业的信任，进而对于社会创业获取合法性有着重要的支持作用，同时也是社会创业企业获取其他资源的重要途径（Meyskens et al.，2010）。与商业创业企业相比，社会创业企业自身资源的限制使其更需要处于稳健、庞大的社会网络之中以获取资源，保障企业的生存与发展（Sharir & Lernar，2006）。社会网络对于社会创业获取资源的重要意义已逐步受到学者们的关注，部分学者认为社会创业之所以能够通过社会网络获取所需资源，克服资源约束，是因为组织通过社会网络建立了相互理解和信任的关系，处于社会网络中的成员乐于分享信息，协调资源（Sharir & Lerner，2006）。此外，也有学者探究社会网络特质对于资源获取的影响，认为社会企业在社会网络中所处的位置以及社会网络的规模都会影响社会创业企业人力、财力以及无形资源的获取（Meyskens et al.，2010）。

尽管社会网络关系在一定程度上缓解了社会创业资源受限的困境，但仍难以持续应对社会创业的长期资源需求。资源稀缺性的约束使得对现有资源的"将就"与重构成为难以获得异质性资源的社会创业企业成长过程中的必然选择（Domenico et al.，2010；Desa & Basu，2013）。Sunduramurthy 等（2016）指出成功的社会创业者在突破资源束缚时都会采用资源拼凑策略，该策略既能够帮助企业缓解资源压力，又能够促进企业的创新能力与市场营销能力，对企业的产品或市场的成长具有促进作用（Desa & Basu，2013；Kannampuzha & Suoranta，2016）。因而，有学者进一步探究资源拼凑策略使用的影响因素。Desa（2013）基于宏观层面研究发现环境包容性与社会企业拼凑的使用呈 U 型关系；Bojica 等（2018）侧重企业层面视角提出社会创业企业高资源水平与资源使用权能够促进拼凑策略的使用，从而促进组织成长。

总体而言，社会创业企业成长的相关研究取得了较好的理论成果，已相继引入制度理论、社会网络理论以及资源拼凑理论等视角，但大多是基于单一视角，缺乏多视角的结合。

4. 价值创造

价值创造是企业生产经营活动的核心目标，也是企业存在的根基（Stevens et al.，2015）。社会创业以社会价值创造为最终使命的独特诉求，吸引了诸多学者的关注（Lortie et al.，2017）。现有研究主要从社会创业价值创造的界定与测量、双重目标的冲突与平衡以及社会价值创造的影响因素等三个方面展开。目前关于社会创业价值创造的界定与测量研究尚未成熟，缺乏明确的指标对社会创业创造的价值做出准确、客观的评定。但是社会创业区别于公益活动、商业创业等活动的特征明显，学界大致认同从经济价值和社会价值两方面对社会创业企业价值创造进行研究（Liu et al.，2015；Rey et al.，2016）。社会创业需要参与市场竞争，通过销售产品或服务创造经济价值，将经济收益再投入企业运营以维持社会创业企业的成长与发展，通常采用社会企业规模、产品种类与数量、销售收入、成本效益比率等客观指标对其经济价值进行衡量（Stevens et al.，2015）。此外，社会创业企业更为关注解决市场和政府尚未触及的社会问题，旨在满足社会需求、增加社会价值创造。通常采用主观的指标对其社会价值的创造进行衡量，包括帮扶对象规模、新增就业人口数量等指标，或借鉴第三部门较为成熟的评估体系，例如投资社会回报、平衡计分卡等方法对其社会价值创造进行测量（Rey et al.，2016；Lortie et al.，2017）。

　　事实上，社会创业的经济价值获取能够助推社会价值目标的实现，是支持和促进社会创业企业创造社会价值的先决条件，两者并不排斥并且在功能上相辅相成，都是社会创业不可缺少的组成部分（Liu et al.，2015）。但有研究显示，社会创业活动中的资源稀缺性会导致社会价值创造与经济价值创造呈现此消彼长的动态关系，即一味强调社会价值的创造，将无法保证社会创业的可持续性，最终使社会创业企业成为严重依赖外部输血的非营利组织；过分强调经济价值的创造，可能会损害社会创业的合法地位，最终使社会创业企业成为股东利益最大化的商业创业组织（Stevens et al.，2015；Lamy，2019），这些都会导致社会创业企业的使命发生漂移。因此，社会创业双重目标之间平衡发展、相辅相成的首要条件就是保持社会价值创造置于经济价值收益之上，保证经济价值的获取服务于社会价值的创造（Austin et al.，2006；Lamy，2019）。

　　继打破经济价值与社会价值创造之间零和博弈的悖论后，学者们开始探究影响社会创业价值创造的因素。有学者将商业创业的经验借鉴至社会创业中，探究社会创业企业市场营销能力对于社会创业绩效的影响，结果证实社会创业价值创造过程的特殊性，并非所有商业创业的经验都可以照搬至社会创业情境下（Liu et al.，

2015）。相比之下，聚焦于社会创业情境，探究价值创造的影响因素更符合社会创业实际。一方面，部分学者基于个体层面的研究，证实了社会创业者的性别、教育程度、先前经验对社会创业企业绩效具有影响（Rey et al.，2016；Lortie et al.，2017）。另一方面，侧重于组织层面的相关研究也逐步展开，Battilana 等（2015）研究表明社会印记对于社会创业企业的绩效存在矛盾的作用机制，既有助于社会创业企业时刻保持对社会使命的关注，促进社会价值的创造，又会由对社会使命的高度关注导致经济生产力的损失，限制履行社会价值创造的资源。

总体看来，社会创业价值创造的相关研究并不完善，还没有对社会创业价值创造系统的评价指标体系，相关研究还停留在商业创业或非营利组织绩效评价方法的借鉴应用阶段。

三　国内社会创业研究进展

作为以社会价值为首要目标并兼具市场化运营能力的新型创业形式，社会创业已日渐成为解决当今社会所面临的贫穷、环境污染和资源匮乏等种种复杂社会问题的主要途径。然而，与国外社会创业研究相比，国内社会创业研究起步较晚，相关研究按照研究视角可以分为两大类：一是宏观视角下的社会创业研究（曾建国，2014；王义明，2014；薛建宏和汪红梅，2015；李远煦，2015；沈陆娟和陈国法，2016；曹桢，2018；夏浩钰等，2018）；二是微观视角下的社会创业研究（李华晶和肖玮玮，2010；汪忠等，2015；王晶晶和王颖，2015；仇思宁和李华晶，2018）。

（一）宏观视角下的社会创业研究

回顾国内相关文献发现，宏观视角下的社会创业研究主要沿着以下四条路径展开：一是探讨社会创业对我国经济社会发展的影响效应（薛建宏和汪红梅，2015；曹桢，2018；夏浩钰等，2018）；二是就社会创业政策开展研究（曾建国，2014）；三是对社会创业现状、问题及对策的研究（王义明，2014；郑晓芳等，2015；王爽爽等，2017）；四是就社会创业教育问题展开探讨（沈陆娟和陈国法，2016；李远煦，2015）。

社会创业对我国经济社会发展的影响效应是国内学者关注的重要议题之一。薛建宏和汪红梅（2015）从理论上分析了社会创业能够缓解经济活动导致的生态环境恶化以及社会动荡等社会问题，并呼吁我国社会创业活动应该与商业创业活动同步发展。曹桢（2018）通过对国内外典型的社会创业案例研究，结果表明社会创业能够有效帮助改善环境问题。此外，夏浩钰等（2018）通过案例研究方法探讨了社会创业在实现非物质文化遗产的传承与保护中的作用，结果表明社会创业能够实现非物质文化遗产传承的保护与市场、传承人和政府间的平衡，论证了社会创业是非物质文化遗产传承与保护的有效路径。

由于社会创业在社会发展中显现的突出贡献，政府也开始关注社会创业现象，纷纷出台支持性政策。"政府支持对于社会创业具有哪些重要意义？政府颁布的社会创业政策适用性如何？成效如何？"针对这些问题，国内部分学者进行了探索。曾建国（2014）基于256份社会创业者的问卷调查，探讨了上海、北京、长沙三地的社会创业政策，研究结果表明政府政策和规程在三个城市评价中均得分最低，这表明虽然我国社会创业活动呈现蓬勃发展的态势，但当前我国各级政府部门针对社会创业活动出台的政策措施还存在一些缺位。

伴随着社会创业活动的大量涌现，国内学者对我国社会创业现状、问题及对策等问题也开展了相关研究。王义明（2014）基于珠江三角洲地区的实地调研，总结了社会创业企业成长过程中面临的六大困境，并提出了相应的对策措施。郑晓芳等（2015）从社会创业者自身素质、社会创业教育及创业环境三个方面提出了促进青年社会创业的具体对策。王爽爽等（2017）基于来自中国24个省市的111份有效问卷的统计分析，探讨了青年社会创业者的个体特征及社会创业企业的组织特征，结果表明社会创业企业的规模偏小，融资的支持力度有限。总体来看，我国社会创业活动呈现"机遇与挑战并存"的特征，不断优化创业环境有助于促进社会创业企业的健康成长。

随着社会创业实践活动的发展，社会创业教育担负着增强受教育者社会使命感、推动社会发展进步的重要任务，因而逐渐成为社会创业领域的热点议题。沈陆娟和陈国法（2016）基于社会创业视角，探讨了美国政府机构对社区学院创业教育的支持以及美国社区学院创业教育的合作模式，并就我国社会创业教育提出了针对性建议。李远煦（2015）在对浙江省40个大学生社会创业团队开展问卷调研的基础上，就我国高校社会创业教育提出了三点对策，分别是：一要引导学生积极关注社会问题，在调查民生问题中识别出社会创业机会；二要不断提升学生的创新意识与创业能力，解决社会创业过程中资源匮乏的困境；三要不断提升学生市场分析与商业运作方面的能力，帮助学生在社会创业过程中实现双赢。

（二）微观视角下的社会创业研究

回顾国内相关文献发现，微观视角下的社会创业研究主要围绕社会创业动机、社会创业意向、社会创业机会识别与开发、社会创业企业绩效与成长等问题展开（林海等，2009；李华晶和肖玮玮，2010；胡杨成和陈敏辉，2014；曾建国，2014；汪忠等，2015；王晶晶和王颖，2015；曾凡奇等，2015；杨志春和任泽中，2016；方慧和王丽萍，2018）。

创业动机是激发、维持、调节与引导创业行为的一种内驱动力，是创业行为的先导。部分学者就社会创业者的创业动机问题开展了深入研究，曾建国（2014）基于全国466名大学生社会创业者的调查数据，实证研究结果发现大学生社会创业动机主要包括利己动机和利他动机，前者由成就导向和控制导向等两个维度构成，后者主要由公平正义、奉献精神、公共利益承诺等三个维度构成。汪忠等（2015）研究发现青年社会创业者的创业动机同时涉及经济性动机与社会性动机，但总体偏向社会性动机。杨志春和任泽中（2016）认为社会创业者的创业动机不是一元的，而是既包括利己动机也包括利他动机。此外，王晶晶和郭新东（2015）的案例研究结果表明企业社会创业的动机主要包括五个方面，分别是社会需求、政策支持、社会使命、利益回报和社会资源。整体看来，学界已普遍认同社会创业存在多重动机，并且利他动机是社会创业动机的一个重要组成部分。

创业意向是创业行为的起点，厘清社会创业意向的形成机制有助于提升社会创业现象。部分学者基于实证研究探讨了社会创业意向的影响因素。曾凡奇等（2015）基于全国19个城市大学生的问卷调查数据，实证分析结果表明，大学生的成就需求、内控制源、自我效能感与其社会创业意向呈现显著的正相关关系。曾凡奇等（2017）还进一步就大学生情感能力对其社会创业意向的影响机制开展了实证研究，结果表明大学生的个人情感能力以及社会情感能力对其社会创业意向都具有显著的正向影响，创业导向在大学生情感能力与社会创业意向之间发挥显著的中介作用。张秀娥和张坤（2018）考察了先前经验对个体社会创业意向的影响机理，基于334份某高校MBA及EMBA学员的问卷调查数据，实证分析结果发现，个体的先前经验对其社会创业意愿有显著的正向影响；自我超越价值观在个体的社会工作经验与社会创业意向之间关系以及个体的不利生活经历与社会创业意向之间的关系中发挥显著的中介作用；风险倾向在个体的创业经验与社会创业意向之间的关系以及个体的社会工作经验与社会创业意向之间的关系中发挥显著的中介作用。王晶晶和王颖（2015）通过对阿育王官方网站的数据进行内容分析，证实了社会创业者个人特征与社会创业领域选择存在关联，具体而言，男性社会创业者和女性社会创业者受经济性和社会性动机驱动的强弱有所不同；社会创业者的生活经历、工作经历、教育背景和商业创业经历均对社会创业领域选择差异具有显著影响，而社会创业者公益经历对此无显著影响。方慧和王丽萍（2018）通过实证调查和探索性因子分析法构建了社会创业者职业成熟度量表，证实了职业成熟度和创业机遇均对社会创业决策显著相关。总体看来，社会创业者创业意愿的话题得到了普遍关注，相关研究取得了较好的成果。

创业机会是创业领域的核心主题，社会创业过程中的机会识别与开发问题也是国内学者关注的重要议题。林海等（2009）在理论阐述的基础上构建了社会创业机会识别与开发的框架模型。随后，李华晶和肖玮玮（2010）基于案例研究，深入探讨了社会创业过程的内在机理，结果揭示了社会创业过程的三个基本环节：创业机会识别、机会开发与资源获取和整合。白彦壮等（2016）基于案例分析探讨了情感性网络、政府支持网络以及商业网络在社会创业机会识别与开发不同阶段的不同作用，结果表明社会网络能够通过强化社会创业动机和社会创业警觉，提供丰富的信息和资源，降低交易成本等路径对社会创业机会识别与开发产生积极影响。仇思宁和李华晶（2018）运用多案例分析方法，聚焦于探究亲社会性与社会创业机会开发间的联系，结果表明非亲缘型亲社会性直接作用于他人机会产生过程，亲缘型亲社会性直接作用于自身机会转化过程。此外，也有少数学者就社会创业机会识别与开发问题开展了实证研究，比如，汪忠等（2017）通过实证研究证实了社会创业者的社会资本对其机会识别有显著正向影响；创业警觉性在社会资本与社会创业机会识别之间发挥部分中介作用。整体看来，国内学者就社会创业者创业机会识别问题开展了诸多研究，形成了良好的研究基础。实际上，创业机会的识别过程是多种要素综合作用的结果，现有研究缺乏从一个整合的理论视角来深入探讨社会创业者创业机会识别的过程问题。

创业企业成长是创业研究的热点议题，国内学者对于社会创业企业商业模式、绩效评价及成长问题的关注也日益升温。严中华等（2011）基于案例研究方法就影响社会创业价值创造过程的因素展开探究。林海和黎友焕（2014）运用跨案例研究方法进行了比较分析，发现社会创业组织的商业模式要素不是单一的，而是由价值主张、经营策略、盈利模式、资源配置、价值网络、可持续能力等核心要素构成的组合体。张锦等（2013）通过整合经典绩效评估理论与方法，构建包含组织自身能力、经营可持续性、组织影响力、目标完成与使命价值四个指标的绩效评估体系，利用模糊层次分析法（FAHP）确定了绩效指标权重，对社会创业价值评估具有实际的借鉴意义。汪忠等（2013）针对社会创业企业的特殊性，构建了社会企业双重绩效评价指标体系及模型，通过实地调查获得的数据，从技术效率、纯技术效率及规模效率等方面对30家社会企业双重绩效进行了评价与分析，结果表明，社会创业企业双重绩效偏低，即我国社会创业企业经济价值和社会价值创造的结果均不理想，需要进一步提高。李华晶等（2015）利用157份调查问卷数据，就社会创业导向对企业绩效的直接作用效果及外部环境对二者关系的调节作用进行了研究，发现社会创业导向对于企业绩效具有积极影响，互惠协同和社会引领维度会对企业财务绩效产生正向作用，社会创业导向的三个维度都会对企业成长绩效产生正向作用，其中资源拓展维度的影响程度最大，且行业竞争和政府支持会调节社会创业导向对企业绩效的作用程度。

四 社会创业研究文献评述

近年来，社会创业备受国内外学者的关注，其相关研究也取得了较好的进展。在澄清社会创业内涵的基础上，本研究选取科学计量方法，对国外相关文献进行了可视化分析，通过关键词时区图谱，梳理出国外社会创业研究的 3 个演化阶段，即现象驱动时期、理论探索时期、理论与实践双重推进时期；基于对关键词共现图谱的解读，识别了国外社会创业研究的 4 个热点主题，即社会创业者、社会创业机会、社会创业企业成长及价值创造。此外，本研究还从宏观和微观两个视角出发，对国内社会创业的研究现状进行了梳理与总结。

总的来说，国外社会创业研究取得了比较丰硕的成果，国内社会创业研究起步较晚，也取得了一定的研究进展。然而，目前国内外社会创业研究还存在一些不足，有待未来研究不断深入完善。

表 2 – 11　国内社会创业研究的代表性文献

作者 （年份）	研究问题	研究方法	研究对象	研究结论
曾建国 （2014）	探讨不同社会创业环境对大学生进行社会创业的影响	问卷调查	265 份来自北京、上海、长沙地区大学生社会创业的问卷调查	北京、上海、长沙等三个城市社会创业环境呈现出不同态势，上海最优，北京次之，长沙最不理想；社会经济条件在三个城市评价中均得分最高，为支持、鼓励大学生社会创业创造了有利条件；政府政策和规程在三个城市评价中得分最低，是大学生进行社会创业的重要障碍

作者 (年份)	研究问题	研究方法	研究对象	研究结论
王义明 (2014)	探讨青年社会创业的困境	理论阐述	珠江三角洲地区青年公益组织	青年社会创业存在六大困境:缺乏统筹人才、缺乏项目创新、缺乏持续资金、缺乏专业支持、缺乏诚信保障、缺乏法律基础
郑晓芳等 (2015)	探讨青年社会创业现状及其影响因素	问卷调查	全国24个省市的青年社会创业者的问卷调查	青年创业者自身素质、创业教育、社会创业环境是影响青年社会创业的重要因素,可以从"加强自身素质、提高创业水平""加强创业教育、提升创业能力""改善创业环境、激发青年创业热情"三个方面推动青年社会创业活动的开展
曾建国 (2014)	探究了大学生的社会创业动机结构	实证研究	全国466名大学生社会创业者的调查问卷	大学生社会创业动机有利他动机和利己动机,利他动机包括公共利益承诺、公平正义、奉献精神三个维度,利己动机包括成就导向和控制导向两个维度
汪忠等 (2015)	探究青年社会创业的现状及动机特征	网络问卷调查	社会创业青年的调查问卷	青年社会创业动机具有复杂性,涉及经济性动机与社会性动机,但总体偏向社会性动机;不同教育程度、主要认知渠道、性别及年龄的青年公益创业者的创业动机有一定差异
杨志春和任泽中 (2016)	探究大学生社会创业过程中利己动机与利他动机之间的二元共生现象	问卷调查	高校在孵创业团队以及毕业两年内的大学生创业者的问卷调查	社会创业动机并不是一元的,既包括利己动机也包括利他动机,大学生创业者相较于社会人员而言,其创业动机更加可塑,更可遵循持续发展理念和创业动机二元共生的哲学理念加以教育引导
王晶晶和郭新东 (2015)	探究哪些动机会驱动企业开展社会创业	案例研究	三家企业的案例	企业进行社会创业的动机主要有五个方面,分别是社会需求、政策支持、社会使命、利益回报和社会资源,这五个方面的动机都会不同程度地驱动或牵引企业进行社会创业实践
曾凡奇等 (2015)	探索处于创业早期的初生型创业者的创业意向形成与发展过程中的影响因素	实证研究	全国19个省市的大学生参与社会创业活动的问卷调查	成就需求、内控制源、自我效能感这三个因素与形成创业意向显著正相关,而且发达地区参加社会创业活动的大学生相比欠发达地区具有更高的创业意向

续表

作者 （年份）	研究问题	研究方法	研究对象	研究结论
张秀娥和 张坤 （2018）	探究社会创业者先前经验与社会创业意向之间的作用机理	实证研究	334 份来自某高校 MBA 和 EMBA 学员的问卷调查	个体的先前经验对其社会创业意向有显著的正向影响；自我超越价值观在社会工作经验与社会创业意向之间、不利生活经历与社会创业意向之间具有中介作用；风险倾向在创业经验与社会创业意向之间、社会工作经验与社会创业意向之间起到中介作用
方慧和 王丽萍 （2018）	探讨职业成熟度水平对社会创业决策的影响	内容 分析法	社会创业类网站的相关信息	社会创业者职业成熟度由职业目标、职业自信、职业价值、职业自主、职业支持、职业示范共 6 个维度 23 个测项构成；职业成熟度对社会创业决策存在显著影响，创业机遇在其中发挥显著作用
王晶晶和 王颖 （2015）	探究社会创业者个人与社会创业领域选择差异之间的作用机理	内容 分析法	阿育王官方网站的 258 位成功企业家数据	社会创业者的生活经历、工作经历、教育背景和商业创业经历均对社会创业领域选择差异具有显著影响，而社会创业者公益经历对此无显著影响
李华晶和 肖玮玮 （2010）	探究社会创业过程的内在机理	案例分析	壹基金案例	社会创业过程包括创业机会识别、机会开发与资源获取和整合三个阶段
白彦壮等 （2016）	探究社会网络对社会创业机会识别与开发的作用机理	案例研究	孟加拉国格莱珉银行	社会网络能够通过强化社会创业者的社会创业动机和社会创业警觉、提供丰富的信息和资源、降低社会创业组织的交易成本等推动社会创业机会的搜索、感知、评价和利用，从而对社会创业机会识别与开发产生积极影响
仇思宁和 李华晶 （2017）	探究亲社会性与社会创业机会开发之间的作用关系	多案例 研究	ASC 儿童健康协会、喜憨儿基金会、博学生态村、残友集团	非亲缘型亲社会性直接作用于他人机会产生过程，亲缘型亲社会性直接作用于自身机会转化过程
汪忠等 （2017）	探究社会创业者社会资本对机会识别的影响作用	实证研究	社会企业家技能培训的学员及参与青年恒好公益创业行动的项目组动负责人的调查问卷	社会创业者社会资本对机会识别有显著正向影响；创业警觉性在社会创业者社会资本与创业机会之间起部分中介作用

续表

作者 （年份）	研究问题	研究方法	研究对象	研究结论
李华晶等 （2015）	探究社会创业导向与社会创业企业绩效之间的作用路径	实证研究	北京市、天津市、南京市、上海市和三明市五个城市的88家企业开展问卷调查，共157份有效问卷	社会创业导向对于企业绩效具有积极影响，互惠协同和社会引领维度会对企业财务绩效产生正向作用，社会创业导向的三个维度都会对企业成长绩效产生正向作用，其中资源拓展维度的影响程度最大，且行业竞争和政府支持会调节社会创业导向对企业绩效的作用程度

1. 探索社会创业者创业意愿的影响因素

当前研究普遍基于个体层面及制度层面探讨社会创业者意愿的影响因素（Stephan et al.，2015；Hockerts，2017），组织层面的因素尚未考虑。未来可以探究组织内部氛围、组织性质及组织文化等因素对社会创业企业成员选择社会创业或内部社会创业的影响。学者们已探讨并证实制度因素、个人经历、动机等会对个人选择社会创业有一定影响（Stephan et al.，2015；Hockert，2017；Bacq & Alt，2018），但通过什么样的路径产生影响尚无相关研究。Miller等（2012）认为并非具有社会创业动机的人最终都会选择进行社会创业，因此社会创业动机向社会创业意愿转化的内在机制研究是未来研究可以深入探讨的问题之一。此外，多种因素的交互作用对社会创业意愿形成的影响也值得进一步挖掘。例如，创业者的过往经历使其高度关注社会问题，渴望推动社会变革，但在制度缺失的环境下，创业者是否依然会选择社会创业是值得进一步探究的问题。

2. 挖掘社会创业机会识别的前因变量研究

社会问题的蔓延使公众对社会服务的需求大大超出现有社会性企业能够提供的数量，这也意味着相较于商业创业而言，社会创业具有更多的机会。因此，社会创业机会的识别问题是未来社会创业研究的一个重要方向（Yitshaki & Kropp, 2016）。从既有研究趋势上来看，以往学者多数基于微观层面对社会创业机会识别的影响因素进行研究（Corner & Ho, 2010；Lehner & Kaniskas, 2012），相对忽视了制度环境、历史因素、地域差异等宏观因素的影响，未来可以以此为出发点进行探究。已有学者进一步证实社会创业机会识别的过程既包括机会发现，也包括机会创造，前者突出社会创业者敏锐挖掘机会的能力，后者认为机会是在探索新的产品和服务的过程中逐步形成的（González et al., 2017）。未来可以整合机会发现观与机会创造观，深入探究机会识别的影响因素。例如，基于机会发现观，教育水平、个人警觉性、经济环境等因素能否影响社会创业者对机会的判断与评估；基于机会创造观，社会创业者的个人经历、性别、地域差异等因素对社会创业者反思自身行为进而提炼社会创业机会是否有影响，这些问题值得进一步分析与检验。

3. 引入新的理论视角，加强多视角结合的研究

基于身份理论对社会创业企业成长展开研究是重要且有意义的研究方向。身份理论是指主体展现特定形象、他人对这一形象做出反馈，评判主体是否获得"期望的身份"，进而赋予主体获取合法性的过程（奚菁等，2017）。社会创业需要同时兼顾经济目标与社会价值创造，往往面临来自不同利益相关者的冲突性需求，因此，可以结合利益相关者理论与身份理论，动态地分析社会创业企业如何在不同的利益相关者中，通过构建不同的组织身份以获取合法性的过程。此外，以往研究证实了社会创业企业具有功利性与规范性双重身份（Moss et al., 2011；Stevens et al., 2015），未来可以以此为基础，深入挖掘社会创业企业的其他身份以及构建多重组织身份的过程。

4. 加快社会价值测量体系的制定，拓展社会创业结果变量的研究

目前对社会创业社会价值创造的衡量主要包括平衡计分卡、社会投资回报等评估方法（Rey et al.，2016），这两种评估方式都只能得出简单的总体结果，且并非专门针对社会创业研究情境设计和开发的。对于社会创业企业创造的社会价值进行恰当的评价有助于明晰其对社会的贡献，从而深化利益相关者及社会大众对社会创业的正确认识和支持（刘振等，2014）。以往研究已涉及社会创业使命的维度探讨（Stevens et al.，2015），未来可以在现有研究成果的基础上，开发测量社会价值的指标或量表，进一步推动社会创业理论驱动的研究。此外，社会创业以往研究过于重视社会创业绩效的影响因素探究（Battilana et al.，2015；Lortie et al.，2017），相对忽视了社会创业活动影响效应的研究。不同于商业创业活动以追求利润最大化为目标，社会创业活动同时关注经济与社会价值创造，以推动社会变革为最终诉求（Rey et al.，2016），因此，就社会创业活动的影响效应开展研究是有意义且必要的，未来研究可以从微观层面与宏观层面展开，一方面关注社会创业对于受益者的生活质量、教育水平或幸福感有无促进作用；另一方面也可探讨社会创业企业的数量对当地经济水平、减少贫困以及社会变革的影响。

5. 开展适合中国情境的社会创业研究

社会创业产生于西方社会情境下，其定义及后续理论研究也大多建立于西方国家，事实上，社会创业具有较强的情境依赖性（Zahra et al.，2008），中国的社会规范、制度结构、经济现状都具有其独特性，为开展社会创业的情境研究提供了良好契机。未来研究应在深入比较国内外政治、经济、社会文化环境的基础上，探究中国社会创业的异质性，如中国情境下存在哪些独特的社会需求，创办本土社会企业需要采取何种组织形式，以明确本土情境下社会

创业的内涵与边界。中国是"仁爱"之国，倡导儒家文化，未来可以在此基础上，引入体现中国本土特征的变量，已有学者将儒家文化引入商业创业研究中（成中英等，2015），这种与社会创业精神高度契合的文化价值观是否能对中国情境下的社会创业产生一些影响？挖掘具有中国特色的社会创业研究是未来社会创业的重要趋势之一。

第三章　中国情境下社会创业企业的
资源拼凑行为研究

本章为子研究一的内容，集中探讨中国转型经济情境下社会创业企业的独特内涵及动态演化特征。近年来，随着我国经济转型进入"深水期"，贫富分化、环境污染、食品安全隐患频发等社会问题愈演愈烈，引起政府和社会的广泛关注。社会创业凭借利用商业化手段创新性地解决社会问题的模式被认为是促进社会和谐进步、实现民生改善的有效载体（刘玉焕和井润田，2014）。与商业创业企业相比，社会创业企业由于需要同时兼顾社会使命与经济利益，更难通过市场机制获取资源，面临更加严峻的资源匮乏困境，进而导致其成长受挫（Austin et al.，2006）。《大中华区社会企业2016年调研报告》显示，我国大部分社会创业企业举步维艰，只有极少数社会创业企业成功突破资源匮乏的困境，获得较好成长。这一现象不禁引人思考："面对同样的资源困局，为什么有的社会创业企业能够成长为行业标杆，有的社会创业企业却只能在襁褓中匆匆落幕？"

作为创业研究领域新兴发展的重要理论，创业拼凑理论认为在资源高度匮乏的创业情境下，创业者通过对手头零散和看似没有什么价值的资源进行创造性的拼凑、整合与利用，有助于创业企业成长（Fisher，2012），该理论为解决创业企业的成长难题提供了新的视角。国内外学者就商业创业企业资源拼凑的内涵、影响因素及绩效影响等问题也展开了诸多探讨（Baker & Nelson，2005；Senyard et al.，2014），相关研究识别了商业创业企业具体的资源拼凑策略（Baker & Nelson，2005），也证实了资源拼凑对商业创业企业成长具有显著的促进作用（Senyard et al.，2014）。近年来，少数学者将创业拼凑理论运用于社会创业研究领域，研究发现资源极度匮乏的社会创业企业通常会摒弃最优资源配置方式，选择对现有资源的创造性拼凑来支撑企业发展（Desa & Basu，2013；Bacq et al.，2015）。资源拼凑具有较高的情境依赖性，在不同的情境下，创业企业的资源拼凑策略会有所差异（于晓宇等，2017）。一方面，与商业创业企业相比，社会创业企业在使命目标、资源属性等方面具有显著的不同（Austin et al.，2006）；另一方面，不同于西方情境，我国经济转型情境具有独特的制度环境以及文化背景（李垣和田龙玮，2013）。处于经济转型期的中国本土社会创业企业面临的情境是复杂而多变的，既存在大量机会，又面临诸多挑战（傅颖等，2017）。与西方情境下的创业企业相比，中国社会创业企业的资源拼凑策略不仅在于突破资源困境，而且需要在社会使命与经济价值、制度动荡与文化碰撞之间迂回平衡。因此，中国转型经济情境下社会创业企业的资源拼凑行为可能具有独特的内涵。

此外，目前关于资源拼凑的研究仍处于探索阶段，现有文献更多是从静态视角来探讨创业企业的资源拼凑行为及其绩效影响，相对缺乏从动态视角来审视社会创业企业在不同成长阶段下资源拼凑策略的具体演变过程（邓巍等，2018）。实际上，在不同的发展阶段，社会创业企业的成长目标不同，其所需要的资源和组合方式也不同，可能会采取不同的策略来应对资源困境；另外，不同资源发挥的作用可能因为其性质或使用方式的不同而存在一定的区别，不同类型的资源拼凑方式随着企业的发展渐趋复杂化。笼统地将拼凑看作一种应对资源约束的方法，难以认清不同类型的资源拼凑在社会创业企业不同的成长阶段下发挥的具体效用。因此，探讨社会创业企业在不同发展阶段下资源拼凑策略的具体演化过程无疑具有重要的理论意义。

综上所述，子研究一拟基于中国经济转型情境，结合社会创业企业的成长特征，运用科学严谨的扎根理论方法，归纳出经济转型情境下本土社会创业企业资源拼凑的独特内涵及其在不同发展阶段下的资源拼凑动态演化特征，以期丰富与拓展资源拼凑领域的研究成果，同时为我国社会创业企业实施资源拼凑策略来应对资源匮乏的挑战提供有益的实践参考。

第一节　理论基础

"拼凑"（Bricolage）概念最早由法国著名人类学家列维－斯特劳斯提出，后来渗透到心理学、哲学、社会学等学科。Baker 和 Nelson（2005）首次将"拼凑"概念引入创业研究领域，提出"资源拼凑"的概念，引起了学界的广泛关注，他们将资源拼凑定义为"组合手头资源并即刻行动来解决新的问题或开发新的机会"。随后，国外学者主要沿着以下三条路径对资源拼凑展开研究：一是探讨资源拼凑的内涵及测量，有学者从"手头资源"、"即刻行动"以及"资源重构"三个构念来系统阐释资源拼凑的内涵（Baker & Nelson, 2005），"手头资源"指的是企业或现有市场已经存在但被认为是没有使用价值或者潜在价值未被发掘的资源、创业者通过低成本或无成本获得的资源以及思维层面的独特技能或策略等；"即刻行动"则强调创业者面临资源约束和新机会的时候，需要及时行动，而非犹豫观望；"资源重构"意味着组合资源以实现新的目的，创业者根据新目的，以不同的策略和使用方式来整合资源。Senyard 等（2014）基于资源拼凑的关键特征，运用 8 题项量表来测量资源拼凑，这也是目前使用最普遍的资源拼凑量表。二是探究资源拼凑的影响因素，主要从个体层面、组织层面以及资源环境层面分析资源拼凑的前置因素，比如创业者的先前经验是资源拼凑的重要驱动因素（Fuglsang，2010），环境包容性与社会创业拼凑呈现 U 型关系（Desa & Basu，2013）。三是检验资源拼凑对创业企业成长、企业创新的功效，比如 Salunke 等（2013）通过对澳大利亚和美国企业大样本问卷调查发现，资源拼凑对企业服务创新和企业成长具有显著的积极影响。近年来，国内学者对资源拼凑也开展了相关研究，主要集中在两个方面：一是对国外相关研究成果的评介（于晓宇等，2017；邓巍等，2018）；二是探讨资源拼凑的功效和过程（祝振铎和李非，2017；赵兴庐和张建琦，2016）。相较于国外研究，国内研究起步较晚，研究主题更多集中于对商业企业资源拼凑问题的探讨上，研究方法则以理论描述为主。

随着研究渐趋深入，资源拼凑的研究情境不再仅仅局限于商业创业企业，少数学者基于社会创业情境对资源拼凑开展了卓有成效的探索（Bacq et al.，2015）。Sunduramurthy 等（2016）通过对教育领域的社会创业案例研究发现成功的社会创业者在突破资源束缚时都会采用资源拼凑战略；也有研究结果表明资源拼凑有利于社会创业企业在资源短缺情境下顺利实施营销策略从而实现成长（Kannampuzha & Suoranta，2016）。

总的来看，经过十多年的理论探索，资源拼凑理论已发展成为创业领域的一项重要理论，取得了比较丰硕的研究成果，还存在一些问题有待深入探讨：一方面，现有研究较多探讨西方成熟市场经济情境下商业创业企业的资源拼凑行为，对中国经济转型情境下社会创业企业资源拼凑的内涵认识不够充分（于晓宇等，2017），在中国特殊的转型经济情境下，尚不发达的市场体制和特有的文化传统使社会创业企业资源拼凑行为可能呈现独有的特征；另一方面，已有研究更多从静态视角来考察创业企业的资源拼凑行为，缺乏对创业企业资源拼凑行为的动态演化研究（邓巍等，2018）。鉴此，本研究拟采用规范的扎根理论方法，就"中国情境下社会创业企业资源拼凑行为的内涵是什么""在不同的发展阶段，社会创业企业资源拼凑行为呈现出怎样的动态演化特征"等两个问题做出深入的解答，以期明晰中国情境下社会创业企业资源拼凑的独特内涵，揭示社会创业企业资源拼凑行为的动态演化过程，进而为我国社会创业企业实施资源拼凑策略来突破资源匮乏困境提供更多的理论依据与实践参考。

第二节　研究设计

一　研究方法

扎根理论是由 Glaser 和 Strauss 于 1967 年提出的一种质性研究方法，该方法通常运用于探讨一个非事先设想好的研究问题，要求研究者抛开先前的理论假设，秉承开放的心态根据经验性资料逐步归纳总结来构建理论（Glaser & Strauss，1967）。本研究采用扎根理论方法的原因主要有以下三点：首先，本研究旨在探究社会创业者与手头资源之间的互动策略，满足 Strauss 等（1997）提出的"扎根理论适合对微观的、以行动为导向的社会互动过程的研究"这一观点；其次，现有文献大多将"资源拼凑"作为一个整体概念，更多关注的是资源拼凑与其他变量之间的关系，鲜有研究深入探讨"资源拼凑"的具体策略，对于这种内涵外延尚不明确的理论概念适用于质性研究方法（王璐和高鹏，2010）；最后，定量研究难以清晰揭示纵向演化过程机理，本研究还将深入探讨社会创业企业在不同成长阶段下资源拼凑的动态演化特征，适合运用扎根理论这一质性研究方法。

二　研究样本

理论抽样讲求抽样的概念相关性和深度，需要依据研究目的和理论抽取能为研究问题提供最大信息量的样本对象（Charmaz，2014）。根据此原则，研究样本的筛选条件是：一是个案对象具有典型性，社会创业企业由于其"双重底线"的价值判断，在存在先天劣势的情况下需要不断地通过拼凑手段来解决创业过程中的问题，在行业中具有代表性的企业具有更丰富的创业行为可供挖掘；二是个案对象尽可能涉及多个领域，当前我国社会创业主要覆盖扶贫、环保、教育、助残等方面，探究多个领域内社会创业企业对资源的处理方式既有助于提高结论的普适性，也利于进行跨样本的比较和分析；三是个案对象相关资料较为充足，基本涵盖社会创业企业的创建期、存活期和成长期，保证能够梳理出个案样本的创业过程以满足对企业不同阶段资源拼凑行为的观察和思考。此外，充足的资料有利于实现资料之间的相互验证，提高研究结论的效度。

基于以上标准，本研究最终选择善淘网、分享收获等 8 家社会创业企业作为研究样本。善淘网是国内第一家融合"线上＋线下"运营模式的慈善商店，自创建伊始便坚持助残与环保使命，创造性地利用有限资源突破生存困境并完成转型，为扶贫环保事业做出突出贡献；分享收获是创始人石嫣进行 CSA 理念实践较为成功的范本，从大学生到"掌柜"的蜕变正是分享收获从"一穷二白"到实践范本的过程，得到中央电视台、《人民日报》、*China Daily* 等多家主流媒体的报道。本研究的样本基本信息如表 3-1 所示。

表 3-1　样本基本信息

编号	社会创业者	创业企业	创业活动
01	乔琬珊	Shokay	在对牦牛绒进行收购、加工和销售以获取收入的同时帮助藏区劳动人民解决就业问题，提高收入
02	郑卫宁	残友之家	一方面组织残疾人从事软件开发等工作获取收入，另一方面解决残疾人就业问题
03	石嫣	分享收获	在为社区居民提供健康自然的蔬菜的同时提高农民收入的社会支持农业模式
04	周贤	善淘网	通过网上慈善商店模式处理社会闲置物品获取收入，同时为残障人士提供可持续的工作岗位
05	朱炳肇	欣耕工坊	在回收咖啡渣、地沟油等废弃物料制作菌棒、肥皂获取收入的同时为残障人士提供就业机会
06	孙恒	工友之家	通过开办互惠公益商店等形式获取一定收入，同时举办义务演出，为民工子女提供教育，为城市的打工群体提供服务
07	苗世明	无障碍艺途	通过展览、衍生品义卖等活动为精障人群提供一定的收入，同时为精障人群提供艺术潜能开发课程
08	徐健	IBE	结合专业自然摄影和生物调查，以此记录一个区域比较丰富的生态系统和生物类群，形成中国自然影像志，让更多人认识中国的生物和自然

三　资料收集

Langley 等（2007）指出，研究者在开展探索性定性研究时可以利用公开的出版物作为资料来源。运用二手资料开展扎根理论研究在国内也早有先例，如杜晓君等（2015）以及苏郁锋等（2017）均采用二手资料作为样本资料的来源。本研究从企业官方网站、中国媒体新闻报道、创业者访谈视频、专业书籍、CNKI 期刊文献等五个渠道来广泛收集样本的资料，构建样本资料库，以便相互验证，形成证据三角形，进而提高研究结论的信度与效度。详细数据来源如表 3 - 2 所示。

表 3 - 2　资料来源

编号	数据来源	资料内容
1	企业官方网站	创业历程、发展大事件、年度报告、新闻报道等
2	中国媒体新闻报道	Shokay:56 篇;残友集团:62 篇;分享收获:31 篇;善淘网:21 篇;欣耕工坊:15 篇;工友之家:44 篇;无障碍艺途:15 篇;IBE:10 篇
3	创业者访谈视频	Shokay:77 分钟;残友集团:112 分钟;分享收获:121 分钟;善淘网:10 分钟;欣耕工坊:17 分钟;工友之家:78 分钟;IBE:5 分钟;无障碍艺途:65 分钟
4	专业书籍	《中国社会创业案例集》(北京大学出版社,2012 年)、《社会企业案例研究》(首都经济贸易大学出版社,2016 年)、《社会企业家精神》(中国人民大学出版社,2018 年)
5	CNKI 期刊文献	Shokay:32 篇;残友集团:45 篇;分享收获:51 篇;善淘网:36 篇;欣耕工坊:35 篇;工友之家:33 篇;IBE:9 篇;无障碍艺途:7 篇

四　资料分析策略

本研究严格遵守译码技术程序对社会创业企业资源拼凑过程的范畴进行归纳和模型的建立。

1. 建立编码小组

为了避免个人偏见影响研究结果，减少研究过程中的误差，首先，本文的第二作者和第三作者共同组成了译码小组，本文第一作者为译码小组成员进行了相关理论及技能的培训。其次，小组成员分别负责一个案例进行试编码，试编码结束后每个人对自己的编码结果进行汇报和讨论并针对编码过程中涌现的问题提出解决方案，直至不存在异议。最后，小组成员分别对 8 个个案展开正式编码工作，有不同意见时第一作者参与讨论直至达成一致意见。

2. 建立 Excel 编码数据库

在 Excel 表格中为每个个案建立工作表，动态记录个案的开放性编码、主轴编码的结果以及修改过程。

3. 编码过程的持续比较

"持续比较"是贯穿整个编码过程的核心原则，要求研究者收集数据和分析数据交互进行，对收集到的资料进行分析和编码，从中产生新的概念和范畴，再寻找新的资料进行核实，整个过程不断地将新收集到的数据与基于已有数据形成的概念和范畴进行比较。当新收集的概念或范畴不能被已有的概念或范畴所涵盖时，就要对理论进行修正，把新的范畴纳入理论中。

第三节　资料分析

扎根理论在长期发展中形成了三大学派，第一种是以 Glaser 和 Strauss（1967）为代表的经典扎根理论学派，其核心的方法论原则是在研究过程中避免研究者任何先入为主的假定，让研究问题从社会过程及对其的研究中自然涌现，继而通过不断比较和遵循规范步骤进行理论建构；第二种是以 Strauss 和 Corbin（1997）为代表的程序化扎根理论学派，该学派强调理论基于数据，但更重于对数据间因果关系的探寻；第三种则是以 Charmaz（2014）为代表的建构型扎根理论学派，该学派试图在资料数据客观性与研究者的主观能动性之间找到平衡，认为人的认知和建构可以正确描述和显现数据中的客观性规律。总的来说，以上 3 种扎根理论学派均强调方法对理论的贡献。程序化扎根理论学派的编码技术由于可以充分挖掘数据中隐含的因果关系等特征，因此在我国管理学、社会学等诸多学科得到了大量运用。如果研究者能够系统、有效地执行编码程序，那么研究结论就具有较高的有效性。因此，本研究采用程序化扎根理论学派的观点，严格遵循"开放式编码—主轴编码—选择性编码"的操作流程，秉承持续比较的分析思路，在不同样本的资料之间、理论与理论之间展开比较，最终构建社会创业企业资源拼凑行为的理论模型。

一 开放式编码

开放性编码是将个案资料所收集的数据及抽象出的概念打破、揉碎并重新整合的过程（贾旭东和谭新辉，2010），包括定义现象、发展概念、发掘范畴等三个步骤。本研究严格遵守开放式编码流程，最终得到 134 个概念，在此基础上做进一步的归纳和抽象，共计得到 16 个范畴（A1~A16），分别为改造闲置资源、活用废弃资源、巧用假定单一用途物料、整合专业技能、利用业余技能、利用闲置人力、整合志愿者/义工、借力客户、借力员工、利用亲友网络、运用商业伙伴网络、借用师生网络、开拓未被服务的市场、挖掘现有市场、突破规范、打破观念/认知，如表 3-3 所示。

表 3-3 开放性编码示例（部分）

资料记载	开放式编码		
	定义现象	概念化	范畴化
01:她们在村里找到了一所闲置的小学，改为临时收购站和贮存库(a1) 02:在一间由自行车棚改建而成的办公室里(a2)	a1 改造闲置小学以投入使用 a2 将自行车棚改建成办公室	aa1 充分挖掘闲置资源的价值(a1、a2)	A1 改造闲置资源(aa1)
02:把淘汰的电脑选派给残友集团员工(a3) 02:大伙就拿来几个纸箱，里面放些报纸和被丢弃的木地板，把纸箱支起来当桌子用(a4) 05:这家机构已开发了创意手工、地沟油做肥皂、咖啡渣做肥料、利乐包做盆栽等各类项目(a5)	a3 利用淘汰的电脑 a4 使用废弃的物料 a5 用地沟油做肥皂、咖啡渣做肥料	aa2 灵活利用废弃资源(a3、a4、a5)	A2 活用废弃资源(aa2)

续表

资料记载	开放式编码		
	定义现象	概念化	范畴化
03:连刷洗餐具,都是用麦麸代替化学洗涤工具,洗过餐具的麦麸还能用来作为饲料和肥料(a6) 05:欣耕工坊用咖啡渣作画,还发明了咖啡花肥、咖啡除味剂(a7)	a6 多用途利用麦麸 a7 用咖啡渣作画、花肥、除味剂	aa3 巧妙利用假定单一用途的物料(a6、a7)	A3 巧用假定单一用途物料(aa3)
01:邀请纽约和上海等地的设计师进行服装和配饰的设计(a8) 02:积极获取社会各界在专业人才供给、资金供给、技术供给、设备供给等方面的支持:埃森哲的总裁,每个月坐飞机来深圳,自己花钱住酒店,花两天时间给残友讲软件技术;有技术问题解决不了,便给神州数码、腾讯等公司打电话,他们立刻帮忙找到专业人员来现场解决,还将解决方法教给他们(a9)	a8 邀请设计师进行服装设计 a9 获取社会各界专业人员的支持	aa4 借用他人的专业技能(a8、a9)	A4 整合专业技能(aa4)
02:这些功能需要 ASP 编程技术,李虹此前并没有做过,他现学现做,一边对着书分析源代码,一边着手操作,几天时间,功能一一实现了(a10)	a10 用自学编程技术解决问题	aa5 利用业余技能解决问题(a10)	A5 利用业余技能(aa5)
01:这些织娘大都是下岗女工和家庭主妇,需要料理家务而无法外出务工(a11) 04:物品的清洁整理、商品拍摄、图像制作、在线吸收、分发物流,大部分由残障伙伴完成(a12)	a11 组织下岗女工和家庭主妇 a12 组织残疾人就业	aa6 利用闲置劳动力(a11、a12)	A6 利用闲置人力(aa6)
02:在"残友集团"本部,义工田姐日复一日,从不间断地投入服务残疾人事业中(a13) 06:"同心实验学校"从高校和其他行业招募了志愿者,节假日、双休日学校大门也是开着的,志愿者轮流来带学生做功课、做游戏,学校还聘请了专业志愿者,免费开办了摄影、绘画、舞蹈等兴趣班(a14)	a13 义工的加入 a14 志愿者参与助学	aa7 志愿者或义工的加入(a13、a14)	A7 整合志愿者/义工(aa7)
02:"我们的软件公司没有销售团队,客户都是客户介绍来的",在客户的口碑的作用下,残友在业界开始有了名气,业务量也稳步增长(a15) 03:"劳动份额"客户提前交纳 1000 多元,并需要定时到"小毛驴"参加耕种(a16)	a15 借助客户的口碑作用 a16 客户参与耕种田地	aa8 借助客户的力量(a15、a16)	A8 借力客户(aa8)

103

资料记载	开放式编码		
	定义现象	概念化	范畴化
03：打折活动期间发货量大了，别的岗位的暂时有空闲的伙伴会帮忙整理衣服、物品，搬运东西（a17） 06：演员除了基本的交通费与食宿费，没有任何报酬，他们中很多人还义务参加了搭建舞台的工作（a18）	a17 员工处理本职工作以外的事 a18 员工义务帮忙	aa9 借助员工的力量（a17、a18）	A9 借力员工（aa9）
04：善淘刚开始经营时，而捐赠物品的，大多都是周贤的朋友们以及善淘内其他员工的朋友或亲人（a19）	a19 亲朋好友参与捐赠使企业渡过难关	aa10 利用亲朋好友关系（a19）	A10 利用亲友网络（aa10）
04：周贤凭借自己之前积累的人脉关系，很快与 Inter 等跨国公司的 CRS 部门进行了尝试性合作（a20）	a20 利用自身的人脉关系促成合作	aa11 体现商业伙伴关系价值（a20）	A11 运用商业伙伴网络（aa11）
03：温教授主动找到学校，提出从学校在北京凤凰岭的 300 亩实验基地里划出部分给石媚作试验田（a21）	a21 导师帮忙寻找试验田	aa12 充分利用老师资源（a21）	A12 借用师生网络（aa12）
01：Shokay 将主要的购买人群定义为"环保市民"，即"那些 20～30 岁，处于中高收入阶层的年轻人，他们通常受过良好的教育和文化熏陶，具有全球化背景，关心环境保护与可持续性发展，对于产品的原料和加工工艺非常在意！"（a22）	a22 将主要的购买人群定义为"环保人群"	aa13 开拓被忽视顾客的需求（a22）	A13 开拓未被服务的市场（aa13）
01：但在这过程中，乔婉珊发现将时尚设计融进来，做成衣服，才更有市场（a23）	a23 将时尚融入衣服设计中	aa14 充分挖掘现有顾客的需求（a23）	A14 挖掘现有市场（aa14）
04：与国外慈善商店不同，周贤将善淘网的模式确定为通过在线销售企业及个人捐赠的闲置物品、各类公益商品等，帮助慈善组织和公益机构在线筹资（a24）	a24 在线筹资模式	aa15 突破现有规范（a24）	A15 突破规范（aa15）
05：早期城里人对艾滋病不了解而很排斥，包括对于他们生产的产品碰都不敢碰，怕被传染。但这是一个教育过程，慢慢让大家知道艾滋病并不会通过这样的方式传染，而且他们并不是做了任何坏事才感染艾滋病，是生活所迫去卖血的不幸。最终大家接受他们的产品，也不再排斥他们（a25） 03：CSA 是一种全新的耕作模式……社区居民为来年的收成提前买单，打破国人喜欢"眼见为实"、以"锱铢必较"为主的消费习惯（a26）	a25 通过教育，让大家接受艾滋病人的产品，不再排斥他们 a26 打破国人固有的消费习惯	aa16 打破现有观念认知（a25、a26）	A16 打破观念/认知（aa16）

注：资料记载前面的编号为表 3－1 中个案对应的编号。

二　主轴编码

主轴编码可以利用聚类分析将开放性编码中被分割的数据资料在不同范畴之间建立联系，形成更具概括性的范畴，从而达到理论性完整（李婷婷和李艳军，2016）。因此，本研究对开放性编码中得到的 134 个概念和 16 个范畴继续进行归类，以建立各个范畴之间的联系和类属关系，最终确定了 6 个主范畴，分别为：实物拼凑（AA1）、技能拼凑（AA2）、人力拼凑（AA3）、网络拼凑（AA4）、市场拼凑（AA5）和制度拼凑（AA6）。主轴编码的结果见表 3 - 4。

表 3 - 4　主轴编码形成的主范畴

主范畴	副范畴
实物拼凑（AA1）	改造闲置资源(A1)、活用废弃资源(A2)、巧用假定单一用途物料(A3)
技能拼凑（AA2）	整合专业技能(A4)、利用业余技能(A5)
人力拼凑（AA3）	利用闲置人力(A6)、整合志愿者/义工(A7)、借力客户(A8)、借力员工(A9)
网络拼凑（AA4）	利用亲友网络(A10)、运用商业伙伴网络(A11)、借用师生网络(A12)
市场拼凑（AA5）	开拓未被服务的市场(A13)、挖掘现有市场(A14)
制度拼凑（AA6）	突破规范(A15)、打破观念/认知(A16)

三　选择性编码

选择性编码就是从主范畴中挖掘出核心范畴，通过该范畴与其他各个范畴间建立系统的联系，来验证其间的关系，最终形成一个完整的解释架构（贾旭东和谭旭辉，2010）。社会创业企业在不同的发展阶段所拥有的资源存量以及资源诉求不同，可能会导致其资源拼凑行为呈现出动态演变特征（邓巍等，2018）。

据此，本研究参照蔡莉和单标安（2010）的研究，将社会创业企业发展过程分为创建期、存活期和成长期三个阶段，并进一步基于编码条目的数量统计，对比和归纳各个主范畴的关系，发现在不同的发展阶段下，社会创业企业的资源拼凑行为呈现出"创建期以实物拼凑和人力拼凑为主、存活期以技能拼凑为首选、成长期以制度拼凑和市场拼凑为主"的动态演化特征，具体如图 3 - 1 所示。

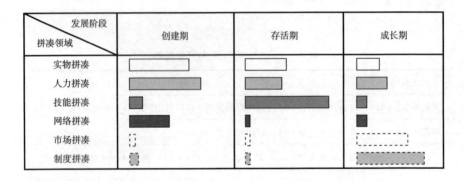

图 3 - 1　社会创业企业资源拼凑行为的动态演化

四　理论饱和度检验

理论饱和是指新收集到的数据所形成的概念或范畴能够被已有的概念或范畴所覆盖，不再产生新的概念、范畴以及关系（贾旭东和谭新辉，2010）。本研究将六个案例（01～06）编码完成后，基本不再产生新的概念、范畴和关系；再将剩余的两个案例（07和08）进行编码分析之后，并没有出现新的概念、范畴以及关系，说明本研究构建的模型具有较好的理论饱和度。

第四节　结果解释

一　中国情境下社会创业企业资源拼凑的内涵

通过对上述案例资料的扎根分析，本研究发现中国情境下社会创业企业的资源拼凑行为主要集中于实物、人力、网络、技能、市场以及制度等领域，与西方情境下基于要素的资源拼凑行为既有相似之处，又存在一定的区别，凸显了中国经济转型情境下本土社会创业企业资源拼凑的独特内涵。

Baker 和 Nelson（2005）认为实物拼凑主要指拼凑者赋予原本被忽视的、废旧的或者被认为是单一用途的资源以新的价值，由此创造出新的资源投入。实物拼凑突出了企业对于实体资源的创造性利用，是企业应对严峻资源形势时反应能力的体现。本研究发现，社会创业企业的实物拼凑大多验证了 Baker 和 Nelson（2005）的观点，并依据实物性质细分为闲置资源拼凑、废弃资源拼凑以及假定单一用途物料拼凑的资源拼凑行为。实物拼凑在创造新价值的同时降低了社会创业企业的资源动员成本，并且在特殊时期遵循"知足决策""物尽其用"的原则，为社会创业企业的创建与存活奠定基础（祝振铎和李新春，2016）。此外，在实物拼凑过程中，闲置资源拼凑与废弃资源拼凑是社会创业企业使用较多的策略，符合中国传统"俭"的思想。古人以"能俭、能勤、能慎，可以为豪杰"（胡相峰和陈延斌，2005），社会创业企业基于生产与消费的辩证哲学，充分挖掘手头废弃资源和被忽视资源的价值，成为其破解资源危局的"利剑"。

人力拼凑指将顾客、供应商等利益相关者组合进项目以增加劳动力投入（Baker & Nelson, 2005）。人力拼凑的主要目的在于增加劳动力投入以缓解人力资源缺乏的困局。本研究通过扎根分析发现，社会创业企业的人力资源拼凑与商业创业企业存在一定的区别。由于社会创业企业兼具社会使命与商业利益的双重特性，可能较难获得客户、供应商以及合作伙伴等利益相关者的支持（厉杰等，2018），因此社会创业企业的人力拼凑以闲置人力、志愿者、客户和员工拼凑为主。闲置人力主要指的是社会上被认为劳动力低下的残障人群或因家庭原因置业在家的妇女等低收入群体。残障人群等闲置劳动力的拼凑，既有效降低社会创业企业的人力资源成本，又符合社会创业企业的社会使命，因而成为社会创业企业人力拼凑的重要组成部分。此外，志愿者是社会创业企业人力拼凑的一个显著特征，解决社会问题和满足社会需求是社会创业的首要目的，这与志愿服务的发展方向不谋而合，因此志愿者成为社会创业企业人力拼凑的重要来源。

技能拼凑指的是鼓励和利用创业者业余或专业技能以创造有用的服务（Baker & Nelson, 2005）。本研究发现，社会创业企业的技能拼凑行为不仅包括自身业余技能或专业技能的组合使用，还包括对他人业余或专业技能的拼凑。中国社会一直存在"尚贤"的文化氛围，无论是古语"见贤而思齐"的传颂，还是近代共产党备受推崇的"同志"称号，都表明社会大众对贤士和志同道合之人的鼓励和支持。就目前我国内地社会创业企业发展现状来看，多数社会创业企业仍处于"领袖型"时代，社会创业者通常是一个社会创业企业的灵魂人物，其先前经验和"声誉"对社会创业过程有重要的影响，往往能够帮助社会企业吸引人才资源以及合作伙伴的支持和认可（买忆媛和徐承志，2012），进而通过组合自学技能或专业技能来应对周围剧烈的环境变化。

网络拼凑主要指创业者利用先前的人际网络关系进行拼凑（Senyard et al.，2014），有助于创业者即兴创建企业或在熟悉的领域内进行创业，并且以运用商业伙伴网络等弱关系为主。本研究则发现，中国情境下社会创业企业的网络拼凑以亲友网络拼凑和师生网络拼凑为主，与西方情境下的网络拼凑存在一定差别。可能原因在于，中国社会是一个典型的伦理本位社会，基于亲人、朋友以及熟人等情感联系的社会网络能影响社会创业者的机会发现和开发过程，这种不含有商业利益的网络支持在提供给创业者精神支持的同时，也会提供资金、场地等物质资源支持（Zahra et al.，2014），因此，创造性地拼凑亲友网络和师生网络可以极大缓解创业初期的资源匮乏问题。

市场拼凑指向传统的、被忽视的市场提供低价格、非标准的产品或服务，以创造出新客户，强调对潜在市场的拼凑（Baker & Nelson, 2005）。本研究发现市场拼凑包括对未被服务市场的开拓以及对现有市场的挖掘，这对 Baker 和 Nelson（2005）的研究进行了有益的补充。社会创业企业的根本目标在于解决社会问题和创造社会价值，既要充分考虑受益对象的消费水平、资源的稀缺性以及环境的承受能力，也要追求经济投入和发展的稳定性（Austin et al.，2006），这种"双重价值创造"意味着社会创业企业需要对社会使命和市场价值进行平衡。市场拼凑活动有助于社会创业企业在获取稳定经济效益的同时，帮助其实现社会价值。

制度拼凑是拒绝现有规制约束，勇于涉及不明确或被限制的领域，打破常规，积极尝试已发现问题的解决方案或机会（Baker & Nelson, 2005）。本研究发现社会创业企业的制度拼凑包括对规范和认知的拼凑，前者是对行业规范的打破和创新性利用，后者则是对社会认知的突破和引导，这两种制度拼凑行为都有利于获取资源和发现机会。社会创业以其创新性的组织结构和实践行为为解决社会问题提供新思路，但往往被社会和政府等外部因素认为是具有挑战性的创业行为，尤其在中国社会经济转型日趋深入的情境下，既给予社会创业大量机会，又带来更加复杂的制度环境（傅颖等，2017）。此外，扎根结果显示，社会创业企业认知拼凑的使用频次高于对规范的拼凑，原因可能是在社会转型过程中，新旧文化价值观和伦理道德间的剧烈碰撞形成信任缺失的大环境，社会创业因其组织形式的新颖性和价值创造的独特性备受公众质疑（厉杰等，2018），同时面临社会大众对其商业模式与社会价值不能兼容的认知误区（Yang & Wu，2016），因此社会创业企业多从认知拼凑行为着手，以回应大众对其商业手段经营的质疑和提高资源获取能力。

二　不同发展阶段下社会创业企业的资源拼凑策略

基于扎根分析，本研究揭示了社会创业企业资源拼凑的动态演化过程，发现在不同的发展阶段，由于所拥有的资源存量以及资源诉求不同，社会创业企业采取了不同的资源拼凑策略。在创建期，社会创业企业采取"以实物拼凑和人力拼凑为主，网络拼凑次之"的资源拼凑策略，其原因主要源于以下方面：一方面，由于新创企业在创建阶段的组织制度、决策流程以及思维模式等更具灵活性和非标准性，具有大量零碎和看似无用的弱黏性资源（Baker & Nelson，2005），尤以实物和人力为甚，成为资源拼凑行为的源头所在；另一方面，目前我国社会创业企业主要分布于扶贫、养老、助残、教育以及食品安全等领域，这些领域具有较明显的"社会服务特征"（谢家平等，2016），基于社会创业企业的服务对象以及创建初期组织内部职能不明的现状，"低劳动力"

的残障人群和广大志愿者成为重要的人力拼凑对象。此外，中国文化情境下内隐的情感支持能够坚定创业者的创业信念（Arregle et al.，2015），帮助其克服企业创建期的心理压力；同时基于亲缘、血缘的亲友网络拼凑可以为创业者提供一定的资金、场地支持（Zahra et al.，2014），有效缓解创建期的资源约束困境。因此，网络拼凑也是社会创业企业在创建期采取的一种重要策略。

进入存活期，社会创业企业采取"技能拼凑是首选，实物拼凑和人力拼凑略有下降"的资源拼凑策略。处于存活期的社会创业企业仍然面临资源短缺的局面，但相较于创建期，有了一定的资源积累，而企业创建初期的实物拼凑多以废弃或闲置的物料为主，可能慢慢与企业发展方向脱节，因此适当减少了实物拼凑和人力拼凑活动。技能拼凑活动的增加可能来源于企业内部性质和外部环境的变化。一方面，社会创业企业的双重目标性意味着企业需要不断地在社会使命和盈利目标上进行动态平衡，既不能偏向商业化，改变企业性质，亦不可只侧重于社会价值的实现而失去"自造血"的功能，专业人才或者创新性的商业模式成为社会创业企业平衡的利器（Estrin et al.，2016）；另一方面，我国经济转型日趋深入，企业面临的外部环境动荡性加剧，需要社会创业企业对外部环境做出及时的反应，技能拼凑策略的利用有助于企业针对快速变化的社会和市场做出反应（赵兴庐等，2016）。因此，处于存活期的社会创业企业会适当降低实物与人力拼凑的频率，更多地通过借用外界专业技能或自身业余技能来创造有用的服务以平衡企业的社会目标和经济目标，积极应对外界复杂的变化。

步入成长期的社会创业企业通常采取"以市场拼凑与制度拼凑为主"的资源拼凑策略。具体而言，步入成长期的社会创业企业获得的资源与前两个阶段相比有了较大提升，规模也有所扩大，技能拼凑的空间被压缩，社会创业企业需要思考如何更好地实现成长。首先，社会创业企业面临的市场是复杂而特殊的，既有低收入或被商业市场漠视的帮扶对象，又有传统的"慈善商业顾客"，通过创新性手段将这两者纳入企业的发展过程能够有效促进企业成长；其次，处于转型期的中国正面临传统观念与现代观念的激烈碰撞，传统的公益理念受到社会创业以市场方式支撑社会目标实现模式的挑战，社会公众对此存有质疑，社会创业企业的成长需要"跨过认知合法性这一座山"（厉杰等，2018）。因此，步入成长期的社会创业企业一方面通过市场拼凑来拓展更广泛的目标消费群体，以获得更强的"造血能力"；另一方面通过制度拼凑来突破社会大众对社会创业企业的认知误差，进而调动社会资源主动参与的积极性，推动社会创业企业社会价值的实现（Molecke & Pinkse，2017）。

第五节　结论与讨论

一　研究结论

本研究以 Shokay、残友集团、分享收获、善淘网等 8 家社会企业为研究样本，运用扎根理论方法与技术，对中国情境下社会创业企业资源拼凑的内涵及其动态演化开展了探索性研究。结果发现，社会创业企业主要在实物、技能、人力、网络、市场和制度等 6 个领域开展资源拼凑行为，具体包括改造闲置资源、活用废弃资源、巧用假定单一用途物料、整合专业技能、利用业余技能、利用闲置人力、整合志愿者/义工、借力客户、借力员工、利用亲友网络、运用商业伙伴网络、借用师生网络、开拓未被服务的市场、挖掘现有市场、突破规范、打破观念/认知。此外，社会创业企业在不同的发展阶段所采取的资源拼凑策略不同。具体而言，社会创业企业在创建期采取"以实物拼凑和人力拼凑为主、网络拼凑次之"的资源拼凑策略，在存活期采取"技能拼凑是首选，实物拼凑和人力拼凑略有下降"的资源拼凑策略，在成长期采取"以市场拼凑和制度拼凑为主"的资源拼凑策略。

二　理论贡献

本研究的理论贡献主要体现在以下两个方面。一方面，本研究丰富与补充了社会创业领域的研究成果。本研究聚焦于中国经济转型情境，揭示了中国情境下社会创业企业的资源拼凑策略，对傅颖等学者（2017）提出的"对于社会企业这个'舶来品'需要因地制宜和因时制宜开展社会创业的研究"的展望做出了回应，弥补了现有文献过多关注欧美情境而缺乏对中国情境社会创业关注的不足。另一方面，本研究拓展和深化了资源拼凑领域的研究情境，提高现有研究对资源拼凑内涵与特征的认识。本研究基于中国经济转型情境，系统地提炼出我国社会创业企业的资源拼凑策略模型，进一步明晰了具体资源拼凑内容的独特内涵，既响应了"资源拼凑的研究情境还需拓展"的呼吁（于晓宇等，2017），又对 Baker 和 Nelson（2005）提出的资源拼凑理论进行了新的发展。此外，本研究从动态视角进一步探索了社会创业企业在不同发展阶段所采取的资源拼凑策略。现有文献多从静态视角探讨资源拼凑对企业成长的效用（祝振铎和李新春，2016），本研究通过严谨的扎根研究方法，揭示了社会创业企业资源拼凑的动态演化机理，拓展了资源拼凑领域的研究成果。

三　实践启示

本研究结论对我国社会创业企业有效应对资源约束情境具有重要的实践启示。第一，树立拼凑思维，应对资源匮乏的常态。在社会创业过程中，资源约束是常态。在资源短缺的创业情境下，社会创业者要积极树立拼凑思维，敢于打破现有资源的固有属性和应用价值的限制，及时地对手头资源进行创造性组合以缓解资源压力，进而快速开发利用创业机会。第二，以满意为原则，以合适为标准，积极开展资源拼凑实践。社会创业企业由于社会性特征，一般缺乏有力的经济基础吸引人才资源，也鲜有金融机构愿意提供风险资金。因此社会创业者可以改造闲置资源，活用废弃资源，巧用假定单一用途物料来应对物质资源匮乏的困境；可以依靠志愿者、帮扶对象等解决人力资源紧缺问题；可以利用亲友网络、师生网络等网络关系进行市场宣传或产品推广等；可以运用自身技能或他人技能应对创业过程中的突发状况，及时适应动荡的创业环境；可以瞄准潜在市场，先通过低成本、非标准化产品占据市场主动权；可以重点关注对认知的拼凑，努力打破公众对社会创业企业的传统偏见，提高企业公信力。第三，相机而行，在不同发展阶段采取不同的资源拼凑策略。在创建期，社会创业企业可以将实物拼凑和人力拼凑策略放在首位以重点解决物资和人力缺乏的困境；在存活期，创业者的拼凑策略调整为以技能拼凑为主，专业或业余的技能可以促使社会创业企业成功地应对动荡的环境变化，提高生存率；在成长期，社会创业企业需要获取更多的合法性以支持其成长，因此可以重点选择采取市场拼凑和制度拼凑策略。

第四章 社会创业企业资源拼凑
行为的驱动机制研究

本章报告子研究二的内容，着重探讨社会创业企业资源拼凑行为的驱动机制。近年来，以创造社会价值和解决社会问题为使命的社会创业实践活动在世界范围内蓬勃展开，逐步成为一种解决市场失灵、突破政府失灵的创新模式（刘志阳和庄欣荷，2018）。但据2016年《中国青年公益创业调查报告》，不少社会创业企业由于资源约束而陷入发展困境。究其原因，一方面，社会创业企业大多规模较小，获利能力较弱，难以达到有效的经济规模，阻碍了内部资源的创造性利用；另一方面，社会创业企业通常缺乏足够的物资、专业人员、绩效记录，使其合法性不足，难以吸引外部投资（祝振铎和李非，2017；厉杰等，2018）。在内忧外患的资源困局下，社会创业企业难以形成持续的竞争优势，严重阻碍了企业的生存与发展（祝振铎和李新春，2016）。因此，社会创业企业如何突破资源困局，实现可持续成长成为亟待解决的现实问题。有研究指出"拼凑"强调利用现有资源解决问题，聚焦于对手头资源价值和功能的重新审视，对资源匮乏情境下兼具经济与社会价值创造的社会创业实践具有重要启发，是社会创业企业突破资源限制的有效途径（Ladstaetter et al.，2018）。

近年来，国内外学者对资源拼凑展开了大量研究，相关研究围绕资源拼凑的内涵和类型、资源拼凑的前置因素和结果效应等内容展开，并取得了丰富的研究成果。具体而言，针对内涵，Baker 和 Nelson（2005）提出用"手头资源"、"即刻行动"及"资源重构"三个构念阐释资源拼凑的内涵，并根据拼凑对象的差异将资源拼凑划分为要素拼凑、市场拼凑与制度拼凑等类型，受到了学界的广泛认可。国内外许多学者对资源拼凑的积极作用进行了探索性研究，研究结果表明资源拼凑对创业企业绩效、创新能力均具有显著的促进作用（Senyard et al.，2014；祝振铎，2015；Kickul et al.，2018）。与资源拼凑结果效应的研究相比，资源拼凑的前置因素较为零散，个体层面、组织层面、环境层面的影响因素均有涉及（Desa & Basu，2013；Guo et al.，2016；赵兴庐和张建琦，2016）。随着研究的不断深入，资源拼凑研究情境不再局限于商业创业，也有学者开始探索社会创业情境下的资源拼凑行为（Bojica et al.，2018；Janssen et al.，2018）。总体来看，现有研究取得了丰富的研究成果，但仍存在一些问题有待深入探讨。一方面，现有研究致力于清晰地界定资源拼凑的类型划分（Baker & Nelson，2005；彭伟等，2019），但在具体的分析过程中却通常忽视了不同类别资源拼凑的作用机制和作用效果。已有研究探讨了不同类型的资源拼凑行为对企业创新性的影响（李晓翔和霍国庆，2015），那么，不同类型的拼凑行为也应该具有不同的驱动机制，但现有关研究尚未涉及。另一方面，现有文献关于资源拼凑的后果研究较多，相比而言，对资源拼凑前置因素关注较少，且大多聚焦于探索单个因素对资源拼凑影响的"净效应"，而忽视了多个因素之间的联动作用。事实上，社会创业是一个涵盖了制度、文化、产业、组织以及创业者等多个层面要素的运营过程，因而，社会创业企业资源拼凑行为也应受到不同层面先发条件的共同影响（邓巍等，2018），现有研究缺乏对不同层面的资源拼凑前置因素进行整合性探讨。

"手头资源"是资源拼凑的起点，能否获取和识别手头资源取决于创业者是否具有独特策略思想，以及其能否凭借较低成本获取有价值但他人未注意的资源（付丙海等，2018）。这意味着在应对资源稀缺的环境时，社会创业者对资源的认知水平以及资源的可获得性是企业顺利开展资源拼凑的前提（宋晶和陈劲，2019）。社会网络影响了创业者获取资源的质量、数量及速度，而先前经验则影响了创业者对资源价值的理解与认知，二者的共同作用对社会创业者识别和获取资源起到了重要影响（汤淑琴等，2014；黄艳等，2017）。"即刻行动"与"资源重构"是资源拼凑的关键，成功与否取决于创业者开展拼凑行为时的态度和方式（刘振等，2019），而战略导向反映了企业的组织文化和价值观念，在引导企业决策、行为方面具有显著的作用（孙永磊等，2018）。其中，市场导向和创业导向是两种关键且互补的战略导向，前者侧重于对现有市场的深入挖掘，后者则强调了对未知市场的积极探索（Miles & Arnold，1991），不同的战略姿态能够影响社会创业企业利用资源的偏好（史会斌等，2019）。此外，社会创业企业想要从环境中获取必需的资源，会受到外部认知和制度的制约（宋晶和陈劲，2019），环境包容性体现了资源获取的难易程度，对资源获取和利用的有效性产生影响（Desa & Basu，2013）。总体而言，社会创业资源拼凑行为的发生不仅要考虑创业者个体层面的影响，还要考虑企业战略姿态和外部环境。先前经验和社会网络代表着社会创业者个体层面的主动、进取行为，能够实现企业目标识别和获取外部资源；市场导向和创业导向代表着企业的战略姿态和创新思维，会促使企业依据不同的战略需求不断创新资源的使用方式；同时，在这个过程中，会受到外部环境的影响，环境包容性可能会加强或减弱企业的资源拼凑行为。

综上所述，资源拼凑是一个受个体、组织、环境多层面因素协同影响的复杂过程（邓巍等，2018）。定性比较分析采用整体视角，综合了定性与定量研究的优势，注重挖掘前因条件和被解释变量之间的复杂作用机制（杜运周和贾良定，2017），被广泛运用于管理学领域中（张明等，2019；程建青等，2019）。鉴于此，本研究引入模糊集定性比较分析（fsQCA）方法，基于"个体—组织—环境"这一解释框架，将先前经验、社会网络、市场导向、创业导向及环境包容性进行整合，试图探究这 5 个前因条件构成的不同组态与资源拼凑之间的关系，挖掘不同类型资源拼凑行为的驱动机制。具体的，本研究试图回答以下问题：激发资源拼凑行为存在哪些路径，不同类型的资源拼凑行为是否具有不同的驱动机制？

第一节 文献回顾

一 资源拼凑的前因研究

回顾资源拼凑领域的研究文献可以看出，早期研究更多关注资源拼凑的绩效影响效应，并取得了丰富的研究成果（Garud & Karnoe，2003；Ruef et al.，2003；Senyard et al.，2009；Fuglsang，2010）。近年来，国内外学者探索性地就资源拼凑的前因变量开展了相应研究。

Baker 和 Nelson（2005）率先探讨了资源拼凑的影响因素，其研究发现创业者对手头资源以及所处环境的警觉性对创业企业资源拼凑行为具有显著的促进作用；Preeta 和 Benjamin（2009）的研究结果表明个体的创造能力以及协作能力对资源拼凑行为具有显著的正向影响，个体的同化能力与资源拼凑行为呈现显著的负相关关系。上述研究均是从个体层面出发探讨资源拼凑行为的影响因素。也有学者从组织层面来探究资源拼凑行为的影响因素，比如，Salunke 等（2013）研究发现具有高创业导向的企业更可能会采取资源拼凑策略来突破资源困境，进而促进企业创新。Ferneley 和 Bell（2006）证实了组织信任文化以及组织柔性都有助于触发资源拼凑行为的产生。Geoffrey 和 Sandip（2013）的研究结果表明，新创企业的组织声誉过低或过高时，都有助于资源拼凑行为的产生，但当新创企业的组织声誉处于中度水平时，反而不利于资源拼凑行为的产生。也就是说，新创企业的组织声誉与其资源拼凑行为之间并不是单纯的线性关系，而是 U 形关系。新创企业所处的外部环境特征也会影响其资源拼凑行为，在环境宽松性较低或较高时，都会激发新创企业的资源拼凑行为，当环境宽松性处于中等水平时，反而不利于新创企业的资源拼凑行为（Geoffrey & Sandip，2013）。

国内学者近年来也开展了资源拼凑的前因变量研究工作。比如，祝振铎（2015）从组织层面的影响因素出发，就新企业创业导向与创业拼凑的关系开展了研究，基于 212 家新企业的调研数据，实证研究结果表明创业导向对新企业的创业拼凑行为具有显著的促进作用。吴亮等（2016）通过研究发现探索式创新与利用式创新对资源拼凑行为均具有正向促进作用，其中采取探索式创新时，企业对于新知识和资源的需求较大，因此会积极通过现有渠道展开资源拼凑行为以获取新技术和新知识；企业在开展利用式创新时，较为重视现有产品和服务的改良，因此会积极采用资源拼凑行为来改善当前已有资源的用途，提升使用效率。赵兴庐等（2017）基于广东、北京和湖北等地 336 家企业的调研数据，就组织冗余与资源拼凑之间的关系开展了实证研究，结果表明已吸收冗余有助于企业的资源拼凑行为。左莉和周建林（2017）基于"认知—行为—绩效"的理论范式，探讨了认知柔性、创业拼凑与新企业绩效之间的关系，基于大连市 213 家创业企业的问卷调查数据，实证分析结果表明认知柔性对创业拼凑具有显著的正向影响。王玲等（2017）通过对基于国企背景的新能源汽车新企业的案例研究，发现在具备丰富优势资源的环境下，容易产生手段导向型资源拼凑；而在仅有劣势资源的环境下，更可能导致社会网络型资源拼凑。于森和马文甲（2018）将社会网络理论与创业拼凑理论进行整合，探讨了中小企业开放式创新网络特征对其资源拼凑的影响，基于234 家中小企业的实证研究结果表明，中小企业开放式创新网络的规模、密度以及异质性对其资源拼凑行为都具有显著的正向影响。孙永磊等（2018）以组织双元理论为基础，探索性地就技术导向、市场导向等两种不同类型的战略导向对资源拼凑的影响开展了实证研究，结果发现技术导向和市场导向均有助于企业开展资源拼凑行为，此外，市场导向与技术导向两者的差异性导向和交互性导向对企业资源拼凑行为都存在显著的正向影响。符峰华等（2018）基于 237 家高新技术企业的问卷调查数据，实证分析了企业社会联系与资源拼凑之间的关系，研究结果表明，企业的商业联系、政府联系以及研发联系对其资源拼凑行为都具有显著的积极作用。朱秀梅等（2018）将新企业的资源拼凑行为划分为计划拼凑和即兴拼凑两种类型，并以路径依赖理论和变革领导理论为基础，探讨了变革型领导对资源拼凑的影响机制，基于 198 家新企业的问卷调查数据开展实证研究，结果发现变革领导力对新企业的计划拼凑和即兴拼凑都具有显著的正向影响，员工建言在变革领导力影响新企业资源拼凑的过程中发挥中介作用，刻意练习对员工建言与新企业资源拼

凑行为之间的关系发挥显著的正向调节作用。付丙海等（2018）
同时将个人层次的魅力型领导、组织层次的战略柔性、网络层次的
关系学习纳入研究框架中，探讨创业拼凑的多层次诱发机制问题，
基于 5 家新企业的案例分析结果表明，魅力型领导、战略柔性以及
关系学习对新企业的资源拼凑行为都具有显著的正向影响。

表 4 - 1　资源拼凑前因变量研究的代表性文献

作者(年份)	研究问题	研究对象	研究结论
Baker 和 Nelson (2005)	探究了小企业的资源拼凑过程	29 家资源受限制的小企业	创业者构建的社会网络关系会对创业拼凑产生重要影响
Fuglsang (2010)	探究了公共服务创新中的拼凑和隐性创新	3 家服务型企业	具有先前创业经验的企业家更倾向于进行创业拼凑
Desa 和 Basu (2013)	探讨了环境包容对社会企业拼凑行为的影响	42 个国家的202家技术型社会企业	环境包容性与资源拼凑呈 U 型关系
祝振铎 (2015)	探讨创业导向与资源拼凑行为之间的关系	212 家新企业	创业导向对资源拼凑行为具有显著的正向影响
赵兴庐和张建琦 (2016)	探讨了创业经验、行业知识和社会网络对新创企业资源拼凑过程的影响	107 位创业家以及 221 位广东省、北京市和湖北省工商业联合会会员	经验丰富的创业者更倾向于进行资源拼凑；精通技术和市场的创业者拥有较高的资源拼凑水平；丰富的社会网络关系激发了资源拼凑行为
吴亮等 (2016)	探讨了双元创新对企业资源拼凑的影响	288 家广东省和浙江省工商业联合会的会员企业	强调发掘新的产品和技术，促进企业通过现有渠道积极进行资源拼凑；重视当前产品和服务质量的改良，聚焦于手头资源的价值，符合资源拼凑的理念
孙锐和周飞 (2017)	探究企业社会联系对企业资源拼凑的影响	39 家国企、38 家民企、31 家外企、11 家其他类型企业	政治网络、商业网络、研发网络均对资源拼凑行为有显著促进作用
黄艳等 (2017)	探讨了社会网络规模和强度对企业资源拼凑的影响	来自北京、福建、广东、四川、黑龙江等省市的165家小企业	规模越广的社会网络关系越能拓宽可调用资源的范围，关系越紧密的社会网络关系则越能促进资源交换的意愿并创造更多资源新组合

续表

作者(年份)	研究问题	研究对象	研究结论
王玲等 (2017)	探究了初始资源禀赋对企业资源拼凑方式的影响	3家新能源汽车企业	在具备丰富优势资源的环境下,对于手头资源进行拼凑的行为较容易发生,在仅有劣势资源的环境中,更容易导致基于社会网络的拼凑行为
左莉和周建林 (2017)	探讨认知柔性对资源拼凑行为的影响	大连市213家创业企业	认知柔性对创业拼凑具有显著的正向影响
于淼和马文甲 (2018)	探讨了中小企业开放式创新网络特征对其资源拼凑的影响	234家中小企业	中小企业开放式创新网络的规模、密度以及异质性对其资源拼凑行为都具有显著的正向影响
朱秀梅等 (2018)	探讨了变革领导力对资源拼凑的作用	198家北京、广东、浙江和吉林的企业	变革领导力对新企业的计划拼凑和即兴拼凑都具有显著的正向影响
符峰华等 (2018)	探讨企业社会联系与资源拼凑之间的关系	273家高新技术企业	企业的商业联系、政府联系以及研发联系对其资源拼凑行为都具有显著的积极作用
孙永磊等 (2018)	探讨了双元战略导向对企业资源拼凑的影响	339家来自北京、天津、西安的企业	技术导向有助于驱动企业资源拼凑行为,市场导向同样有助于驱动企业资源拼凑行为,两者的交互效应对企业资源拼凑行为也具有显著的正向影响
张秀娥和张坤 (2018)	探究了创业导向对新创社会企业资源拼凑行为的影响	171家成立年限低于8年的社会企业	高创业导向的社会企业更善于开展资源拼凑活动
付丙海等 (2018)	探讨个人层次的魅力型领导、组织层次的战略柔性、网络层次的关系学习是否会对新企业的资源拼凑行为产生影响	5家新企业	魅力型领导、战略柔性以及关系学习对新企业的资源拼凑行为都具有显著的正向影响

二 资源拼凑在社会创业中的应用

随着研究渐趋深入,关于资源拼凑行为的研究不再局限于商业创业企业,少数学者针对社会创业企业情境对资源拼凑开展了卓有成效的研究（Di Domenico et al.，2010；Desa，2012；Desa & Basu，2013；Bacq et al.，2015）。

相关研究主要围绕社会创业企业资源拼凑行为的绩效影响效应问题来展开。比如，Sunduramurthy 等（2016）通过对教育领域的社会创业案例进行研究发现成功的社会创业企业在突破资源约束的过程中都会采取资源拼凑战略。也有研究表明社会创业企业在资源短缺情境下实施资源拼凑战略有助于其成功实施营销战略并获得成长（Kannampuzha & Suoranta，2016）。Janssen 等（2018）通过对社会创业企业资源拼凑行为的相关研究进行归纳总结，发现在制度约束、缺乏管理或政治支持的环境下，对于社会创业企业而言，进行资源拼凑是一种恰当的手段。

此外，还有少数研究探讨了资源拼凑影响社会创业企业成长的情境条件。比如，Tasavori 等（2018）研究了资源拼凑如何影响社会创业企业中产品与市场方面的成长，发现社会创业企业在即刻行动时会利用内外部资源，同时采取内外部资源拼凑时才能依靠新产品开发扩大新市场，仅仅采取内部资源拼凑的社会创业企业通过增加即兴行为也可以达到同样的效果。Bojica 等（2018）研究了社会创业企业中资源拼凑行为与企业成长的关系，指出资源拼凑对企业成长的影响取决于资源的可获得性、使用资源的自主程度以及组织中 TMT 的多样化。Kickul 等（2018）则提出对于社会创新而言，资源拼凑并不总是有益的，结果发现过度依赖资源拼凑会束缚企业发现带来社会变化的新资源。

三　研究述评与理论缺口

回顾资源拼凑的前因变量研究文献以及梳理资源拼凑在社会创业情境下的研究文献，可以看出现有研究取得了较好的进展，为后续相关研究奠定了良好的基础。然而，现在研究还存在三点不足，有待未来研究深入探讨与完善。

（一）研究内容方面

国内外学者分别从个体层面、组织层面、环境层面等不同的层面出发，就资源拼凑行为的影响因素开展了诸多研究，取得了丰富的研究成果，但这些都是单一视角下的碎片化研究，缺乏对不同层面因素的协同效应研究；虽然已有极少数文献将不同层面的因素纳入整体分析框架来探讨（付丙海等，2018），但这些研究仍然未考虑不同层面因素之间的联动影响效应。此外，这些研究都将资源拼凑作为一个整体变量，尚未探讨不同类型资源拼凑的影响因素，实际上，不同类型的资源拼凑的影响因素可能会有所不同（于晓宇等，2017），分别探讨不同类型资源拼凑的驱动因素有助于深化我们对资源拼凑驱动机制的认识，丰富与补充资源拼凑领域的研究成果。

（二）研究情境方面

虽然已经有不少文献将资源拼凑理论应用于社会创业情境中，探讨了社会创业企业的资源拼凑问题，但这些研究更多是论述资源拼凑对社会创业企业成长的影响，鲜有研究聚焦于社会创业情境，探讨社会创业企业资源拼凑行为的影响因素。由于社会创业企业与传统的商业创业企业具有明显的差异（Austin et al.，2006），笼统地探讨创业企业资源拼凑行为的影响因素，所得到的结论不一定完全适用于社会创业情境。整合不同层面的因素，深入探讨社会创业企业资源拼凑的驱动机制无疑具有重要的理论价值与现实意义。

（三）研究方法方面

现有文献在开展资源拼凑的影响因素研究时，要么采用传统的回归分析方法等定量研究方法，要么采用案例研究等质性研究方法，传统的回归分析等定量研究方法遵循的是一种"自变量—因变量"的因果分析逻辑，这种由自变量和因变量构成的二元统计分析方法难以清晰揭示三个或三个以上变量的交互影响效应，也不能对多个层面的众多影响因素开展有效的跨层次分析（王凤彬等，2014；程聪和贾良定，2016），不利于从多个层面综合来考察社会创业企业资源拼凑行为的影响因素。此外，传统的回归分析方法等定量研究方法对样本量的要求较高，通过要求"大样本"的数据才能得到较为稳健的结论。开展社会创业领域的大样本实证研究又是当前社会创业领域面临的最严峻挑战，因此案例研究等质性研究方法成为目前社会创业研究领域运用比较广泛的一种方法（Saebi et al.，2019）。然而，案例研究方法由于样本量过少，其研究结论的普适性经常遭遇定量研究学者的质疑。近年来，能够同时克服传统定量研究以及质性研究方法缺点的定性比较分析（Qualitative Comparative Analysis，QCA）突破了样本数量的限制，可以基于数十个样本的数据，在分析不同层次的要素对因变量的联动影响效应上具有独到的优势，因而被广泛应用至组织管理研究领域，已经发展成为管理学研究的一条新道路（Ragin，1987；Stokke，2007；杜运周和贾良定，2017）。

综上所述，本研究将资源拼凑按拼凑对象划分为要素拼凑、市场拼凑、制度拼凑等三种不同的类型（Baker & Nelson，2005），聚焦于社会创业情境，采用定性比较分析方法，同时从个体层面、组织层面、环境层面等三个层面出发，探讨不同层面的要素对社会创业企业要素拼凑、市场拼凑、制度拼凑等不同类型资源拼凑的联动影响效应，以期剖析社会创业企业资源拼凑行为的驱动机制，为我国社会创业企业成功实施资源拼凑策略来突破资源约束困境提供理论依据与实践参考。

第二节　模型构建

一　社会创业企业资源拼凑行为的影响因素

（一）先前经验

先前经验既包含创业者先前创建商业企业、非营利组织或社会组织等的创业经历，也包含来源于创业者在某行业中工作所积累的顾客偏好、市场技术等行业经验（汤淑琴等，2014），二者解释了个体面对相同资源认知能力不同的现象。一方面，创业经验是社会创业者提升实践技能、形成"创业思维定式"的渠道，能够培育创业者的认知灵活性，有助于其快速发现有用资源，同时灵活地获取和重构这些资源（Estrin et al.，2016）。另一方面，行业经验造就了社会创业者的"知识走廊"，强化了社会创业者对市场需求的理解，提升了其对行业趋势的警觉性与预测能力，使资源拼凑更具针对性，从而降低了资源拼凑的失败概率（Poblete，2018）。

（二）社会网络

由于经济能力的先天不足，社会创业企业难以实现自给自足（刘振等，2019），社会网络被视为影响其获取外部资源的关键因素（Littlewood & Khan，2018）。现有研究多从网络规模和网络强度两个方面探究社会网络对资源的影响（Folmer et al.，2018）。一方面，网络规模反映的是企业从社会网络中获取资源的范围，其越大表明企业与越多拥有不同资源的网络成员建立了联系，进而通过这些关系获得多元化的重要资源，为企业尝试多种资源的组合提供了可能（Boso et al.，2013）。另一方面，网络强度反映了网络成员之间的紧密程度，其越强意味着创业者与外部网络成员的互动越紧密，既能够促进成员之间资源共享的意愿，又能够获得外部的认可、支持和指导（Folmer et al. , 2018）。

（三）市场导向

社会创业企业以获取经济利润，进而满足特定边缘化人群的需要为目标，与市场导向将创造顾客价值视为发展关键的决策风格较为契合（Gidron & Monnickendam, 2017）。采用高水平市场导向的社会创业企业倾向于采取渐进式的发展模式（Kumar et al. , 2013），聚焦于现有市场的开发，以高效利用手头资源完成任务为首要目标，促进了创业者对手头资源更深的理解与认知（Halme et al. , 2012）。此外，高市场导向意味着社会创业企业对市场具有较高的敏锐程度和应变能力，擅长打破常规，更迭和完善现有产品和服务以满足不断变化的市场需求，进而推动企业对现有资源进行调配和重构（周飞等，2019）。

（四）创业导向

创业导向塑造了企业致力创新、善于超前行动、敢于承担风险的决策风格（姚梅芳等，2018）。虽然社会创业企业面临双重目标的制约以及资源困境的压力，但依然要求其保持创业导向姿态对资源进行充分利用。具体而言，创新性既体现了社会创业企业对新产品和新技术的追求，又促使其对既有思维模式和管理方式进行革新，有助于企业另辟蹊径，推动企业采取资源拼凑方式解决原本无法实现的任务（Salunke et al. , 2013）。先动性强调发现机会后，快速对资源进行调配和重构，突出了"即刻行动"的特质，提高了资源拼凑的效率（Baker & Nelson，2005）。风险承担性减弱了社会创业者不断试错时的心理压力，提升了成员对资源拼凑的积极性，推动了创业者对资源的大胆利用和不同组合的尝试

（Hooi et al. , 2016）。

（五）环境包容性

环境包容性指企业经营环境中，资源的充裕程度以及获得资源的难易水平（Desa & Basu, 2013），社会创业企业通常在优质资源匮乏、制度支持性较弱的环境中运作（Sunduramurthy et al. , 2016），因此，环境包容性被认为是影响其资源拼凑的重要因素之一（Desa & Basu, 2013）。据以往研究，外部环境包容性较低时，社会创业企业从外部获得标准型资源时，竞争激烈且成本较高，促使企业采取资源拼凑的策略解决内部资源约束；当环境包容性很高时，社会创业企业内部拥有了较多优质资源，相比于从外界获取标准资源，对手头资源的利用更有利于愿景的实现（Desa & Basu, 2013）。

二　理论模型

综上所述，个体、组织及环境3个层面5个因素对驱动社会创业企业资源拼凑行为均存在重要影响，已有研究通过定义中介和调节变量分别将这5个变量纳入分析（Kreiser & Davis, 2010；Hong, 2012；Boso et al. , 2013）。然而，传统的统计分析方法往往使自变量处于替代或者累加的关系中，难以清楚阐释多个变量的等效效应（程聪和贾良定，2016）。事实上，社会创业企业资源拼凑是一个个体、组织及环境相互联动的复杂过程，亟须采用多元、整体的视角来审视（邓巍等，2018）。鉴于此，本研究整合"个体—组织—环境"三个层面来探讨社会创业企业资源拼凑行为的驱动机制，如图4-1所示。

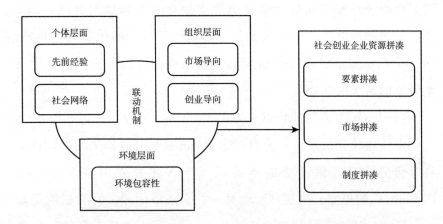

图 4 – 1 社会创业企业资源拼凑行为的驱动机制模型

第三节 研究设计

一 研究方法

相较于传统统计学方法，QCA 方法更适用于本研究问题，理由如下。其一，传统的回归方法专注于探索单个因素的"净效应"，难以诠释本研究所探讨的多因素联动关系，而 QCA 方法以"组态理论"为基础，能够通过处理多个前因的互动作用，对引致特定结果的复杂原因做出合理解释（杜运周和贾良定，2017）。其二，传统的回归方法认为变量之间存在对称关系，对非对称的因果关系难以处理。事实上，很多变量之间的因果关系并不都是对称的。例如，市场导向高会促进社会创业资源拼凑，市场导向低的时候社会创业企业也会采取资源拼凑行为。QCA 允许且能够很好地处理这种不对称的因果关系。其三，本研究采用文本案例作为样本，难以达到传统定量研究所规定的"大样本"要求，无法对个

129

体、组织、环境层面的众多影响要素做有效的跨层次处理。QCA
方法结果的稳健性与样本量无关，仅取决于样本的代表性。此外，
QCA 方法不要求对多层次变量的前因条件做特殊处理，尤其适于
本研究的跨层次探索。

（一） QCA 方法的特点

定性比较分析是由社会科学家 Ragin 最早开发出来的一种社会
科学研究方法，该方法的本质是基于多重并发因果（Multiple
Causality）的思路，来梳理影响某一社会现象的相关社会机制及其
组合形式，从而在某种意义上有助于同时弥补"基于变量"的传
统定量研究方法和"基于案例"的质性研究方法的不足（Ragin，
1987；Marx et al.，2014；闫佳祺等，2018）。QCA 方法主要采取集
合理论和布尔代数来进行运算，以将案例数据进行系统比较。该方
法的核心思路是借助真值表和逻辑最小化，来梳理条件的集合以形
成构型条件，来帮助研究者更好地把握条件与结果之间的因果关系
（Crilly，2012）。由于集合理论在该方法中扮演的重要角色，因此
该方法也被称为"集合理论方法"（Set-theoretic method）或"组合
比较方法"（Configurational comparative method）（Fiss，2007；Misangyi
et al.，2017）。

传统的基于单一变量的回归分析方法遵从单一变量影响的逻
辑，QCA 方法强调因果的复杂性和多重性，强调多重并发原因的
存在性。因此定性比较分析方法把特定的案例看作由一组条件的组
合形式作用的结果。具体而言，该方法有以下特点。

首先，传统的回归分析方法对因果关系的理解是基于统计推
断意义上的因果关系，定性比较分析方法以逻辑关系来认定因果
关系的存在性，关注结果产生的条件之间的充分性与必要性。
QCA 采取逻辑/自然语言作为判断因果关系的基础，对因果关系

的理解并非统计推断意义上的因果判断，主要关注的是产生某一结果的相关条件的必要性和充分性。从数学表达式上形容两者的不同如下。

（1）传统的回归分析方程：$Y = A + BX_1 + CX_2 + DX_3 + \varepsilon$；

（2）定性比较分析的表达式：（A 并 B 并 ~ C）可以充分产生 Y。

其次，QCA 方法认为因果关系存在多重并发的复杂性。第一，同一现象可以由各类要素相互组合产生，因此在研究过程中要重点考虑特定的条件和情境；第二，QCA 方法注重系统分析，强调要以条件组合的形式来理解和把握原因；第三，QCA 方法强调要从有限多样性的角度来认识社会现象。（$A * B + C * D \rightarrow Y$）的含义是指：在某一社会情境下，A 和 B 同时发生或 C 和 D 同时发生均能导致结果 Y 的发生，此处 A 和 B（或 C 和 D）构成了结果 Y 发生的充分条件（夏鑫等，2014）。

再次，在分析出条件组合结果的产生后，还可以借助布尔代数或模糊集算法来获得逻辑上的简化形式，进而得到多重并发条件的最简约形式。具体说明如下：（$A * C + A * c \rightarrow A \rightarrow Y$）表示 A 在与 C 组合时能产生结果 Y，同样 A 在与 C 的对立面 c 组合时也能产生结果 Y，这表明 C 是多余的条件，可以将其简化处理，进而得到更加简洁的结论。

最后，QCA 分析中的关键是从逻辑上把握条件间的组合关系，遵循如下逻辑法则：（$A \rightarrow Y$）并不能推出（$a \rightarrow y$），即所谓的"非对称因果性"。因此，在开展定性比较分析时，研究者既可以探究某结果发生时的原因，还可以对该结果不发生时的原因开展研究，这样一来有利于研究者提高研究的灵活度，对拓展与深化理论研究具有重要的作用（Fiss，2011；Rihoux & Ragin，2009）。

（二）主流技术与研究步骤

定性比较分析主要包括 csQCA、mvQCA 和 fsQCA 等三种分析技术，csQCA、mvQCA 和 fsQCA 在数据分析时存在两点共同点：一方面，这三种分析技术都是先由原始数据来构建真值表，在此基础上得到逻辑冗余等内容；另一方面，这三种技术都要通过设定特定的系数，不断简化真值表，进而得到结果。就本研究而言，fsQCA 是较为合适的分析策略。首先，传统的回归方法聚焦于探索单个因素的"净效应"，而 fsQCA 则可以突破单一因素路径分析，转而验证多个因素之间的联动效应（Ragin，2009）。其次，虽然传统的统计分析方法也能够通过中介、调节变量将主效应之外的其他个变量纳入模型进行分析，然而这些方法的局限性在于难以解释不同变量对被解释变量的等效效应，而 fsQCA 能够处理这种完全等效的因果关系（程聪和贾良定，2016）。最后，fsQCA 方法适用于较为新兴的领域研究议题（Fiss，2011）。社会创业作为较为新兴的领域，样本收集受到限制，且缺乏较为完善的数据库系统，因此适用于中小样本的 fsQCA 方法最为合适。最重要的是，文本的前因变量与结果变量多为连续变量，相较于只能对变量进行 0 或 1 赋值，笼统地将变量划分为"隶属"或"不隶属"某集合的 csQCA 而言，使用 fsQCA 能够更为充分地捕捉到解释变量在不同程度上的变化带来的细微影响（Ragin，2009）。具体实施过程如下。

在 QCA 方法的具体实施过程中，最关键的一步是要对变量进行"标度"。也就是说，研究者首先要划定具体的赋值门槛。门槛值的赋定对计算结果的可靠性具有重要的影响。部分学者认为 QCA 分析时研究者的赋值很难做到真正的客观，这不利于得到稳健的研究结论（张弛等，2017）。因此，在分析过程中，需要投入相当的时间以确保其合理性；有时还需要对标度进行大幅度调整以

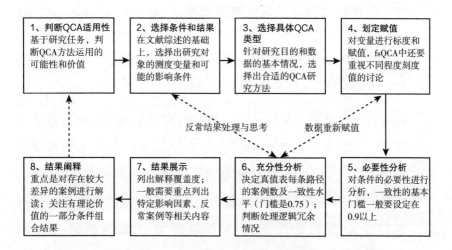

图 4 - 2 QCA 方法的具体实施过程

适应整个分析（杜运周和贾良定，2017）。在开展了真值表的相关计算和简化的基础上，研究者此时需要从一致性以及覆盖度两个方面来对条件组织的价值进行评价与判断（池毛毛等，2017；张驰等，2017）。

一致性是指与研究案例所属两个集合间相互关系的一个系数，例如，结果 Y 的对应集合是条件 X 对应集合的子集，相应的必要性可以表示为：Consistency $(Y_i \leq X_i)$ = $\sum$ $[\min (X_i, Y_i)]$ / $\sum Y_i$；如果必要性的一致性指标小于 0.9，则不能把 X 看作 Y 的必要条件。充分性的一致性指标通常要高于 0.75，有些研究还强调充分性的一致性指标要高于 0.8 甚至为 0.9 以上（Schneider & Wagemann，2012；王凤彬等，2014）。

同时，研究者往往需要给出条件组合的覆盖度，覆盖度代表 X（条件组合）对 Y（结果）的解释力度大小，具体包括三种类型：一是原始覆盖度（raw coverage），即给定项覆盖 [1] 结果案例的比例；二是唯一覆盖度（unique coverage），即 [1] 结果案例被给定项唯一覆盖的比例；三是解的覆盖度（solution coverage），即所有项覆盖这些案例的比例。

二 研究样本

在应用定性比较分析方法时，依据研究对象确定案例是最关键的步骤之一。首先，由于本研究主题为"探究社会创业资源拼凑的前因构型"，因此将个案对象限定为国内社会创业企业。其次，本研究严格遵循 QCA 对案例选取的要求，即案例的典型性、多样性、资料全面性和结果确定性等原则进行案例搜集与选取（Cheung et al, 2013）。其中，典型性指的是该案例具有较大的社会影响，引起较为广泛的社会关注，例如善淘网是国内首家线上线下结合的慈善商店；多样性即案例在服务领域、创办时间、所在地区等要素上具有一定的差异性，如所选案例覆盖了助残、扶贫、食品安全等多个领域；资料全面性意味着个案对象相关资料较为翔实，有利于案例资料之间的相互验证，保证个案信息的准确性；结果确定性是指被解释变量能够被明显地观察和定性分析。最后，QCA 对案例选择数量的要求为当前因条件个数为 n 时，案例数量需大于或等于 2^{n-1} 个（Cárdenas，2012；张驰等，2017）。依据 Marx 等（2014）的研究，当前因条件为 5 个时，样本量为 13 ~ 16 及 16 以上即可清晰地区分随机数据和真实数据。同时，参考 Crilly 等（2012）研究，本研究最终选择了善淘网、残友集团、分享收获、SHOKAY、欣耕工坊、工友之家、无障碍艺途、IBE、一加一、喜憨儿洗车、黑暗中对话、老爸评测、金羽翼、金太阳、青聪泉、雷励中国、千千树、和盛育林、零分贝、成都朗力、惠泽人、十二邻、春芽、乐朗阅读、红丹丹、多背一公斤等 26 家社会创业企业为样本，基本情况如表 4 - 2 所示。

表 4 - 2　样本的基本情况

编号	创业企业	创始人	领域	所在地区	创办时间	创业活动
N1	善淘网	周贤	助残	浙江	2011 年	通过网上慈善商店模式处理社会闲置物品获取收入,同时为残障人士提供可持续的工作岗位
N2	残友集团	郑卫宁	助残	广东	1999 年	在组织残疾人从事软件开发等工作获取收入的同时解决残疾人就业问题
N3	分享收获	石嫣	食品安全	北京	2010 年	为社区居民提供健康自然的蔬菜的同时提高农民收入,推广社会支持农业模式
N4	SHOKAY	乔琬珊	扶贫	上海	2006 年	在对牦牛绒进行收购、加工和销售以获取收入的同时帮助藏区贫困牧民解决就业问题,提高收入
N5	欣耕工坊	朱炳肇	助残	上海	2007 年	回收咖啡渣、地沟油等废弃物料制作菌棒、肥皂获取收入,为社会特殊人群提供就业机会
N6	工友之家	孙恒	扶贫	北京	2002 年	通过开办互惠公益商店等形式获取一定收入,举办义务演出,为民工子女提供教育,为城市的打工群体提供服务
N7	无障碍艺途	苗世明	助残	上海	2010 年	通过展览、衍生品义卖等活动为精障人群提供一定的收入,为精障人群提供艺术潜能开发课程
N8	IBE	徐健	生态保护	北京	2008 年	结合专业自然摄影和生物调查,以此记录一个区域内比较丰富的生态系统和生物类群,形成中国自然影像志,让更多人认识中国的生物和自然
N9	一加一	解岩	助残	广东	2006 年	成立视障人群广播节目制作团队,在获取收入的同时解决了残障人群就业问题
N10	喜憨儿洗车	曹军	助残	广东	2015 年	创建洗车公司赚取收入的同时培育智障儿童技能,解决其就业问题
N11	黑暗中对话	蔡史印	助残	上海	2011 年	通过收取门票费用获得收入,同时解决了视障人士的就业问题
N12	老爸评测	魏文锋	产品安全	浙江	2015 年	以家长参与互联网众筹的方式获取收入,同时检测产品安全,担任消费者的质控平台

编号	创业企业	创始人	领域	所在地区	创办时间	创业活动
N13	金羽翼	张军茹	助残	北京	2010 年	通过销售培训衍生品获取收入的同时以艺术创作的方式开发残障儿童的各项能力
N14	金太阳	黄小蓉	养老	福建	2010 年	以收取会费作为主要经济来源,同时为老人提供一条龙终身制的养老服务
N15	青聪泉	陈洁	助残	上海	2005 年	通过学费获取收入维持企业运营的同时帮助自闭症儿童提升社会适应和交往能力
N16	雷励中国	陆丰	教育	山东	2008 年	以收取培训费用为主要收入来源,同时加强青少年解决实际问题的能力
N17	千千树	李利亚	教育	北京	2011 年	以收取学费为主要收入来源,同时致力于改善农村留守儿童和城市流动儿童的学前教育质量
N18	和盛育林	牛根生	环保	内蒙古	2011 年	以农牧业生存为主要收入来源的同时关注生态环境保护与修复
N19	零分贝	王立	扶贫	北京	2016 年	创办互联网信息服务平台收取流量费用的同时,解决由基础设施薄弱、交通不便等原因造成的信息闭塞。帮助贫困户和公益机构建立连接
N20	成都朗力	朱庆海	养老	四川	2011 年	通过创办养老服务中心获取收入,同时致力于为老年人提供养老、护理、管理咨询、技能培训等综合服务
N21	惠泽人	翟雁	教育	北京	2003 年	通过售卖资源咨询业务获取收入,同时开展志愿者管理体系和培训课程回报社会
N22	十二邻	王俊晓	养老	上海	2006 年	通过利用自身品牌代理合作课程和活动获取收入,同时通过社区剧场服务于社区的弱势群体,如独居老人、外来务工者等
N23	春芽	时艳侠	助残	安徽	2003 年	通过家长缴费获取收入,同时聚焦于自闭症儿童的康复服务
N24	乐朗阅读	兰紫	助残	四川	2009 年	通过收取培训费用、售卖在线课程等方式获取收益维持企业运营,同时帮助读写困难的儿童和成人,激发他们的潜能

续表

编号	创业企业	创始人	领域	所在地区	创办时间	创业活动
N25	红丹丹	郑晓洁	助残	北京	2003 年	通过售卖盲人用具获取收入,同时致力于用声音解说技术为视障人提供无障碍文化产品服务,帮扶视障人群
N26	多背一公斤	余志海	教育	北京	2004 年	通过构建网站获取流量费用,同时鼓励旅行者为乡村小朋友带去书籍

三　变量赋值依据

QCA 方法的编码依据来源于定量研究中数据信息的整体反映（Schneider & Wagemann，2012）。本研究借鉴王节祥（2016）的研究方法对模糊集变量进行赋值。具体而言，从相关的核心文献中寻求所涉及前因和结果变量的具体的测度指标，并进一步采用打分的方式对案例样本的每个变量进行逐一的赋值编码。常见赋值方法的包括三值赋值和四值赋值，四值赋值较三值赋值而言能够更为精细地反映出样本之间的细小差异（王节祥，2016），因此，选用该种赋值方法。其中，"0.00"表示"完全不隶属"，"0.33"表示"较不隶属"，"0.67"表示"较隶属"，"1.00"表示"完全隶属"。各个变量的具体赋值标准如表 4 - 3 所示。

表 4 - 3　各变量的赋值标准

变量	赋值标准	参考文献
要素拼凑（YSPC）市场拼凑（SCPC）制度拼凑（ZDPC）	采取资源拼凑赋值为1,不采取资源拼凑赋值为0	Baker & Nelson（2005）

变量	赋值标准	参考文献
先前经验 （XQJY）	从1至5分别表示创业次数从0至4次及以上，工作年限从0至4年及以上，计算二者得分均值。4~5分赋值为1；3~4分赋值为0.67；2~3分赋值为0.33；0~1分赋值为0	McGee et al.（1995）； Li & Zhang（2007）
社会网络 （SHWL）	从网络规模和网络强度两个方面进行衡量，共11条标准。满足10条及以上赋值为1；满足7~9条赋值为0.67；满足4~6条赋值为0.33；满足3条及以下赋值为0	Stam et al.（2014）； Burt（1984）
市场导向 （SCDX）	从顾客导向、竞争者导向和部门间协调三个方面进行测度，共13条标准。满足上述标准10条及以上赋值为1；满足7~9条赋值为0.67；满足4~6条赋值为0.33；满足3条及以下赋值为0	Narver & Slater （1990）
创业导向 （CYDX）	从创新性、先动性及风险承担性三个方面进行衡量，共计9个标准。满足上述标准7条及以上赋值为1；满足4~6条赋值为0.67；满足2~3条赋值为0.33；1条及以下赋值为0	张秀娥和张坤 （2018）
环境包容性 （HJBRX）	采用5个具体指标对其进行判定和测度。满足上述标准4条及以上赋值为1；满足3条赋值为0.67；满足1~2条赋值为0.33；否则，赋值为0	Dess & Beard （1984）

（一）被解释变量的赋值依据

借鉴 Baker 和 Nelson（2005）对资源拼凑的类型划分与界定，将资源拼凑视为二分变量，采取资源拼凑行为赋值为1，不采取资源拼凑行为赋值为0。具体而言，要素拼凑判定标准为社会创业企业"是否使用了被忽视的、废弃的或被假定单一用途的资源以创造新的价值""是否将客户、供应商等利益相关者纳入工作项目中""是否利用自身或他人业余技能或专业技能为企业创造价值"。市场拼凑的判定依据为"企业是否对未被服务的市场提供低价、非标准的产品或服务，以开拓新客户"。用"企业是否尝试涉及新的领域，勇于打破行业规范或突破社会认知"这一指标对是否采取制度拼凑进行判定。

（二）解释变量的赋值依据

先前经验（XQJY）：参照 McGee 等（1995）研究成果对创业经验进行衡量，以社会创业者具体创业或合伙的次数作为衡量创业经验程度的标准，利用 5 点定距方式测量，从 1 至 5 分别表示创业或合伙的次数从 0 至 4 次及以上。对行业经验的测度借鉴 Li 和 Zhang（2007）的研究成果，以社会创业者在当前行业的工作年限作为衡量行业经验程度的标准，利用 5 点定距方式测量，从 1 至 5 分别表示工作年限从 0 至 4 年及以上。计算先前经验的得分均值，将 1~2 分赋值为 0；2~3 分赋值为 0.33；3~4 分赋值为 0.67；4~5 分赋值为 1。

社会网络（SHWL）：依据社会网络维度的划分，分别测量社会网络规模和社会网络强度两个构念。其中社会网络规模的测量基于 Stam（2014）的研究，采用"客户数量多"等 6 个标准；社会网络维度的测量基于 Burt（1984）的研究，采用"与客户的交流频度"等 5 个标准。满足上述标准 10 条及以上，赋值为 1；满足上述标准 7~9 条，赋值为 0.67；满足上述标准 4~6 条，赋值为 0.33；满足上述标准 3 条及以下，赋值为 0。

市场导向（SCDX）：市场导向的测量参照 Narver 和 Slater（1990）的研究成果，分别从顾客导向、竞争者导向和部门间协调 3 个方面对其进行测度。其中，顾客导向包括"企业致力于创造顾客价值""企业以获取顾客满意为经营目标"等 5 个标准；竞争者导向包含"企业能够对竞争者行为做出快速回应"等 4 个标准；部门间协调从"所有职能部门共同致力于顾客价值创造"等 4 个方面进行判定。满足上述标准 10 条及以上则认为其具有极高的市场导向，赋值为 1；满足 7~9 条则认为其具有较高的市场导向，赋值为 0.67；满足 4~6 条即社会企业的市场导向在某一方面较高，赋值为 0.33；

3 条及以下认为社会创业企业市场导向较低，赋值为 0。

创业导向（CYDX）：采用 Covin 和 Slevin（1989）开发的量表，从创新性、前瞻性及风险承担性 3 个方面对社会企业的创业导向程度进行判断和衡量。其中，创新性包含"企业成立之后，上架很多新的产品或服务"等 3 个标准；先动性包括"企业通常率先引入新的产品、管理方式和生产技术"等 3 个标准；用"企业偏向于获取高回报的高风险项目"等 3 个标准对风险承担性进行衡量。满足上述标准 7 条及以上则认为其具有极高的创业导向，赋值为 1；满足 4 ~ 6 条则认为其具有较高的创业导向，赋值为 0.67；满足 2 ~ 3 条即社会企业的创业导向在某一方面较高，赋值为 0.33；1 条及以下认为社会创业企业创业导向较低，赋值为 0。

环境包容性（HJBRX）：基于 Dess 和 Beard（1984）对环境包容性的研究，采用 5 个指标对其进行判定和测度，具体为"不存在威胁公司生存与发展的环境因素""所处行业中具有丰富的获利机会""容易获得外部资金的支持""容易获得生产要素，如劳动力、原材料等""容易获得专业的技术人才"。满足上述标准 4 条以上则认为环境包容性极高，赋值为 1；满足 3 条则认为环境包容性较高，赋值为 0.67；满足 1 ~ 2 条则认为环境包容性较低，赋值为 0.33；否则，赋值为 0。

四　数据收集与处理

（一）数据收集

本研究选用二手数据作为主要的数据来源，李健（2012）指出，在一手数据资料难以获取时，可以基于丰富且有效的二手数据的案例样本展开研究。此外，国内基于二手数据作为 QCA 方法的主要数据来源已有先例，例如程聪和贾良定（2016）基于二手数据对我国企业跨国并购驱动机制展开了探索。基于此，本研究从企业官方网站、创业者访谈视频、专业书籍、中国媒体新闻报道和期刊文献等多个渠道采集相关数据，构建样本资料库。详细数据来源如表4-4所示。

表4-4　资料来源

编号	数据来源	资料内容
1	企业官方网站	创业历程、发展大事记、年度报告等
2	创业者访谈视频	善淘网:10分钟;残友集团:112分钟;分享收获:121分钟;SHOKAY:77分钟;欣耕工坊:17分钟;工友之家:78分钟;无障碍艺途:35分钟;IBE:5分钟;一加一:105分钟;喜憨儿洗车:57分钟;黑暗中对话:43分钟;老爸评测:36分钟;金羽翼:42分钟;金太阳:32分钟;青聪泉:28分钟;雷励中国:15分钟;千千树:27分钟;和盛育林:65分钟;零贝:15分钟;成都朗力:20分钟;惠泽人:12分钟;十二邻:85分钟;春芽:5分钟;乐朗阅读:27分钟;红丹丹:75分钟;多背一公斤:110分钟
3	专业书籍	《中国社会创业案例集》(北京大学出版社,2012年)、《社会企业案例研究》(首都经济贸易大学出版社,2016年)、《社会企业家精神》(中国人民大学出版社,2018年)
4	国内媒体新闻报道	善淘网:21篇;残友集团:62篇;分享收获:31篇;SHOKAY:56篇;欣耕工坊:15篇;工友之家:44篇;无障碍艺途:15篇;IBE:10篇;一加一:45篇;喜憨儿洗车:17篇;黑暗中对话:12篇;老爸评测:15篇;金羽翼:22篇;金太阳:21篇;青聪泉:16篇;雷励中国:9篇;千千树:13篇;和盛育林:23篇;零分贝:10篇;成都朗力:11篇;惠泽人:7篇;十二邻:6篇;春芽:13篇;乐朗阅读:16篇;红丹丹:5篇;多背一公斤:12篇
5	期刊文献	善淘网:36篇;残友集团:45篇;分享收获:51篇;SHOKAY:32篇;欣耕工坊:25篇;工友之家:24篇;无障碍艺途:14篇;IBE:8篇;一加一:25篇;喜憨儿洗车:14篇;黑暗中对话:10篇;老爸评测:16篇;金羽翼:21篇;金太阳:18篇;青聪泉:12篇;雷励中国:8篇;千千树:15篇;和盛育林:21篇;零分贝:9篇;成都朗力:7篇;惠泽人:2篇;十二邻:2篇;春芽:1篇;乐朗阅读:0篇;红丹丹:1篇;多背一公斤:11篇

（二）编码示例

数据编码过程需严格遵循编码技术程序，且始终秉承交叉验证的思想，以确保研究的信度（王节祥，2016）。基于此，本文的第二作者与第三作者组成编码小组，第一作者为小组成员进行了详细的编码培训，具体编码过程分为 3 个步骤：首先，小组成员分别负责对同一案例进行试编码，针对编码过程出现的问题共同探讨解决；其次，小组成员分别对全部案例建立 Excel 数据库展开背对背正式编码；最后，将两者的编码结果进行比对，对不一致的结果邀第一作者参与讨论，从理论与现实相结合的角度，确定一个合适的编码值。编码过程明确变量赋值以及具体赋值依据，示例如表 4 - 5 所示。

表 4 - 5　编码赋值示例

变量	赋值	编码依据（案例编号）
XQJY	0.67	她还曾担任秘鲁首都利马小额信贷机构的顾问；乔琬珊和苏芷君在毕业前即合伙创办了非营利组织发展中创投； 她们的尝试始于 2006 年初，两人先是尝试过在昆明农村推行流动电影巴士的项目，后来又帮助开发当地的核桃副产品； 2006 年 9 月，乔琬珊拿着获得的 5 万美元创业基金，投资入股成立了美香奶酪厂（N4）
SHWL	1	罗斌是郑卫宁最好的朋友，也是最重要的合作伙伴；这样的做法在客户中得到不错的反馈，变成残友免费的口碑传播； 吕朝的恩派也和残友有很多方面的合作，郑卫宁也是恩派社会影响力投资决策委员会成员； 在政府部门的帮助下，"残友社区"从郑卫宁家搬入 300 平方米的新办公场地（N2）
SCDX	0.33	整个工作流程都体现了善淘网希望更好地为捐赠者和消费者提供便捷服务的愿望；人们来善淘网购物，首先看重的是物美价廉……"利己"的动机则让消费者会反复光顾，而每次购物行为都"顺带"着为公益做了一点点贡献，却不会成为自己的负担； 以较低的折扣在善淘网上出售，收入用来为一些公益项目"输血"，善淘网的这种模式赢得了"购物狂"们的青睐； 收取捐赠品以后，捐赠者还可以在线查询捐赠物品的情况，比如是否在整理中，是否已经上架，是否已经销售。 在善淘网上所有的数据，无论你捐了多少件，卖了多少钱，资金去往哪里，这些数据捐赠者都可以上网查到，而且善淘网每半年会发布一次透明报告。 而每一位网购者更可以通过追踪系统，查到这笔交易最终资助了谁； 在新的头脑风暴中，团队很快达成共识，把善淘网定位为一个"在线公益参与平台"（N1）

续表

变量	赋值	编码依据（案例编号）
CYDX	0.33	与做第一个项目开始的时候一样，此次项目负责人依然没有十足的把握能够取得成功； 做肥皂的工艺有很多种，但是很少有人用地沟油去做，可能还很少有人听说，但是如果用地沟油做就能实现变废为宝的效果； 自 2006 年以来，这家机构已开发了创意手工、地沟油做肥皂、咖啡渣做肥料、利乐包做盆栽等项目（N5）
HJBRX	0.67	当地政府非常关注这种从未有过的养老方式，因此这个 300 平方米的场地免费提供给朗力； 随着社会各阶层爱心人士对"朗力义工"的知晓与了解，朗力义工的队伍日渐壮大，各行各业的爱心人士积极参与； 成都朗力养老通过 2017 金牌社会企业认证，并获得奖金资助（N20）
YSPC	1	就连洗刷餐具，都是用麦麸代替化学洗涤工具，洗过餐具的麦麸还能用来作为饲料和肥料； "劳动份额"客户提前交纳 1000 多元，并需要定时到"小毛驴"参加耕种（N3）
SCPC	1	Shokay 将主要的购买人群定义为"环保市民"，即那些 20～30 岁，处于中高收入阶层的年轻人，他们通常受过良好的教育和文化熏陶，具有全球化背景，关心环境保护与可持续性发展，对于产品的原料和加工工艺非常在意（N4）
ZDPC	1	以前，视障人士要立足，大多选择了做盲人按摩师，"黑暗中对话"开业后，为视障人士提供了新的从业可能性（N11）

（三）　编码信度检验

按照两位成员对某变量的编码结果一致得 1 分，否则得 0 分的方式对编码结果的信度展开验证。基于编码数据的最高一致性得分为 208 分，两位小组成员初次编码的一致性实际得分为 174 分，一致性系数为 174/208 × 100％ ＝83.65％，表明编码信度较好（王节祥，2016）。针对不同的编码赋值结果，第一作者参与讨论，最终确定三方一致认可的赋值。编码赋值结果如表 4－6 所示。

表 4 - 6   编码赋值结果

ID	XQJY	SHWL	SCDX	CYDX	HJBRX	YSPC	SCPC	ZDPC
N1	0.67	1	0.33	0.67	0.33	1	1	1
N2	0.67	0.67	0.67	0.67	0.33	1	1	1
N3	0.33	0.67	0.33	0.67	0.67	1	0	0
N4	0.67	0.67	1	0.33	0.33	1	1	0
N5	0.67	0.67	0.67	0.33	0.33	0	1	1
N6	0.67	0.67	0.67	0.67	0.33	1	1	0
N7	0.33	0.33	0.67	1	0.67	1	1	1
N8	0.67	0.33	0.67	0.67	0.33	1	0	1
N9	0.33	1	0.67	0.67	0.67	1	1	1
N10	0.67	0.67	0.33	0	0.33	1	1	0
N11	0.67	0.67	0.67	0.33	0.33	0	1	1
N12	1	0.67	0.33	0.33	0.33	1	1	1
N13	1	0.33	0.33	0.67	0.33	1	1	1
N14	0.67	0.33	0.67	0.67	0.67	1	0	0
N15	0.67	0.67	0.67	0.33	0.33	0	1	1
N16	0.67	1	0	0.33	0.33	1	0	1
N17	0.67	0.67	0.33	0.67	0	0	1	1
N18	0.67	0.33	0	1	0.33	1	1	1
N19	0.67	0.67	0.67	0.33	0.33	0	1	1
N20	0.67	0.67	0	0.33	0.67	1	0	1
N21	0.67	0.33	0.33	0.33	0.33	1	1	0
N22	0.67	1	0.33	0.33	0.67	1	1	1
N23	1	0.33	0.67	0.33	0.67	1	0	1
N24	1	0.33	0.67	0.67	0.67	1	1	1
N25	0.67	0.67	0.33	0.33	0.67	1	1	0
N26	0.33	0.67	0.67	1	0.33	0	0	1

第四节   研究结果

一   单个条件的必要性分析

在运用 fsQCA 对数据进行分析之前，需要检验单个前因条件是不是构成结果发生的必要条件。就本研究而言，必要条件指的是在所有能产生资源拼凑行为的前因构型中，必须出现的条件。通常采用一致性水平判定某前因条件是不是结果发生的必要条件，当一致性水平高于 0.9 时，则可以认为该条件是结果发生的必要条件（Ragin，2009）。表 4 – 7 为使用 fsQCA3.0 软件分析结果发生的单个必要条件检验结果。从表中可知，所有条件的一致性水平均低于 0.9，表明单个前因条件对结果发生的解释力度较弱（Ragin，2009），即五个前因条件中不存在要素拼凑、市场拼凑及制度拼凑的必要条件。

表 4 – 7　单因素必要性分析

前因条件	YSPC		SCPC		ZDPC	
	Consistency	Coverage	Consistency	Coverage	Consistency	Coverage
XQJY	0.6850	0.7883	0.6863	0.7503	0.6858	0.7497
~ XQJY	0.3150	0.7309	0.3137	0.6914	0.3142	0.6926
SHWL	0.6000	0.7490	0.6326	0.7503	0.6321	0.7497
~ SHWL	0.4000	0.8016	0.3674	0.6994	0.3679	0.7004
SCDX	0.4670	0.7174	0.5268	0.7688	0.4926	0.7189
~ SCDX	0.5330	0.8213	0.4732	0.6926	0.5074	0.7427
CYDX	0.5335	0.7621	0.5263	0.7143	0.5789	0.7857
~ CYDX	0.4665	0.7775	0.4737	0.7500	0.4211	0.6667
HJBRX	0.4830	0.8541	0.4021	0.6755	0.4200	0.7056
~ HJBRX	0.5170	0.7039	0.5979	0.7733	0.5800	0.7502

二　条件组态的充分性分析

不同于上述单个因素的必要性分析，组态分析揭示的是多个前置因素组合而成的组态所引致结果产生的充分性分析。其通常采用一致性标准对组态的充分性进行判定（张弛等，2017），但具体的计算方法与上述的必要条件分析有所不同，0.75 被认为是判定充分性水平的最低门槛值（Schneider & Wagemann，2012）。就以往研究来看，研究者们依据具体的研究情境设置了不同的一致性门槛值，如程聪和贾良定（2016）选用 0.8 作为一致性门槛值；张明等（2019）则选用 0.76 作为该组态可接受的最低标准。此外，案例频数阈值也是影响可接受条件组态的重要标准之一，除了依据样本规模设定，即对中小规模的样本而言，频数阈值设为 1，对大样本来说，案例频数阈值应设置为 2 及以上（Schneider & Wagemann，2012），还需要考虑案例的分布情况以及研究者对案例的熟悉程度。具体到本研究，在充分考虑案例的覆盖率以及降低矛盾组态的基础上，将本研究的一致性阈值设置为 0.78，案例频数阈值设置为 1。

结合现有的理论与实践经验，本研究设定社会网络为资源拼凑行为发生的反事实前因条件，运用 fsQCA3.0 软件输出得到三种复杂程度不同的解，即复杂解、中间解和简洁解。简洁解是综合简单类和困难类反事实分析，进而得出与结果变量高度相关的核心要素，而中间解仅采用简单类反事实分析，能够得出与结果变量因果关系较弱的辅助要素。因此，结合中间解，辅之以简洁解能够清晰地了解每个因素在结果发生的过程中是核心要素还是辅助要素（Ragin，2009；Fiss，2011）。表 4-8 为五个前因要素构成的组态对要素拼凑、市场拼凑及制度拼凑行为发生的结果分析。参照 Ragin（2009）和 Fiss（2011）的结果呈现形式，用"●"代表该条件存在，"⊗"代表该条件不存在，其中，大圈代表该因素为核心要素，小圈代表该因素为辅助要素。空白格表示组态中该条件可存在亦可不存在，为无关紧要的条件。

如表 4-8 所示，要素拼凑、市场拼凑及制度拼凑各呈现 1 种前因组态，无论是单个路径的一致性还是总体解的一致性均高于可接受的最低门槛值 0.75（Schneider & Wagemann，2012），三组前因组态的总体覆盖度分别为 0.383、0.438、0.366，同管理学领域的 QCA 研究基本持平（张明等，2019）。表 4-8 中的 3 种组态依次可视为要素拼凑、市场拼凑及制度拼凑行为的充分条件组合。从表格纵向看来，组态 1（XQJY * SHWL * ~ SCDX * ~ CYDX）中，先前经验的存在、市场导向及创业导向的缺席在要素拼凑行为发生的过程中发挥了核心作用，社会网络的存在发挥了辅助性作用。该组态的一致性达 0.823，净覆盖度为 0.383，共覆盖了 6 个案例。组态 2（XQJY * SHWL * SCDX * ~ HJBRX）为市场拼凑行为发生的充分条件，先前经验、社会网络和市场导向的存在为市场拼凑行为发生的核心条件，环境包容性的缺席发挥了辅助性作用。该组态的一致性和净覆盖度均为 3 组组态中最高，其中，一致性为 0.835，净覆盖度为 0.438，覆盖的案例数达 7 个。组态 3（XQJY * SHWL * ~ SCDX * CYDX * ~ HJBRX）中，先前经验、创业导向的存在及市场导向、环境包容性的缺席为核心条件，社会网络的存在为辅助条件。该组态一致性为 0.808，净覆盖率为 0.366，共覆盖了 2 个案例。从表格横向来看，可以发现先前经验和社会网络的存在出现在所有组态中，说明这两个条件对资源拼凑行为发生的重要性，尤其是社会网络在 3 组组态中均为核心条件，更体现了社会网络对于资源拼凑行为发生的重要促进作用。

表 4-8 要素拼凑、市场拼凑、制度拼凑的前因组态分析

前因条件	构型 1	构型 2	构型 3
先前经验	●	●	●
社会网络	●	●	●
市场导向	⊗	●	⊗
创业导向	⊗		●
环境包容性		⊗	⊗

续表

前因条件	构型 1	构型 2	构型 3
一致性	0.8226	0.8345	0.8081
原始覆盖度	0.3825	0.4379	0.3658
净覆盖度	0.3825	0.4379	0.3658
总体解的一致性	0.8226	0.8345	0.8081
总体解的覆盖度	0.3825	0.4379	0.3658

注：构型 1 为要素拼凑的前因条件构型；构型 2 为市场拼凑的前因条件构型；构型 3 为制度拼凑的前因条件构型。

第五节 理论解释

一 要素拼凑行为的前因组态

兼顾经济目标与社会使命使社会创业企业通常面临较为严峻的要素资源困境，绩效记录不足使社会创业企业难以获取外部资金（厉杰等，2018），低营利性使人才流失严重，组织成员的非专业性使内部专业技能缺失。在这样的情形下，社会创业企业倾向于选择采取低市场导向和低创业导向的战略姿态以节约资源，将维持企业的生存与稳定放在首位。这意味着企业既不过分关注市场与竞争者的动向（孙永磊等，2018），也不投入过多资源追求市场的突破与产品的创新（王国红等，2018），而是倾向于充分了解和运用手头的现有资源，遵循"物尽其用"的原则压低成本，以渡过企业资源匮乏的难关。然而，手头资源能否真正做到"物尽其用"还与创业者的先前经验和社会网络密切相关。社会创业者的先前经验与社会网络能够间接地抵消由采取低市场导向与低创业导向战略所带来的负面影响。一方面，社会网络是企业获取外部信息和资源的良好渠道,丰富的社会网络意味着企业拥有更多的资源节点和信息渠道,从而有更大概率获取异质性资源和信息,为企业尝试各种要素资源的组合提供了可能,无形中推动了企业的创新和先动(黄艳等,2017)。另一方面,先前经验丰富意味着创业者积累了大量的行业经验,对市场知识、顾客偏好较为了解,即使采取低市场导向战略,也能够凭借早期的经验保持对资源的敏感度,对资源展开有针对性地配置利用(买忆媛和徐承志,2012)。总体而言,当社会创业企业采取低市场导向结合低创业导向战略姿态时,社会网络能够获取异质性资源推动企业的创新与先动;先前经验使企业保持对资源的敏感度,提升了拼凑效率。社会网络和先前经验为企业采取要素拼凑提供了基础,弥补了采取低市场导向和低创业导向所带来的弊端,推动了社会创业者开展要素拼凑行为。

体现组态 1(XQJY * SHWL * ~SCDX * ~CYDX)的典型案例为分享收获(N3)。“分享收获”采取的是低市场导向与低创业导向结合的战略,既不过分关注国内农产品行业动向与竞争者动态,也不追逐创新、冒险的机遇,仅仅专注于将新型农业经营模式引进中国。早期在美国农场实习和创建“小毛驴市民农场”的经历为石嫣积攒了丰富的先前经验,使石嫣对顾客偏好和资源利用十分了解。同时,石嫣凭借自身的社会网络获取了大量的异质性资源,推动了“分享收获”的创新与先动,例如,石嫣的导师辟出 20 亩农田表示支持,这推动了石嫣快速且先于对手展开实践活动。低市场导向和低创业导向战略为企业定下“物尽其用”的基调,先前经验和社会网络弥补了两种战略姿态的弊端,同时为石嫣开展要素拼凑提供了良好的基础,在这些因素的共同作用下,石嫣通过采用麦麸代替化学洗涤工具,用洗过餐具的麦麸用作饲料和肥料,用微生物分解粪便污物,邀请客户参与耕种等方式解决企业要素资源匮乏的困境。

命题1：在社会创业企业采取低市场导向和低创业导向策略时，高先前经验和高社会网络的共同作用能够促使企业采取要素拼凑行为。

二　市场拼凑行为的前因组态

在环境包容性较低的情况下，社会创业企业难以从外部环境中获取人力、资金、物料的支持，同样难以吸引技术人才青睐、商业金融机构投资等，企业只能依靠自身的力量求得存活和发展（Dess & Beard，1984）。社会创业形式新颖，面临的市场复杂且特殊，既有金字塔底层被商业市场所忽视的帮扶对象，又有传统的"慈善商业顾客"（刘玉焕和井润田，2014）。因此，社会创业企业倾向于采取市场导向策略，了解顾客的偏好与市场的变动，以期在较为成熟的市场体制中找到盈利机会。不同于商业创业、慈善组织等较为成熟的组织形式拥有稳定顾客群，社会创业企业倾向于通过市场拼凑开拓潜在的市场，拓展更为广泛的目标消费群体，以获得更强的"造血能力"，维持企业的生存与发展（彭伟等，2019）。若此时社会创业者具有丰富的先前经验和社会网络，就会不断强化市场拼凑的念头，从而将市场拼凑的想法转为实践活动。就先前经验而言，一方面，对所处市场知识、行业信息深刻的理解提升了社会创业者对行业趋势的警觉性；另一方面，创业经历也提升了社会创业者对风险的预测和承担能力（买忆媛和徐承志，2012），丰富的先前经验使社会创业者对市场需求和顾客偏好熟稔于心，有针对性地对市场进行拼凑能够大大降低市场拼凑的失败概率，进而提升了创业者展开市场拼凑的信心（汤淑琴等，2014）。此外，丰富的情感性网络和政府支持性网络也为社会创业者提供了情感和政策上的支持，大大鼓励了社会创业者开辟新领域的激情。当社会创业者试图挖掘潜在市场时，创业者丰富的商业网络也为其提供了诸多便利，例如，降低了寻找合作伙伴的交易成本等。总体而言，在环境包容性较低的情况下，社会创业企业倾向于选择市场导向策略以求得生存和发展的机会，其面临市场的特殊性又促使其萌生市场拼凑的念头。在丰富的先前经验和社会网络的激励下，创业者通常会将市场拼凑的念头转为实践活动。

市场拼凑的代表性案例为SHOKAY（N4），SHOKAY的创始人乔琬珊在对顾客和市场进行深入调研的基础上，认为牦牛绒是值得挖掘的潜在市场，且中高收入、受过良好教育、对自然环保高度在意的市民群体是其受众，因此，其萌发了将牦牛绒引入市场的念头。一方面，乔琬珊早期参与过公益项目的创建且在公益行业中积攒了丰富经验，能够准确识别可利用的手头资源，对市场的开拓充满信心；另一方面，乔琬珊凭借与银行、品牌商、藏族牧民等利益相关者建立的关系网络获得了外部支持和鼓励。在丰富的先前经验和社会网络共同激励下，乔琬珊推动了牦牛绒这个潜在市场的开拓与发展。

命题2：在环境包容性较低且社会创业企业采取市场导向策略时，高先前经验和高社会网络的共同作用能够促使企业采取市场拼凑行为。

三 制度拼凑行为的前因组态

社会创业新颖的组织形式、独特的社会使命以及不明确的相关法律法规通常遭受公众的质疑，社会创业企业面临环境包容性较低的窘境，因此迫切需要跨越合法性的"大山"（彭伟等，2019）。在这种情况下，企业可以采用低市场导向与高创业导向相结合的战略，构建新的产品或运作模式，尽力突破社会大众的认知偏差，推动企业的发展。具体而言，采取低市场导向与高创业导向姿态的社会创业企业不过度关注现有大众认知和市场的规范规制，不投入较多资源迎合现有的顾客需求，而倾向于快速抓住具有潜力的未知机会，敢于投入大量资源对产品、服务或模式进行改造与创新，进而迅速构建一种不同于以往的、全新的产品或运作模式，由此产生制度拼凑的源头（祝振铎，2015；姚梅芳等，2018）。先前经验能够促进社会网络的形成（汤淑琴等，2014），而社会网络是推动该产品或运作模式获取合法性的重要因素。一方面，基于地缘、血缘、亲缘等形成的情感性网络成员能够成为该企业的首批客户，并通过对产品进行低成本且高效的裂变式推广扩散至全体受众，进而帮助企业在认知层面获取合法性（苏郁锋等，2019）。另一方面，政府部门的宣传和倾向性政策能够缓解大众认知，虽然规范和规制在短时间内难以打破，但拥有丰富商业网络和政府支持性网络也能够帮助企业尝试构建新的行业规范和制度（白彦壮等，2016；苏郁锋等，2019）。总体而言，环境包容性较低驱使企业获取外部合法性，基于创业导向而构建的新的产品或运作模式成为企业制度拼凑的源头，在先前经验和社会网络的辅助下，社会创业者得以顺利开展制度拼凑行为。

制度拼凑在善淘网（N1）的案例中有所体现，周贤率先将电子商务与慈善商店相结合的形式引入国内，创造性地打造了国内线上公益平台。但线上线下相结合的运作模式在国内尚无先例，面临合法性的不足。周贤一方面吸纳亲朋好友作为慈善商店的首批捐赠者和顾客，凭借他们的口口相传获得了一定的认知合法性；另一方面，社区、政府的宣传也帮助善淘网缓解了大众的认知。善淘网雇用残障人士进行非核心的外包业务，在解决残障人士就业困难的同时，也缓解了劳动力资源紧缺的问题。这种"授人以渔"的慈善效应打破了以往人们对残障人士不具备就业能力的认知，也突破慈善活动不可持续地一次性捐钱、捐物的传统公益模式。

命题3：在环境包容性较低时，若社会创业企业采取创业导向，高先前经验、高社会网络的共同作用能够促使企业采取制度拼凑行为。

四　社会创业企业资源拼凑行为的前因组态

为了便于理解与比较，本文依据上述分析对不同类型的资源拼凑行为及其前因组态进行了总结，具体内容如表4－9所示。

表4－9　社会创业企业不同类型资源拼凑的前因组态总结

拼凑类型	组态视图	典型案例	研究命题
要素拼凑	社会网络 / 市场导向 / 创业导向 ⇒ 要素拼凑	石嫣凭借丰富的先前经验以及社会网络,弥补了采取低市场导向和低创业导向带来的弊端,有效解决了社会创业企业要素资源匮乏问题	命题1:在社会创业企业采取低市场导向和低创业导向策略时,高先前经验和高社会网络的共同作用能够促使企业采取要素拼凑行为
市场拼凑	先前经验 / 社会网络 / 市场导向 ⇒ 市场拼凑	乔琬珊最初萌生了开发牦牛绒市场的想法,她从先前经验中获得了信心,从社会网络中得到了支持和鼓励,进而促使乔琬珊成功挖掘了潜在顾客,开辟了牦牛绒市场	命题2:在环境包容性较低且社会创业企业采取市场导向策略时,高先前经验和高社会网络的共同作用能够促使企业采取市场拼凑行为
制度拼凑	社会网络 / 市场导向 / 创业导向 / 环境包容性 ⇒ 制度拼凑	善淘网采用低市场导向与高创业导向结合的战略姿态,引入创新的运作模式。在先前经验和社会网络的支持下,获取了外部合法性,成功推动了社会认知的变化	命题3:在环境包容性较低时,若社会创业企业采取创业导向,高先前经验、高社会网络的共同作用能够促使企业采取制度拼凑行为

注：组态视图中仅图示核心条件，其中，黑色方框表示核心条件存在，白色方框表示核心条件缺席。

第六节　结论与讨论

一　研究结论

本研究以 26 家社会创业企业为样本，运用 QCA 方法整合先前经验、社会网络、市场导向、创业导向及环境包容性 5 个条件因素，探讨影响社会创业企业资源拼凑的因果复杂机制。结果发现，社会创业企业不同类型的资源拼凑具有不同的前因组态。高先前经验、高社会网络、低市场导向、低创业导向的协同联动激发社会创业企业要素拼凑行为；高先前经验、高社会网络、高市场导向、低环境包容性的协同联动激发社会创业企业市场拼凑行为；高先前经验、高社会网络、低市场导向、高创业导向、低环境包容性的联动作用激发社会创业企业制度拼凑行为。

二　理论贡献

本文的理论贡献主要体现在如下两个方面。①探索了不同层面因素对资源拼凑行为的联动作用，丰富并拓展了资源拼凑前置因素的研究范畴。现有研究大多局限于个体、组织、环境某一层面探讨资源拼凑行为的影响因素，整合 3 个层面不同要素的协同关系，联动影响社会创业资源拼凑的内在作用机制尚不明确。创业过程是一个涵盖多层面要素的运营过程，探讨不同层面因素的联动作用具有一定的价值（邓巍等，2018）。本研究基于"个体—组织—环境"这一解释框架，基于 fsQCA3.0 软件展开分析，结果表明社会创业企业资源拼凑行为受到了先前经验、社会网络、市场导向、创业导向及环境包容性这五个因素的联动效应影响。对邓巍等（2018）

154

提出的"未来需采取全局性的方法，深入探究不同要素之间的协同作用对资源拼凑行为的影响"做出了回应。②关注了不同类型资源拼凑行为的前因作用，补充并深化了资源拼凑类型的研究成果。与以往将资源拼凑视为整体变量不同，本研究依照 Baker 和Nelson（2005）的资源拼凑类型的划分，对要素拼凑、市场拼凑与制度拼凑三种类型的前因展开了探究，并证实了不同类型的资源拼凑行为具有不同的驱动机制，得到了一些有意义的研究成果。如若社会创业企业采取了低市场导向和低创业导向的策略，且创业者同时拥有丰富的先前经验和社会网络，在这些因素的共同促进下，社会创业企业有很大概率会采取要素拼凑策略；社会创业企业若选择采取市场导向策略，在丰富的先前经验及社会网络的促进下，市场拼凑会更受到企业的青睐。本研究在填补了相关研究空白的基础上，也响应了于晓宇等（2017）"关注资源拼凑分类研究，探索其内在机理"的号召。

三　实践启示

本研究结论对社会创业企业有效应对资源约束情境具有重要的实践启示。第一，注重先前经验的积累和社会网络的构建。从研究结果来看，不论企业欲采取哪种拼凑类型，先前经验与社会网络都是至关重要的推动因素。因此，社会创业者应不断积累经验，提高对资源的敏感度，同时维持好自身与利益相关者的网络，以获取外部信息和资源的支持，从而为资源拼凑做好准备。第二，协调不同层面因素的作用。对社会创业行为而言，除了在个体层面注重先前经验的积累和社会网络的构建外，组织层面的战略选择与外部环境影响对资源拼凑行为也至关重要。因此，需要社会创业者树立全局性的思维，同时关注社会创业企业个体层面、组织层面以及环境层面的影响因素。具体而言，社会创业企业若有意采取要素拼凑策略，可以采取低市场导向与低创业导向的战略姿态以节约内部资源，同时注重社会网络关系的构建，多向创业经验丰富的创业者学习经验以提高自己的技能与行业知识水平。第三，选择合适的资源拼凑类型。在社会创业过程中，应考虑企业自身的优劣势所在，选择采取不同类型资源拼凑策略，充分开发现有的资源。一般性的资源通常被认为是无用的，但企业可以通过采用不同拼凑策略为其赋予新的生命，有针对性地采取拼凑策略，创造出"无中生有"、超越资源既有价值水准的产品。

第五章 资源拼凑对社会创业企业 成长的作用机理研究

本章报告为子研究三的内容，着重探讨资源拼凑影响社会创业企业成长的内在作用机制。社会创业凭借其创新性地解决社会问题的方式在全球呈蓬勃发展之势，逐渐成为突破市场和政府失灵、构建和谐社会的新模式。随着经济改革进入深水区，我国隐藏的社会问题开始曝光于大众视野，无论是早先的食品安全事件还是近期留守儿童的教育问题，都说明市场和政府在社会问题解决上的部分缺位，社会创业成为推动社会变革的重要力量（刘振等，2014）。在创业热潮方兴未艾的情势下，不少社会创业企业应运而生，但是现实中能够实现稳健成长的社会创业企业数量并不尽如人意（Sengupta Sahay，2017）。2016年《中国青年公益创业调查报告》显示，我国有高达81.98%的社会创业企业面临资源缺乏和合法性不足的发展困境。我国社会创业企业亟须突破资源困局的现状迫切需要理论指导，现有文献主要从社会创业企业的概念、内涵、特征、绩效等方面进行研究（Phillips et al.，2015），较少涉及社会创业企业成长方面的议题，那么在社会创业企业成长过程中，究竟哪些因素可能影响社会创业企业成长？其内在机制又是怎样的？针对此问题的探究具有重要的现实意义。

经济转型情境下，新创企业的绩效记录不全与信息不对称造成资源所有者对其评估低效，继而难以有效获取外部资源，同时市场要素的缺失使企业获得资源的成本过高，这些问题对传统的资源基础观有效应对新创企业成长困境提出挑战（祝振铎和李新春，2016）。因此，创业者不得不依靠手头资源，创造性地对其进行整合和利用，自力更生，由此形成"资源拼凑"的概念（Baker & Nelson，2005），并将这个概念引入创业领域进行研究。与一般商业创业相比，社会创业企业由于其组织结构的新颖性和企业目标的双重性，在资源获取方面面临的挑战更加令人畏惧（薛杨和张玉利，2016）。资源拼凑为社会创业企业的生存和发展提供了可能，部分学者也对此展开探索。Desa 和 Basu（2013）研究指出，社会创业企业为应对资源稀缺，往往摒弃最优资源配置，采取资源拼凑的模式来支撑企业发展，但是尚未对其作用机制做出探讨。此外，学者发现资源拼凑并不总是有利于企业成长的，比如 Senyard 等（2014）发现资源拼凑正向驱动新创企业绩效，但随着企业成长，资源拼凑的正向作用开始减弱甚至阻碍企业发展。祝振铎和李新春（2016）指出，社会创业企业成长具有动态性，不同阶段的资源拼凑与企业成长之间呈现竞争或协同平衡的关系特征，说明资源拼凑与社会创业企业成长之间存在复杂的作用机制。总的来说，资源拼凑对于创业企业成长具有积极影响（Baker & Nelson，2003），然而，资源拼凑的结果存在不确定性或潜在的缺陷（于晓宇等，2017）。手头资源可能是不符合行业规定或惯例的资源，不能有效预测拼凑结果能否达到理想效果；不同类型和内容的资源拼凑具有不同的特点，其对创业企业的成长作用可能不同（方世建和黄明辉，2013）。与商业创业企业相比，社会创业企业包含经济层面与社会层面的成长，其成长过程可能更为复杂，因此明晰具体的资源拼凑组合对社会创业企业成长的影响机制，对讨论资源拼凑的效果研究至关重要，但学界尚未对此进行探讨。

资源拼凑能够有效破解社会创业企业资源约束的困境，但其具体的作用机制仍处于"黑箱"状态，组织合法性的引入为我们研究这一问题提供了思路（Tasavori 等，2018）。社会创业企业往往会因为其新颖的组织形式和服务理念在规制、规范和认知等方面备受质疑（厉杰等，2018），这些合法性缺陷成为阻碍社会创业企业稳健成长的"壁垒"（杜运周和张玉利，2009）。在我国相关法律不健全和社会大众缺乏客观认识的情境下，社会创业企业如何实现合法化来获取市场和大众的认可，进而实现自主经营、自负盈亏，而非过分依靠外部资源投入的稳健成长已成为社会创业企业发展过程中面临的主要理论问题和实践挑战（刘振等，2016）。然而，现有文献主要分析组织合法性对商业新创企业的重要性，缺乏针对社会创业企业这类具有双重目标企业成长问题的探索。在中国转型经济情境下，社会创业企业面临更加复杂的制度环境和公众认知氛围，其合法性组成具有独特性，而且不同类型的合法性在社会创业企业成长的各阶段有不同的意义，探讨社会创业企业如何通过资源拼凑获取组织合法性有助于深化社会创业的内涵（王晶晶和王颖，2015）。

鉴此，子研究三将聚焦于社会创业企业这一特定的研究对象，主要就"社会创业企业成长过程模型"做出理论阐释，以期能回答"社会创业企业如何实现成长"这一根本性问题。具体而言，子研究三将整合资源拼凑和组织合法性理论，运用严谨的扎根理论方法，通过对四家不同服务领域的社会创业企业样本开展多案例研究，剖析社会创业企业成长路径的过程机理，构建"资源拼凑—组织合法性—社会创业企业成长"的理论模型，以期一方面丰富和拓展社会创业理论研究，另一方面为指导我国社会创业企业成长实践提供相应的启示。

第一节　理论基础

一　社会创业企业及其成长的相关研究

随着实践界中社会创业之势方兴未艾，理论界对社会创业也展开相关研究。目前，关于社会创业的研究大都集中于现象描述、理论探讨等方面（傅颖等，2017），学者主要从社会创业的运作方式、创新性以及多维度等三个角度来阐释社会创业（Cristina et al.，2012；Dees，2012），但尚未对社会创业的内涵定义形成共识，社会创业的本质在于以经济营收为前提，通过将经济收益再投资于社会事业中，不断创造社会价值并解决社会问题（刘振等，2017），即商业化方式是手段，社会创业的最终目标是解决社会问题。因此，作为社会创业的表现形式，社会创业企业则是以追求社会价值为首要目标，以营利为次要目标，通过商业化手段获取经济收益，继而将所得盈余投入解决社会问题的创业实践中去的新型组织。

社会创业企业成长是创业研究的新兴领域之一，现有研究主要沿着以下两个途径展开。

（一）对社会创业企业成长的界定和测量

社会创业企业成长融合了社会福祉和商业利益的双重愿景（Hynes，2009；Stevens et al.，2015），包括经济层面和社会层面的成长，其中经济层面的成长性体现在产品和市场两方面。一方面，关于产品成长是指产品供给的扩张，体现在社会创业企业活动规模的扩大;另一方面,市场成长则是依靠企业的核心产品和服务并且不断开发新的顾客群体。社会层面的成长则趋于多元化,主要体现在增加就业岗位、缩小贫富差距、保护环境、增进社会福利等可感知、可观察的新增社会价值(Pless,2012)。Yunus 等(2010)通过案例研究发现社会创业企业在成长的不同阶段,其经济层面和社会层面的发展侧重点也会动态调整。

(二)社会创业企业成长的驱动因素研究

现有研究发现社会创业企业的使命目标、过往烙印、创业导向以及资源调动能力等企业内部因素有助于社会创业企业的成长(Luke & Chu,2013;Desa & Basu,2013;Battilana et al.,2015;Liu et al.,2015),还有学者研究发现市场失衡以及外部利益相关者诉求等因素对社会创业企业的成长也具有积极作用(Corner & Ho,2010),Georgae 等(2015)通过对印度一家医疗企业的案例研究发现,处于经济不发达地区的社会创业企业需要利用商业模式与治理模式的开放性创新以达到制度创业的目标,进而促使社会创业企业获得更好的成长。总的来说,目前关于社会创业企业成长的研究还处于现象驱动的探索阶段,较少关注对社会创业企业成长机制的探讨。

二 资源拼凑的相关研究

Baker 和 Nelson(2005)最早将"拼凑"概念引入创业研究领域并提出资源拼凑理论,形成"凑合利用"、"突破资源约束"和"即兴创作"(Lennerfors & Rehn,2014)三个核心概念。这三个核心概念从不同角度阐述创业过程中的资源拼凑特点,得到大多数学者的认同(祝振铎和李新春,2016)。其中,"凑合利用"指的是利用手头资源来实现新的目的和开发新的机会(孙红霞和马鸿佳,

2016），侧重于对资源的创新性利用；"突破资源约束"一般是指创业者通过突破资源传统利用方式的束缚，利用手头资源实现既定目标，不让资源、制度、环境等障碍限制企业的成长和发展，这体现了创业者的创新意识和创造创业价值所必需的可持续的创业能力（Zahra et al.，2009）；"即兴创作"与前两个概念相互交融，是指创业者在凑合利用手头资源、突破资源约束的过程中必须即兴发挥，运用创新手段实现创业目标（方世建和黄明辉，2013）。总的来说，资源拼凑正是在资源不利的环境下打破资源瓶颈、识别和开发新机会、提升优化资源配置能力，从而克服创业企业"新进入者缺陷"进而构建其竞争优势。

对于资源拼凑的具体类型，学者主要依据资源形态、拼凑对象、拼凑动机以及拼凑导向等标准对其进行划分（刘露和郭海，2017）。Baker 和 Nelson（2005）将资源拼凑根据拼凑对象分为实物拼凑、人力拼凑、技能拼凑、市场拼凑以及制度拼凑。有学者从拼凑动机的角度将资源拼凑分为需求拼凑和构想拼凑，前者以满足资源需求为动机，后者则以满足资源价值为动机（Desa & Basu，2013）。总的来说，基于对象的拼凑具有不同的适用情境，每一种拼凑对象的作用方式可能存在差别（于晓宇等，2017），需要深入探讨其作用机制。社会创业企业面临严重的资源约束，强调利用资源拼凑的解决方案则有利于社会创业企业各项功能正常运转，现有研究发现资源拼凑有利于社会创业企业在资源短缺情境下顺利实施营销策略从而实现成长（Kannampuzha & Suorant，2016）。Sunduramurthy 等（2016）指出成功的社会创业者在突破资源束缚时都会采用资源拼凑战略，充分说明了资源拼凑对社会创业企业成长的重要性。但不同类型的资源拼凑与绩效的关系、影响强度取决于手头资源和绩效的界定（方世建和黄明辉，2013），资源拼凑与社会创业企业成长的关系可能会因资源拼凑类型的不同而产生不确定性，而现有研究缺乏对其中作用机制的探讨。

三　组织合法性的相关研究

合法性对组织生存和成长具有重要影响，引起了学术界的广泛关注。现有研究主要从以下两个方面展开。

一是对合法性概念的界定和分类，比如 Suchman（1995）认为合法性指的是组织行为在一定社会结构的标准、价值、信仰以及定义体系内是合意的、正当的与适合的，两者均强调了组织与所处环境的匹配以及在此基础上利益相关者的认可（陈怀超等，2014）。Bitektine 和 Haack（2015）从评价角度指出合法性是利益相关者对组织行为的评价，即利益相关者对组织的可接受程度。也有学者对组织合法性的维度进行了划分，Scott（1995）从规制、规范和认知三方面考察创业企业与法规、标准和价值系统的一致性程度；Suchman（1995）基于工具性视角和道德视角提出实用合法性和道德合法性，前者描述企业对利益相关者期望与需求的满足程度，后者则反映了企业行为活动与社会信仰和福利的一致性程度；Dacin 等（2007）从战略联盟角度切入，指出组织合法性可以划分为市场合法性、投资合法性、关系合法性、社会合法性以及联盟合法性。

二是从制度视角、行为视角以及资源视角对创业企业合法化问题展开探讨（Suchman，1995；Ruebottom，2013；Drees & Heugens，2013；杜运周和张玉利，2012；马蓍等，2015）。比如 Ruebottom（2013）通过案例研究发现社会创业者善用修辞策略，可以将创新与制度保持一致化以获得企业合法性；杜运周和张玉利（2009）

研究指出企业在面临制度管制、价值观与外部环境不确定时，会通过默认、妥协、回避、反抗以及操纵等五种合法化战略获取合法性。总的来说，现有关于组织合法性的研究已取得较大进展，但主要集中于商业创业领域，对社会创业合法性的获取机制研究相对较少。社会创业企业因其先动性与创新行为，在市场信息不对称、制度标准不匹配、先验知识不对等以及需求偏好未形成的情境下，其经营活动与理念可能超越现有公众的认知水平，引起同行业不满、投资者质疑和顾客不信任问题（田宇和杨艳玲，2017），其成长过程必然会受到合法性的约束，并且不同类型的合法性在社会创业企业成长阶段的作用可能不同（厉杰等，2018），企业如何配置现有资源进行合法化战略的选择和决策还有待研究。

四 现有研究评价

基于以上对社会创业企业成长、资源拼凑以及组织合法性相关研究的梳理，本研究发现现有文献存在如下不足。①现有文献大多集中于对社会创业内涵、影响因素和创业过程要素的研究，缺乏对社会创业企业成长过程的内在机理探究。②既有文献尚未探讨不同内容资源拼凑的作用机制，也缺乏从动态视角研究资源拼凑与社会创业企业成长的关系。社会创业企业成长路径尚未被揭示，存在较大的理论"缺口"，而这一问题，正是社会创业企业从"活"到"强"的关键。因此，本研究试图通过多案例研究深入探讨我国社会创业企业的成长机制问题，具体挖掘不同类型的资源拼凑推动相应合法性的获取，进而促进社会创业企业经济层面的增长和社会层面价值实现的内在作用机理，由此构建"资源拼凑—组织合法性—社会创业企业成长"的理论模型。

第二节　研究设计

一　研究方法

本研究聚焦于资源拼凑如何影响社会创业企业成长，这是学术界尚未研究充分的问题，而多案例研究法有助于对社会实践中涌现出的新现象做出合理解释，是构建和验证理论的有效方法（Eisenhardt，1989）。具体而言，采用多案例方法的原因有以下三点：一是本研究探讨社会创业企业如何整合资源以实现企业成长，适合使用案例研究来回答"如何"的问题以及揭示社会创业企业成长的过程机理（Eisenhardt，1989）；二是多案例研究适用于解释企业管理的实践活动、行为方式的差异性及原因，并且能够突出情境、展示过程和揭示关系（Edmondson 和 Mcmanus，2007），处于转型经济情境下的社会创业企业成长可能具有独有的特征，这种现象驱动的研究需要通过多案例研究来深入探究现象的发生过程；三是相较于单案例研究，遵循多案例研究的"复制"逻辑以及比较分析思路可以得到更稳健的结论（Yin，2017）。

二　案例选择

针对研究问题，本研究按照如下标准来选择案例。首先，本研究探讨的是社会创业企业的成长问题，选取的企业样本成立时间均为三年以上，一方面，该类企业度过了风险极大的创建期，已步入成长期，符合研究问题的情境和对象；另一方面，企业成立时间较长，便于获取足够的案例资料进行案例分析。其次，所选社会创业企业样本来自不同的服务领域。在社会创业企业成长过程中，服务

165

领域的差异会使社会创业企业对经济目标和社会目标的侧重点进行动态调整（Corner & Ho，2010），有助于挖掘其成长路径。最后，所选案例企业必须具有一定的典型性，即在相关服务领域内具有较高的发展水平和知名度，一定程度上代表了社会创业企业在该领域的发展方向。基于以上筛选标准，本研究选取善淘网、SHOKAY、分享收获以及无障碍艺途作为研究样本，样本基本情况如表5-1所示。

表 5-1　案例企业概况

名称	善淘网	SHOKAY	分享收获（CSA）	无障碍艺途
主要服务领域	助残	扶贫	食品安全	助残
所在地区	浙江	上海	北京	上海
创办年份	2011	2006	2010	2010
主要业务	互联网慈善义卖	生产牦牛绒产品	绿色生态构建	特殊人群艺术教育
主要人力	残疾人	藏区牧民	农民	设计师志愿者
顾客群体	大众消费者	中高端消费者	社区消费者	大众消费者
发展现状	业务模式逐渐趋于稳定电子商务平台	目前社会企业中的典范企业，实现了牦牛绒产业链的构建	在中国处于迅速发展阶段的新型农业模式	现已在上海、北京等城市开展众多项目活动

三　数据收集

本研究选择二手资料作为主要数据来源，苏敬勤和刘静（2013）指出，研究者可以基于具有丰富有效二手资料的案例样本进行案例研究，国内也已有案例研究采用二手资料作为数据来源，比如苏郁锋等（2017）采用二手数据对制度视角下的创业过程进行探讨。基于此，本研究首先通过 CNKI 搜集相关学术论文、硕博论文；其次，将公开出版的书籍、行业资料及新闻报道等纳入研究资料库；最后，选取宣传资料、评论文章等资料作为三角检验资料。为进一步确保资料的可靠性，本研究一方面对案例资料进行大量全面的阅读，保证研究者能够较为准确地理解社会创业企业成长脉络，锻炼对各种资料的真伪辨识能力；另一方面采用 Miles 和 Huberman（1994）所建议的三角验证法，将来自不同渠道的样本资料进行交叉比对，剔除不符合三角验证的资料。在数据收集整个过程中，研究者对样本企业资料进行反复审查，以确保案例分析具有一致的结构和质量。通过上述资料处理方式，本研究最终构建了 20 万字左右的数据库，为案例研究提供了翔实的资料支撑。

四　关键构念的识别与描述

本研究结合现有文献，筛选并明晰与案例数据最匹配的测度方法，使关键构念从案例数据中涌现出来。具体而言，本研究所涉及的关键构念包括社会创业企业成长、资源拼凑、组织合法性。其界定与描述如下。

（一）社会创业企业成长

目前关于社会创业企业成长指标的测量尚未成熟，无法对社会创业企业成长做出准确、客观的界定与比较（刘振等，2015），但是社会创业企业区别于慈善组织、商业企业等社会组织的特征明显，从经济上自给自足和公益上解决社会问题两个层面进行描述可以较好地突出社会创业企业成长的显著特征（Hynes，2009）。基于前文对社会创业企业成长文献的梳理，本研究借鉴 Pless（2012）和孙世敏（2014）对社会创业企业绩效的测量方法，从经济和社会层面进行界定和描述，其中经济价值通过企业规模扩张、产品种类与数量增加、销售收入增长等体现，社会价值通过受益对象规模扩大、就业人口增加等体现。

（二）资源拼凑

如前所述，资源拼凑指的是创造性地利用现有资源，及时行动以解决新问题或开发新机会（Baker & Nelson，2005）。有学者指出，基于对象的资源拼凑有助于理解不同情境下资源拼凑的作用（于晓宇等，2017）。本研究基于文献梳理和案例资料阅读，依据拼凑对象将拼凑分为实物拼凑、人力拼凑、技能拼凑、市场拼凑以及制度拼凑等（Baker & Nelson，2005；Senyard et al. ，2014），其中实物拼凑指的是将原本被忽视、遗弃或用途单一的资源转化为企业生存要素；人力拼凑则是将顾客、志愿者、闲置劳动力等组合进项目以增加劳动投入；技能拼凑鼓励并利用被忽视的技能或自学技能创造有价值的服务以解决企业发展资源短缺的问题；市场拼凑是企业用来构建顾客群与企业联系，旨在开发新市场，解决新企业品牌影响力的问题；制度拼凑则是面向未知或既有规则阻碍的领域，利用手头上的资源另辟蹊径，创新解决方法。

（三）组织合法性

社会创业企业的社会性和利他性特征与商业创业的合法性存在显著差别，主要用来描述社会创业企业的行为方式与现有标准、规范、文化的符合程度（王晶晶和王颖，2015）。社会创业不完全基于市场运作，其本质目标在于创造社会价值与促进社会变革，Suchman（1995）提出的实用合法性与道德合法性有助于深入理解社会创业谋求合法性的关键特征（厉杰等，2018），实用合法性出自企业的工具性与理性考量，侧重于市场价值的产出，道德合法性则为了弥补实用合法性过于重视市场机制所产生的道德背离问题。本研究基于 Suchman（1995）的分类，结合社会创业企业的双重目标属性，将合法性分为市场合法性与社会合法性，其中市场合法性指的是技术与产品得到市场认可，服务有所创新（王晶晶和王颖，

2015）；社会合法性反映组织的行为活动与社会期望、社会需求的一致性程度，包含社会公众对社会创业企业的接纳和认同。

五　数据分析

本研究采用扎根理论的研究方法，严格按照其思路进行逐级缩编原始资料，并结合内容分析法进行数据编码。其优势在于可以将大量的文字资料进行不断缩编，逐步归纳出各个范畴，进一步提炼出主范畴以构建本研究的分析框架，进而论证理论研究部分所提出的理论模型（Birks & Mills, 2015）。具体而言，如下。①按照案例样本进行编码，将数据资料分别编码为 A ~ D（善淘网 – A，SHOKAY – B，分享收获 – C，无障碍艺途 – D），通过对数据资料的一级编码（贴标签和定义现象），共得到 259 条一级条目库。②采用渐进的编码方式，对相似的现象条目进行学术化的概念定义。从资料库中抽象出废弃物料、他人技能、闲置人力、产品质量、大众认可等概念。③对初始编码得出的概念做进一步整合编码，整理归纳为初始范畴。在二次编码过程中，重点分析已有范畴并对初始资料进行挖掘和对比，进一步识别范畴的性质并不断探索范畴间的关系，直至初始范畴全部饱和，共形成 25 个初始范畴。④根据初始范畴间的逻辑关联，将其重新整合为副范畴并归纳至主范畴中。比如上级编码中涌现的“废弃物料”“闲置资源”“假定单一用途物料”等初始范畴，可以整合为三种资源拼凑对象的具体呈现形式，形成“实物拼凑”的充分条件。具体编码结果如表 5 – 2 所示。

六　信效度保障

为保证案例研究的严谨性和规范性，提高案例研究的信度和效度，本研究严格按照提高案例研究质量的策略从四个方面尽可能地

表 5 - 2　案例编码情况（部分）

核心范畴	主范畴	副范畴	典型数据资料（条目数量）
资源拼凑	实物拼凑	废弃物料	将有瑕疵等问题而不能上架的部分,分拆成布料进行再生利用,创意改制成酷炫环保、可以在生活中发挥各种收纳作用的包袱皮(14)
		闲置资源	在正却乎村找了一间闲置的小学,改为临时收购站和贮存库(11)
		假定单一用途物料	连刷洗餐具,都是用麦麸代替化学洗涤工具,洗过餐具的麦麸还能用来作为饲料和肥料(8)
	技能拼凑	业余技能	善淘将当中的很多岗位优化,让更多的残障伙伴能够发挥所长,负责诸如拍照整理制图等工作(12)
		专业技能	以学员的绘画作品为起始点,由设计师志愿者进行再设计,生产和销售贴近百姓生活的相关衍生品(5)
	市场拼凑	市场定位	在公益捐款市场方面,面对社会公众慈善捐款参与不足的现实,善淘网选择瞄准 25~40 岁的都市白领作为潜在的筹款对象,动员其捐出闲置物品而非进行现金筹款(8)
		市场挖掘	抓住城镇居民希望食用健康蔬菜和肉类的心理,提出会员缴纳一年的会费,农园则会为其配送有机蔬菜和肉类的营运模式(6)
	人力拼凑	闲置人力	周贤积极接纳聋哑人员加入项目,提供其安稳持久的工作岗位(12)
		志愿者	从学校申请到了实验地,雇请了几名志愿者作为员工,实施开展 CSA 农场计划(16)
		顾客	"劳动份额"客户提前交纳 1000 多元,并需要定时到"小毛驴"参加耕种(7)
	制度拼凑	慈善义卖效应	善淘网被看作一个"残健融合、人人参与"的美好乐园(9)
		打破对精障人群的误解	苗世明意识到,我们迫切需要这样一个非营利组织,去了解他们的内心世界,为这些人群去呐喊,告诉社区以外的普通人:他们,没有大家想象得那么恐怖,那么低能,他们其实很单纯很善良,怀抱着爱与真诚(8)
		打造潮流风范	SHOKAY 引领"既具有异域风情又具有社会责任的奢侈风尚"(9)
组织合法性	市场合法性	产品设计受追捧	经过设计师改造的闲置物品,重新发挥了价值,代表性商品 42 包袱皮得到市场热捧(12)
		产品质量高	善淘网上的物品大都在九成新以上,但是所付价格是原价的四分之一甚至更少,很有可能被别人秒走(8)
		营销模式获得关注	手工编织作为 SHOKAY 的主要卖点之一,为其赢得海内外的高端服装和服饰市场(11)

续表

核心范畴	主范畴	副范畴	典型数据资料(条目数量)
社会创业企业成长	社会合法性	企业支持	这种"微公益"的方式在潜移默化中将会使越来越多的消费者变成道德消费者,开始主动关心和参与公益事业,善淘也获得了个人和企业的一致认可(14)
		大众认可	善淘网不断向社会发布透明度报告,可以精确到个位数。每一位网购者更可以通过追踪系统,查到这笔交易最终资助了谁,获得较强的社会公信力(13)
		受众获益	SHOKAY 一直坚持手工纺织的特色生产方式,给予藏民额外收入的同时也保证其兼顾家庭和工作(9)
	经济价值	产品规模扩大市场扩张	2015 年 1 月 6 日至 2015 年 12 月 25 日,善淘网共计处理闲置物品捐赠物品 421193 件,数量上有大幅增长(11)
		收支平衡或盈利	善淘网接受捐赠的范围从上海扩大到全国,销售渠道也扩展到全国,市场得以扩大(11)
			在过去的 10 个月里,SHOKAY 销售额突破 1000 万元,纯盈利 300 万元以上(6)
	社会价值	残疾员工数量/公益筹款金额	善淘网为超过 200 多名残障人士提供工作岗位或工作补贴,共计 2420000 元,并为 163 个公益项目筹资,共计 2435600 元,预计可减少碳排放 1430 吨,等于多种了 4320 棵大树(15)
		弱势群体收入环境保护力度	在青海省海南藏族自治州的黑马河,SHOKAY 通过牦牛绒的收购使上千个牧民收入提高 15% ~20%(11)
			CSA 保护 250 亩耕地不受污染,直接减少化肥使用超过 8 万斤,处理牲畜粪便超过 1000 立方米,减少农药纯液使用 150 升(9)

进行控制和检验。一是在研究设计阶段,研究小组制定研究计划方案,并建立数据资料库,将所收集到的案例资料分类保存在该资料库中,以为其他研究者提供参考,提高研究信度。二是通过文献梳理来指导案例研究,增加案例研究的外在效度。三是案例的二手数据来源于多种渠道,可以形成三角证据链,同时投稿专业会议,现场汇报并接受专家点评和指导。四是正式编码前,课题组成员分别负责同一案例进行试编码,对每个人的结果进行汇报并讨论,对于编码过程中存在的问题提出解决方法并统一编码规则。随后,小组

成员分别对 4 个案例展开正式编码工作，有不同意见时进行讨论以达成一致，确保编码过程的信度和效度。具体策略详见表 5-3。

表 5-3 信效度确保策略

测评指标	案例研究具体策略	应用阶段
信度	制定研究设计方案,小组讨论直至达成一致意见 建立案例数据库,将不同来源的数据资料纳入数据库	研究设计 数据收集
构念效度	多种渠道收集数据资料 遵循标准证据链:原始数据—构念提取—关系逻辑—理论阐释 投稿专业会议,现场汇报并接受专家点评和指导	数据收集 数据收集 数据分析
内在效度	小组讨论,针对研究人员的编码结果进行商讨和修订	数据分析
外在效度	遵循复制逻辑进行多案例分析 梳理相关文献,通过理论来指导案例研究	研究设计 研究设计

第三节　案例分析与发现

本研究以社会创业企业为案例样本，首先，对特定案例企业的成长过程开展纵向分析；其次，通过复制逻辑对其余三家案例企业进行多案例研究予以验证；最后，以理论为指导，基于案例分析归纳提出相关研究命题。

一　资源拼凑、市场合法性与社会创业企业经济层面成长

已有研究表明资源拼凑对社会创业企业经济层面成长具有显著影响（Bacq et al.，2015），其核心逻辑在于社会创业企业创造性地挖掘现有资源的价值，赢得市场经济背景下各经济主体的理解、信任与支持（Marquis et al.，2013），由此实现社会创业企业经济层面的成长。案例数据表明，实物拼凑、技能拼凑以及市场拼凑有助于社会创业企业获取市场合法性，进而促进其经济价值

的实现。

实物拼凑以及技能拼凑是把闲置的、废弃的以及被认为单一用途的非标准资源或技能转化为生产要素的过程（Baker & Nelson，2005），擅长实物拼凑和技能拼凑的社会创业企业在创业初始阶段不断改造现有资源，打破资源的固有属性，创造性地赋予资源以新价值（方世建和黄明辉，2013），有时还会借助自身业余技能或他人专业技能为企业服务，有效应对市场的动荡变化（赵兴庐等，2016）。社会创业企业通过资源拼凑一方面缓解资源压力，另一方面以低成本优势和新颖性服务获得顾客、商业企业等的认可，促进企业经济层面的成长。具体到社会创业企业案例中（详见表5-4），善淘网将有瑕疵等问题而不能上架的部分，分拆成布料进行再生利用，创意改制成酷炫环保、可以在生活中发挥各种收纳作用的包袱皮，一经推出就得到市场的热烈反响，提高了产品销量。同样，无障碍艺途工作室的作品通过艺术家志愿者的再设计，将精障人士的优秀艺术作品通过衍生品义卖和产权回馈等方式为精障人士提供收入，以此实现盈利。因此，实物拼凑以及技能拼凑能够促进市场合法性的获取，进而实现经济价值。

表5-4　资源拼凑、市场合法性与社会创业企业经济层面成长的案例证据

案例企业	资源拼凑	组织合法性	经济价值实现	案例证据
A	实物拼凑 技能拼凑 市场拼凑	市场合法性	产品规模扩大、市场扩张	在公益捐款市场方面,善淘网面对社会公众慈善捐款参与不足的现实,选择瞄准25~40岁的都市白领作为潜在的筹款对象,动员其捐出闲置物品而非进行现金筹款。产品方面将有瑕疵等问题而不能上架的部分,分拆成布料进行再生利用,经过志愿设计师创意改制成酷炫环保、可以在生活中发挥各种收纳作用的包袱皮,一经推出就得到目标市场的热烈反响,提高了产品销量,扩大了经营范围

续表

案例企业	资源拼凑	组织合法性	经济价值实现	案例证据
B	实物拼凑 技能拼凑 市场拼凑	市场合法性	产品规模扩大、收支平衡	乔琬珊挨个寻访了国内的纺织出口企业，发现订单里确实没有牦牛绒产品，而西藏牦牛绒，经处理后可以制成高品质的纺织品，其质感和保暖性，都不输给深受欧洲时尚圈欢迎的羊绒，以此抓住高端客户市场，对于贮存，他们在正却乎村找了一间闲置的小学，改为临时收购站和贮存库，同时为愿意回乡的藏族年轻人提供技术教育培训和工具。其牦牛绒与竹纤维的选材，加上朴素简约的设计，使SHOKAY的产品更加典雅清新，区别于其他同等价位的奢侈品，得到了市场广泛认可，SHOKAY的纺织品出口到日本、美国及欧洲各国，在全球拥有130多家门店
C	实物拼凑 技能拼凑 市场拼凑	市场合法性	经营规模扩大	石嫣抓住城镇居民希望食用健康蔬菜和肉类的心理，提出会员缴纳一年的会费，农园则会为其配送有机蔬菜和肉类或者自己参与耕种的运营模式，准确定位对安全食品高度在意的居民群体，一方面为其提供新鲜自然的蔬菜，另一方面让其体验劳作，构建农民与客户、客户与土地之间的信任，获得客户的广泛赞誉，现在"分享收获"已向超过500个家庭提供服务，配送有机蔬菜超过25万斤
D	技能拼凑	市场合法性	经营规模扩大	无障碍艺途工作室以学员的绘画作品为起始点，由设计师志愿者进行再设计，生产和销售贴近百姓生活的相关衍生品，因其产品的新颖性和背后的故事吸引了一大波消费者，由此获得一定量的发展资金，在上海、北京、杭州、成都、深圳、广州、西安等7个城市为精智障碍特殊人群提供免费艺术治疗课程

市场拼凑是指企业用来构建顾客群体与企业的联系，旨在开发新市场，解决新企业品牌影响力的问题，强调向传统的、被忽视的市场提供低价格、非标准的产品或服务，以创造出新客户（Baker & Nelson，2005）。社会创业企业在运营方面与商业企业一致，需

要凭借一定的技术、服务和产品获取收益，但针对特定市场的投入和经营可能会有更好的效果（Pless，2012）。市场拼凑通过准确定位顾客群体，为其提供非标准的定向化产品或服务，可以锻炼企业的市场交易能力（赵兴庐等，2016），进而获取目标客户的信任和认可，构建市场合法性以实现社会创业企业的可持续性成长（Dees，2012）。这在"分享收获"的案例中有所体现（详见表 5 - 4），石嫣抓住城镇居民希望食用健康蔬菜和肉类的心理，提出会员缴纳一年的会费，农园则会为其配送有机蔬菜和肉类或者自己参与耕种的运营模式，准确定位对安全食品高度在意的居民群体，一方面为其提供新鲜自然的蔬菜，另一方面让其体验劳作，构建农民与客户、客户与土地之间的信任，获得客户的广泛赞誉，现在"分享收获"已向超过 500 个家庭提供服务，配送有机蔬菜超过 25 万斤。社会创业企业通过实物拼凑、技能拼凑以及市场拼凑等手段，向特定市场提供非标准的、新颖性的产品或服务，获取顾客、投资者等市场主体的认同和支持，实现经济层面的成长。通过以上案例分析，本研究提出如下命题。

命题 1：实物拼凑、技能拼凑以及市场拼凑有助于社会创业企业获取市场合法性，促进其经济价值的实现。

二　资源拼凑、社会合法性与社会创业企业社会层面成长

社会创业的突出特征在于利用创新性手段解决社会问题，而创新造成的信息不对称使社会公众对其创业活动缺乏认识和理解，降低其社会公信力和合法性（王晶晶和王颖，2015），社会创业企业需要改变社会价值与经济利益相悖的公众认知，让社会接受这一新的组织形式（Bitektine & Haack，2015）。

资源拼凑成为社会创业企业突破社会合法性困境的有效手段，

上述编码显示，社会创业企业的人力拼凑是将志愿者、闲置人力（社会上被认为劳动力低下的残障人群或因家庭原因置业在家的妇女等低收入群体）、顾客等组合进项目以增加劳动力投入。社会创业企业通过人力拼凑让志愿者、客户等充分参与企业活动，当其意识到自身的能力和情感得到提升时，很容易扮演支持性的角色以提高对社会创业的认知，提升公众对社会创业企业的合法性认知（Sarpong & Davies，2014；厉杰等，2018）。同时，对闲置人力的拼凑一方面缓解企业人力资源的缺乏困境，另一方面提供给其工作机会，提高对弱势群体的可持续性支持。这一方面，善淘网案例表现得较为明显，善淘网将非核心业务外包给残障人士，不仅解决残障人士的就业问题，而且有效缓解人力资源紧缺的问题。这种慈善效应得到志愿者和客户的广泛传播，为善淘网赢得良好口碑，推动其社会价值的实现。目前，善淘网为超过200多名残障人士提供工作岗位或工作补贴，并培训其职业技能以更好地融入主流社会。同样，SHOKAY 通过一对一模式直接向藏区牧民收购精梳好、质量高牦牛绒，将其交予置业在家的家庭主妇手工编织产品，这种将闲置劳动力直接纳入公司体系的做法不仅控制了产品成本，而且为帮扶群体提供大量就业机会，获得其赞赏和认可。据相关数据统计，在青海省海南藏族自治州的黑马河，SHOKAY 通过牦牛绒的收购使上千个牧民收入提高15%～20%，具体案例证据详见表5-5。

目前，我国正处于经济转型关键期，在相关法律法规不明确的情况下，社会创业企业主张利用商业化手段创造社会福利的新型运营模式和组织形式缺乏被社会认可（刘振等，2015），更需要塑造公众对经济与社会价值可以兼容的社会认知以获取资源来支持企业成长（Yang & Wu，2016）。制度拼凑是企业拒绝现有制度或规范，积极尝试新的或不明确的领域以形成流程和惯例的过程，重点在于打破常规和引领新的认知上（Baker & Nelson，2005）。这种根据实际情况选择忽视行规或传统方式的做法，往往产生实用性制度，如新的组织结构或者新的社会文化（赵兴庐等，2016），有经验的社会企业家会策略性地利用这种文化来处理由缺乏绩效记录而导致的低水平信誉和合法性问题，让其聚焦于社会创业企业创造社会价值的过程，进而调动社会资源主动参与的积极性，推动社会创业企业社会价值的实现（Molecke & Pinkse，2017）。正如无障碍艺途案例所显示（见表5-5），苗世明通过与微信平台共同发起的"一元购"公益筹资活动，借助社交平台的推广性和时效性，打破残障人群与正常人群的交流壁垒，在短时间内引发微信朋友圈的疯狂转发，让社会大众更清晰地认识和理解精障人群这一弱势群体，获得大量援助以支撑助残事业的发展。通过上述案例分析，本研究提出如下命题。

命题2：人力拼凑和制度拼凑有助于社会创业企业获取社会合法性，促进其社会价值的实现。

表5-5　资源拼凑、社会合法性与社会创业企业社会层面成长的案例证据

案例企业	资源拼凑	组织合法性	经济价值实现	案例证据
A	人力拼凑 制度拼凑	社会合法性	提高帮扶对象数量，提高筹款金额，加大环境保护力度	善淘网首次提出"线上慈善商店"的概念，将互联网与慈善义卖结合起来，打造"残健融合、人人参与"的美好乐园，使善淘网的公益理念深入人心。运营模式上，善淘网将非核心业务外包给残障人士，不仅解决残障人士的就业问题，而且有效缓解人力资源紧缺的问题，真正践行"助残"理念。这种慈善效应得到志愿者和客户的广泛传播，为善淘网赢得良好口碑，推动其社会价值的实现，目前，善淘网为超过200多名残障人士提供工作岗位或工作补贴，并培训其职业技能以更好地融入主流社会，二手物资的处理减少碳排放1430吨，等于多种了4320棵大树

案例企业	资源拼凑	组织合法性	经济价值实现	案例证据
B	人力拼凑 制度拼凑	社会合法性	提高弱势群体收入	SHOKAY 通过一对一模式直接向藏区牧民收购精梳好、质量高牦牛绒,将其交予置业在家的家庭主妇手工编织产品,这种将闲置劳动力直接纳入公司体系的做法不仅控制了产品成本,而且为帮扶群体提供大量就业机会,获得其赞赏和认可。据相关数据统计,在青海省海南藏族自治州的黑马河,SHOKAY 通过牦牛绒的收购使上千个牧民收入提高 15% ~ 20%
C	人力拼凑 制度拼凑	社会合法性	提高农民收入,加大环境保护力度	"分享收获"农园采用"公司 + 家庭农场"的经营模式,收取会员的定金,将其中的部分支付给种菜的郎广山,再由公司向郎广山收购蔬菜,配送给会员,既提高了农民收入,也构建了农民与社区居民、社区居民与土地的信任;而在农园的主要劳动力以志愿者为主,通过实地参与,加深了对分享收获的理解和支持,变成义务的宣传员。CSA 保护 250 亩耕地不受污染,直接减少化肥使用超过 8 万斤,处理牲畜粪便超过 1000 立方,减少农药纯液使用 150 升,提高农民收入 30%
D	人力拼凑 制度拼凑	社会合法性	增加残疾人就业数量	苗世明通过与微信平台共同发起的"一元购"公益筹资活动,借助社交平台的推广性和时效性,打破残障人群与正常人群的交流壁垒,在短时间内引发微信朋友圈的疯狂转发,让社会大众更清晰地认识和理解精障人群这一弱势群体,获得大量援助以支撑助残事业的发展,2009 ~ 2013 年这四年时间里,无障碍艺途在这五个城市大概服务了 400 多位这样的精障人士

三 不同成长阶段社会创业企业价值创造机制比较

尽管资源拼凑有助于社会创业企业获取合法性,促进其稳健成长,但通过案例分析发现,在社会创业企业的不同阶段,资源拼凑对合法性获取的力度不同,其成长表现也存在差异。本研究以成立时间为基准，将案例企业分为生存期和成长期，根据经验理论，企业创建3年以内为生存期，其后便过渡到成长期。在生存期阶段，社会创业企业由于组织制度、决策流程等更具灵活性，会产生大量零碎的、看似无用的弱黏性资源（Baker & Nelson, 2005），比如闲置的材料、业余的技能等，这成为资源拼凑的主要源头。处于生存期的社会创业企业首要目的是要存活下去，才能继续完成其社会使命，因此这一阶段社会创业企业以实物拼凑、技能拼凑和市场拼凑为主（条目数50＞9），旨在帮助社会创业企业获取市场合法性进而创造经济价值，以度过生存期，如表5-6所示。比如善淘网创业伊始先利用亲友及同事捐赠的高质量商品获取第一批客户，通过客户的口口相传，维持网站的基本运营。

表5-6　社会创业企业生存期案例数据的编码条目结果

构念	测量变量	编码结果				小计
		A	B	C	D	
资源拼凑	实物、技能、市场	15	11	14	10	50
	人力、制度	3	2	2	2	9
组织合法性	市场合法性	10	8	8	6	32
	社会合法性	4	1	2	2	9
企业成长	经济价值	10	8	7	6	31
	社会价值	2	1	2	3	8

到了企业成长期，随着组织规模扩大和运营方式的逐渐稳定，人力拼凑和制度拼凑成为社会创业企业的主流拼凑战略（条目数34＞7）。社会创业企业为实现企业目标和可持续性发展，需要引导公众理解和支持商业发展与社会价值可以兼容的新模式（Yang & Wu, 2016），进而促进社会创业企业社会层面的成长，如表5-7所示。在整个社会创业企业成长过程中，资源拼凑先在经济层面发

挥作用，帮助获取市场合法性创造经济收益、商品和服务销售渠道，继而在经济层面成长的同时，通过人力拼凑和制度拼凑拓展社会影响力，推动社会合法性的获取，进而促进社会创业企业的可持续性成长（Tasavori等，2018）。

表5-7　社会创业企业成长期案例数据的编码条目结果

构念	测量变量	编码结果				小计
		A	B	C	D	
资源拼凑	实物、技能、市场	2	2	1	2	7
	人力、制度	12	8	7	7	34
组织合法性	市场合法性	3	3	2	2	10
	社会合法性	11	8	9	9	37
企业成长	经济价值	3	2	2	1	8
	社会价值	10	7	9	8	34

通过案例间比较，研究还发现经济成长较好的社会创业企业其成长性较高，可能的解释是四家社会创业企业能够准确把握各自所能满足的社会需求，有效配置企业资源在经济层面和社会层面的比重，进而选择合适的合法性推动企业成长（刘振等，2015）。具体而言，虽然经济价值与社会价值本质属性存在差别，但是两者并不相互冲突，而是在功能上相辅相成（薛杨和张玉利，2016）。经济价值越高的社会创业企业由于其在市场表现方面更贴近于商业企业，较之大多数社会组织而言具有稳定的商业运营模式，其经济产出往往作为社会价值创造的金融性资源，助推社会创业企业实现本质目标（Dacin et al.，2011），因此其成长性高于经济成长一般的社会创业企业。四家案例企业的发展现状正好佐证这一观点。

（1）善淘网是众多社会创业企业的典范，在2014年度就实现了163个公益项目筹资，总筹资额达2435600元，估计减少碳排放量 1430 吨，相当于种植了 4320 棵大树，为多位残疾人提供了工作岗位，所提供的补贴约为 240 万元，同时也帮助残疾人找到了自身的尊严与自信。在后期的成长过程中，善淘网所处置的闲置物品数量大幅度增长，逐渐打破地域限制，所接受的捐赠范围也拓展到全国，销售的范围也发展到全国，相应的市场不断扩大。可以判断善淘网是 4 家社会企业中成长状态最好的。

（2）SHOKAY 将消费者锁定为 20～40 岁的对生活品质要求较高的中高端收入人士，在生产加工中尤其强调品质，充分发挥牦牛绒的价值并获得盈利，提高藏区牧民与无业农妇的收入。与善淘网相比，SHOKAY 的社会价值可与之媲美，均大幅提升了服务群体的生活水平，但 SHOKAY 所实现的经济价值稍为逊色，原因可能是善淘网的市场面向社会全体，而 SHOKAY 以奢侈品为主要产品，无法匹敌善淘网所实现的规模与总利润。

（3）分享收获通过在城市中选取对食品安全问题高度重视的人士作为目标用户，为他们持续提供优质的健康食品，在保障食品安全健康的同时提高了农民的收入。但相对善淘网以及 SHOKAY 而言，其所实现的经济价值较为有限，社会影响力也略逊一筹。

（4）无障碍艺途与其余三家社会创业企业相比经济价值并未明显地显现出来，一方面由于无障碍艺途艺术疗愈的特殊性质，较注重对精障人群的治疗和发展，给予精障人群机会和平台拓宽自己的原艺术特长；另一方面无障碍艺途主要的营利方式是通过衍生品义卖来获取收入，无论是实体店、网店还是展览拍卖，利润都较少。目前主要利用自身知名度与众多企业建立合作项目，比如，设立艺途公益基金会，为精障群体送去艺术的梦想和康复的机会。鉴此，本研究提出如下命题。

命题 3：在社会创业企业生存期，主要通过实物拼凑、技能拼凑以及市场拼凑帮助获取市场合法性以促进经济价值实现；在成长期，则主要通过人力拼凑和制度拼凑帮助获取社会合法性以实现社会价值。进一步的，基于市场合法性和社会合法性的相对平衡，经济营收越好的社会创业企业其成长性越高。

第四节　结论与讨论

一　研究结论

本研究通过多案例研究方法对社会创业企业的成长机制问题展开了较为深入的探讨。研究结果表明，首先社会创业企业通过实物拼凑、技能拼凑、市场拼凑、人力拼凑以及制度拼凑等不同内容拼凑的组合来获取内外部资源，从而推动其社会合法性和市场合法性的获取，最终实现社会层面和经济层面的成长。具体而言，实物拼凑、技能拼凑以及市场拼凑有助于社会创业企业获取市场合法性以促进其经济价值的实现；人力拼凑和制度拼凑有助于构建社会创业企业社会合法性促进其社会价值的实现。其次，在社会创业企业成长的不同阶段，其成长机制也不同。在生存期，社会创业企业注重实物、技能以及市场等资源拼凑策略来帮助获取市场合法性，实现经济营收以保证企业存活；在成长期，社会创业企业则主要通过人力和制度拼凑推动社会合法化，实现企业的可持续性成长。最后，通过对4个案例样本的比较分析，研究发现经济发展越好的社会创业企业其成长性越高，即社会创业企业在经济层面和社会层面的成长呈现动态平衡特征，经济层面的成长有助于经济目标的实现，而经济价值的实现对社会价值的实现有正向影响，当社会目标实现后，又会进一步促进企业在经济层面的成长。

二　理论贡献

本研究的理论贡献主要有三点。

(一) 丰富和拓展了社会创业领域的研究成果

社会创业致力于以商业化方式创造性地解决社会问题，在带动经济增长、消除贫困、保护环境等方面发挥重要作用（刘志阳和庄欣荷，2018），目前学者主要围绕社会创业的内涵特征、影响效应、创业过程要素等方面开展了相关研究，较少探讨社会创业企业的成长问题（Hoogendoorn，2016）。本研究运用扎根理论研究方法对四家案例样本进行多案例分析，深入剖析社会创业企业的成长过程，探索性地提出并验证了"资源拼凑—组织合法性—社会创业企业成长"的理论模型，揭示了社会创业企业在不同成长阶段的过程机制，为丰富和拓展社会创业研究提供了新的研究路径。

(二) 拓展与补充了资源拼凑理论研究

现有研究较多关注资源拼凑在新创企业成长中突破资源约束的重要作用（祝振铎和李新春，2016），但由于资源拼凑类型和内容的不同，其影响新创企业绩效的结果存在不确定性（Salunke et al.，2013）。相较于商业创业企业，社会创业企业面临更加严峻的资源形势，需要实施资源拼凑战略以"绝地逢生"和"茁壮成长"，更需要审视其内在作用机制以推动社会创业企业成长。本研究通过多案例研究对不同内容的资源拼凑与社会创业企业成长关系机理进行探讨，发现实物拼凑、技能拼凑以及市场拼凑主要通过助力市场合法化作用于社会创业企业的经济层面，而人力拼凑和制度拼凑在赢得社会大众认可和支持的基础上，促进社会创业企业社会价值的实现，将资源拼凑理论嵌入社会创业领域并明晰了资源拼凑促进社会创业企业成长的作用机制。

（三）丰富与深化了合法性领域的研究成果

现有文献主要探讨组织合法性在商业企业成长中的作用，缺乏对社会创业合法性的研究（厉杰等，2018）。社会创业合法性与商业创业相比具有独特性，而且社会创业企业能否在不同的生命周期获取适当的组织合法性会影响企业的生存与发展（王晶晶和王颖，2015），本研究通过多案例研究探讨市场合法性、社会合法性与不同层面社会创业企业成长的关系，发现组织合法性在资源拼凑与社会创业企业成长中起中介作用，响应 Wilson 和 Post（2013）寻求社会创业合法性途径以打破经济价值与社会价值零和博弈困局的呼吁，丰富与补充了组织合法性领域的研究成果。

三 实践启示

对于社会创业企业而言，上述结论不仅解释了在资源匮乏和转型经济情境下社会创业企业如何实现可持续性成长的机制问题，更在资源拼凑策略选择和合法性获取方面具有重要的实践启示。

第一，资源拼凑是一种有效的资源管理战略，社会创业者需要积极认识手头资源对于企业的价值，树立拼凑思维，努力改变对资源用途的固有认知，通过迭代的拼凑行为应对企业面临的挑战和机会。同时，合法性对社会创业企业成长至关重要，因此，在资源有限的情境下，社会创业企业要重视并强化资源拼凑在获取合法性过程中的作用，将有限的资源应用到"刀刃"上，做到"因时制宜"。具体而言，在社会创业企业生存期，主要通过对实物、技能及市场的创新性整合和拼凑与商业企业在市场上同台竞争，优先获取经济价值以支持企业的生存性经营；在成长期，重点运用人力和制度拼凑提高社会大众对社会创业企业的认可和政府的支持力度，将经济营收转化为企业推动社会价值实现的动力，实现企业的可持续性发展。

　　第二，社会创业合法性的平衡有利于社会创业企业取得较好的成长结果，因此在社会创业企业成长过程中，创业者要注重对整个企业架构和战略的思考，洞悉企业与环境的互动作用关系，通过不同的资源拼凑手段组合维持市场合法性和社会合法性的相对平衡。比如在企业成长不顺时，侧重对市场合法性的获取以维持企业生存；在企业发展较快时，加大对社会合法性的获取力度，提高企业解决社会问题的能力。此外，社会创业者一定要明确企业目标，通过对经济价值和社会价值的调和，让经济价值服务于社会价值，保障其社会使命不产生偏移，永葆社会创业初心。

第六章 研究结论与未来展望

通过前面五章的论述，本书已就中国情境下社会创业企业资源拼凑行为的内涵、驱动机制及作用机理进行了全面系统的分析与探讨。本章将对上述研究进行归纳与总结，概括本书的主要结论，阐述本书的理论贡献及实践启示，指出研究的不足之处，进而提出未来的研究方向。

第一节 研究结论

在"大众创业、万众创新"的新时代下，伴随着公益理念的传播普及，越来越多的创业者投入社会创业活动中，社会创业者俨然成为我国新近涌现的一支重要创业群体，社会创业活动也日益成为我国创业活动的重要组成部分，社会创业和经济创业的同步发展对推动我国经济社会高质量发展具有重要的促进作用（沙勇，2014；刘志阳和庄欣荷，2018）。虽然社会创业在我国呈现蓬勃发展的态势，然而社会创业企业的成长现状却并不容乐观。调查研究显示，绝大多数社会创业企业在成长过程中会遭遇资源匮乏的困境，只有少部分社会创业企业成功突破了资源困境进而实现了顺利生存与成长（王义明，2015；郑晓芳等，2016）。根据资源基础理论，异质性资源的获取对创业企业成长具有十分重要的影响（Alvarez & Busenitz, 2001）。与商业创业企业相比，社会创业企业由于要兼顾社会使命与经济价值，在获取外部资源过程中面临着更加严峻的挑战（Austin et al., 2006）。如何创造性地整合利用手头现有资源来突破资源困境是社会创业企业成长过程中亟待解决的重要现实问题。为此，有学者探索性地将创业拼凑理论应用于社会创业情境中，就社会创业企业的资源拼凑问题开展了相应的研究（Di Domenico et al., 2010；Desa, 2012；Desa & Basu, 2013），已有研究证实了资源拼凑对推动社会创业企业成长具有积极的作用（Bacq et al., 2015）。

尽管在实践层面发展迅速，但在理论层面我们对社会创业企业如何有效地实施资源拼凑策略进而获取成长却知之甚少。已有文献更多探讨西方发达国家情境下商业创业企业的资源拼凑行为，对转型经济情境下社会创业企业的资源拼凑行为的关注还不够（Baker & Nelson, 2005；Baker, 2007；Mair & Marti, 2009；Senyard et al., 2014；祝振铎和李非，2016；于晓宇等，2017；邓巍等，2018）。因此，社会创业企业如何有效地实施资源拼凑策略进而获取成长与发展是当前我国社会创业企业成长过程中面临的一个重要战略问题，对该问题的解答在微观层面上有助于指导我国社会创业企业的成长实践，在宏观层面上对进一步推动我国社会创业活动良性发展也具有重要的现实意义。

围绕"社会创业企业如何有效实施资源拼凑策略进而获取成长"这一基本研究议题，本书将该研究议题转化为"中国情境下社会创业企业资源拼凑行为的内涵、驱动机制及作用机理"这一理论研究问题，综合运用扎根理论、定性比较分析、案例研究等一系列研究方法，逐层深入展开论述，循序渐进地回答了三个具体的研究问题：中国情境下社会创业企业资源拼凑行为的独特内涵是什么？个体层次上的先前经验与社会网络、组织层次上的市场导向与创业导向、环境层次上的环境包容性对社会创业企业资源拼凑行为的联动影响机制是什么？资源拼凑行为是否会通过影响社会创业企业的市场合法性以及社会合法性进而对其经济层面和社会层面的成长产生影响？通过对上述三个具体问题的回答，本书明晰了中国情境下社会创业企业资源拼凑行为的内涵，剖析了社会创业企业资源拼凑行为的驱动机制，揭示了资源拼凑对社会创业企业成长的作用机理，并形成了以下主要研究结论。

一　中国情境下社会创业企业资源拼凑行为的内涵

围绕本书提出的第一个研究问题"中国情境下社会创业企业资源拼凑行为的独特内涵是什么"，本书子研究一选取了 8 家具有典型性与代表性的社会创业企业为研究对象，收集丰富的研究资料，运用规范的扎根理论方法与技术，开展了"开放性编码—主轴编码—选择性编码"等具体的资料分析工作，研究结果表明，社会创业企业主要在实物、人力、网络、技能、市场以及制度等六个领域开展资源拼凑活动。此外，社会创业企业在不同的发展阶段采取不同的资源拼凑策略。

具体来说，子研究一主要就"中国情境下社会创业企业资源拼凑行为的内涵是什么""在不同的发展阶段，社会创业企业资源拼凑行为呈现出怎样的动态演化特征"等两个问题做出深入的解答，以期明晰中国情境下社会创业企业资源拼凑的独特内涵，揭示社会创业企业资源拼凑行为的动态演化过程。扎根研究结果表明，社会创业企业主要在实物、技能、人力、网络、市场和制度等六个领域开展资源拼凑行为，具体包括改造闲置资源、活用废弃资源、巧用假定单一用途物料、整合专业技能、利用业余技能、利用闲置人力、整合志愿者/义工、借力客户、借力员工、利用亲友网络、运用商业伙伴网络、借用师生网络、开拓未被服务的市场、挖掘现有市场、突破规范、打破观念/认知。此外，社会创业企业在不同的发展阶段所采取的资源拼凑策略不同。具体而言，社会创业企业在创建期采取"以实物拼凑和人力拼凑为主、网络拼凑次之"的资源拼凑策略，在存活期采取"技能拼凑是首选，实物拼凑和人力拼凑略有下降"的资源拼凑策略，在成长期采取"以市场拼凑和制度拼凑为主"的资源拼凑策略。

二　社会创业企业资源拼凑行为的驱动机制

围绕本书提出的第二个研究问题"社会创业企业资源拼凑行为的驱动机制是什么"，本书子研究二探索性地运用综合了传统定量研究与质性研究优点的定性比较分析方法，以残友集团等 26 家社会创业企业为案例样本，基于翔实的资料数据以及编码分析，同时考察个体层面上的先前经验与社会网络、组织层面上的市场导向与创业导向、环境层面上的环境包容性对社会创业企业要素拼凑、市场拼凑、制度拼凑等不同类型资源拼凑行为的联动影响效应，以期识别社会创业企业要素拼凑、市场拼凑、制度拼凑的前因构型条件。

研究结果表明，社会创业企业不同类型资源拼凑所需的前因组合构型有所不同。第一，高社会网络、高先前经验、低市场导向、低创业导向的协同联动激发社会创业企业的要素拼凑行为。该结果是对赵兴庐和张建琦（2016）研究结论的进一步深化，赵兴庐和张建琦（2016）基于 107 位创业家以及 221 位广东省、北京市和湖北省工商联会员企业的问卷调查数据，研究发现创业者丰富的社会网络有助于激发资源拼凑行为的发生。

第二，高市场导向、高先前经验、高社会网络、低环境包容性的协同联动激发社会创业企业市场拼凑行为的发生。该结果呼应了孙永磊等（2018）的研究，孙永磊等（2018）研究发现市场导向对资源拼凑行为具有显著的促进作用。

第三，高创业导向、低市场导向、高先前经验、高社会网络、低环境包容性的协同联动激发社会创业企业的制度拼凑行为。已有研究指出，创业导向对企业资源拼凑行为具有显著的正向影响（祝振铎，2015；张秀娥和张坤，2018）。子研究二也证实了创业导向在驱动社会创业企业制度拼凑行为过程中的重要作用，这是对已有相关研究的进一步深化。

三　资源拼凑对社会创业企业成长的作用机理

围绕本书提出的第三个研究问题"资源拼凑影响社会创业企业成长的内在作用机理是什么"，本书子研究三整合资源拼凑理论与组织合法性理论，以善淘网、SHOKAY、分享收获以及无障碍艺途等4家社会创业企业为研究对象，运用案例研究方法，就资源拼凑是否会通过影响社会创业企业的组织合法性进而对其成长产生影响开展了规范的多案例研究工作。

案例研究结果表明，一方面，实物拼凑、技能拼凑以及市场拼凑有助于社会创业企业获取市场合法性，促进其经济价值的实现；另一方面，人力拼凑和制度拼凑有助于社会创业企业获取社会合法性，促进其社会价值的实现。该结果表明，不同类型的资源拼凑有助于社会创业企业获取不同的合法性，进而获取不同层面的成长。此外，子研究三还发现，在社会创业企业生存期，主要通过实物拼凑、技能拼凑以及市场拼凑帮助获取市场合法性以促进经济价值实现；在成长期，则主要通过人力拼凑和制度拼凑帮助获取社会合法性以实现社会价值。进一步的，基于市场合法性和社会合法性的相对平衡，经济营收越好的社会创业企业其成长性越高。该结果表明，在社会创业企业成长的不同阶段，资源拼凑影响社会创业企业成长的作用过程也有些差异。在生存期，社会创业企业注重实物、技能以及市场等资源拼凑策略来帮助获取市场合法性，实现经济营收以保证企业存活；在成长期，社会创业企业则主要通过人力和制度拼凑推动社会合法化，实现企业的可持续性成长。

第二节　理论贡献

本书聚焦于中国社会创业企业的成长实践，深入系统地探讨了中国情境下社会创业企业资源拼凑的内涵、驱动机制及作用机理等问题。在明晰中国情境下社会创业企业资源拼凑的内涵上，本书以8家社会创业企业为研究对象，收集大量的资料与数据，运用规范的扎根理论方法与技术，识别了社会创业企业的资源拼凑领域，分析了社会创业企业在不同发展阶段上所采取的资源拼凑策略；在剖析社会创业企业资源拼凑行为的驱动机制上，本书基于26家社会创业企业的案例样本数据，运用定性比较分析方法，同时考察个体层面上的先前经验与社会网络，组织层面上的市场导向与创业导向，环境层面上的环境包容性对社会创业企业要素拼凑、市场拼凑、制度拼凑等不同类型资源拼凑行为的联动影响效应；在揭示资源拼凑影响社会创业企业成长的内在作用机理上，本书以善淘网等4家社会创业企业为研究对象，运用多案例研究方法，就不同类型的资源拼凑是否影响社会创业企业的市场合法性以及社会合法性进而影响其经济层面和社会层面上的成长开展了深入的案例分析，并进一步探讨了社会创业企业不同成长阶段下资源拼凑影响其成长的作用过程。

通过对上述三个研究问题的深入分析与探讨，本书对社会创业研究领域、资源拼凑研究领域以及其他相关领域都有一定的理论贡献。

一 对社会创业研究领域的贡献

长期以来，西方发达国家纷纷出台支持性政策措施来鼓励社会创业活动，以期通过社会创业来弥补政府、市场以及慈善机构在解决社会问题时的"三重失灵"问题。社会创业活动对优化西方发达国家的福利体系、改善西方发达国家的民生问题发挥了积极的作用。国外学者对社会创业现象给予了足够的关注，开展了大量的理论与实证研究，取得了丰富的研究成果（Dess & Beard，1984；Thompson, et al.，2002；Seelos & Mair，2005；Austin et al.，2006；Townsend & Hart，2008；Zahra et al.，2009；Ruebottom，2013；Bacq & Eddleston，2016；Zhao & Lounsbury，2016；Hoogendoorn，2016；Lamy，2019）。

改革开放四十年以来，中国先后涌现了以经济创业活动为主体的四次创业浪潮（李长安，2018），这四次创业浪潮有力地促进我国经济增长和国民收入的增加。近年来，伴随着公益理念的传播普及，在"大众创业、万众创新"的新时代背景下，越来越多的创业者开始关注运用创新性商业手段来解决贫困、环境污染、弱势群体民生、食品安全问题频发等社会问题，各地政府部门也先后出台了相应的政策措施来支持社会创业园区建设，推动社会创业活动发展，社会创业日益成为我国创业活动的重要组成部分，社会创业者也逐渐发展成为我国一支重要的创业生力军（刘志阳和庄欣荷，2018）。近年来，国内学者就社会创业现象也开展了相关研究，取得了一定的研究进展（李华晶和肖玮玮，2010；王皓白，2010；买忆媛和徐承志，2012；赵丽缦，2014；刘振等，2015；刘志阳和金仁旻，2015；王晶晶和王颖，2015；傅颖等，2017；张秀娥和张坤，2018；仇思宁和李华晶，2018）。本书对社会创业研究领域的贡献主要体现在以下三个方面。

（一）丰富了社会创业领域的研究主题

国外社会创业研究先后经历了"萌芽起步""稳步发展""快速增长"等三个阶段，研究主题从社会创业的内涵与特征向社会创业过程问题不断拓展与深化，相对缺乏就社会创业企业成长问题开展深入的探讨。国内社会创业研究更多的是从面上探讨社会创业的现状及意义，部分研究探讨了社会创业动机、社会创业机会开发等微观层面的创业过程问题，社会创业企业成长方面的研究尤其匮乏。本书聚焦于社会创业企业的成长实践，着眼于社会创业企业如何有效地实施资源拼凑策略突破资源约束困境进而获取成长这一研究主题，就中国情境下社会创业企业资源拼凑的内涵、驱动机制及作用机理等问题进行了深入的探讨，明晰了中国情境下社会创业企业资源拼凑行为的独特内涵，剖析了社会创业企业资源拼凑行为的驱动机制，揭示了资源拼凑影响社会创业企业成长的作用机理，研究结论丰富了社会创业领域的研究主题。

（二）拓展了社会创业领域的研究视角

国外学者通常运用资源基础观、社会网络理论、制度理论等经典的组织管理理论就社会创业机会开发、社会创业资源获取、社会创业合法性等微观层次的创业过程问题开展了深入的研究，也取得了比较丰富的研究成果（Toyah & Curtis，2010；Nicholls，2010；Ruebottom，2013；Bacq & Eddleston，2016）。国内部分学者基于资源基础观、制度逻辑理论等理论视角就社会创业现象开展了相应的研究（买忆媛和徐承志，2012；刘振等，2016；）。资源基础观对解读创业现象提供了很好的视角，并且已经成为创业研究领域的重要理论视角之一（Alvarez & Busenitz，2001）。然而，与传统的商业创业企业相比，社会创业企业由于要同时兼顾社会使命与经济收益，更难获取外部资源，面临更加严峻的资源约束困境（Austin et al.，2006）。因此，如何创造性地用好手头现有资源是社会创业企业成长过程中亟待解决的重要现实问题。鉴此，本书探索性地将资源拼凑理论应用于社会创业情境中，通过系统探讨中国情境下社会创业企业资源拼凑行为的内涵、驱动机制及作用机理，进而揭示社会创业企业成长机制，为解读社会创业企业成长问题提供了新的理论视角，为学者们后续开展资源拼凑理论视角下的社会创业研究提供了参考。

（三）创新了社会创业领域的研究方法

伴随着国外社会创业研究由萌芽起步向稳步发展再到快速增长的阶段转变，国外学者在开展社会创业领域的研究时所采取的研究方法也逐渐由扎根理论、案例研究向实证分析方法拓展（Saebi et al.，2019）。然而，由于客观条件所限，与开展大规模的传统商业创业企业的调研工作相比，开展大规模的社会创业企业调研进而开展实证分析比较难以进行。因此，目前社会创业领域的研究方法仍然以扎根理论、案例研究等质性研究方法为主，实证分析方法为辅。质性研究方法由于样本数据有限，其研究结论的普适性有时会受到部分学者的质疑；实证分析方法虽然满足大样本统计分析的效度要求，但难以同时考察三个或三个以上变量的联动因果关系（夏鑫等，2014）。本书运用扎根理论方法就中国情境下社会创业企业资源拼凑行为的内涵开展了深入的研究，运用案例研究方法探究了资源拼凑影响社会创业企业成长的作用机理；此外，还探索性地运用综合了传统定量研究与质性研究方法优点的定性比较分析方法，考察了社会创业企业资源拼凑行为的驱动机制，创新了社会创业领域的研究方法。本书综合运用扎根理论、定性比较分析、案例研究方法，就中国情境下社会创业企业资源拼凑行为的内涵、驱动机制及作用机理等问题展开了全面的研究，为学者们后续开展社会创业领域的相关研究提供了方法论上的借鉴。

二　对资源拼凑研究领域的贡献

本书通过全面深入系统地探讨中国情境下社会创业企业资源拼凑行为的内涵、驱动机制及作用机理等问题，对资源拼凑研究领域也具有一定的理论贡献，具体体现在以下四个方面。

（一）拓展了资源拼凑理论的应用情境

自 Baker 和 Nelson（2005）首次将"拼凑"概念引入创业研究领域以来，国内外学者较多探讨传统商业创业企业的资源拼凑问题，就西方发达国家情境下商业创业企业资源拼凑行为的内涵、驱动因素及绩效影响效应等问题开展了全面系统的研究（Baker，2007；Senyard et al.，2009；Duymedjian & Ruling，2010；Stinchfield et al.，2013；Ronkko et al.，2014）。虽然少数学者已将资源拼凑理论视角应用于社会创业情境，证实了资源拼凑对社会创业企业成长的重要性（Di Domenico et al.，2010；Desa，2012；Desa & Basu，2013）；但社会创业情境下的资源拼凑行为研究仍然相对匮乏，中国转型经济与社会创业双重情境下的资源拼凑行为研究更加鲜见（祝振铎和李新春，2016；于晓宇等，2017）。本书将资源拼凑理论应用于中国转型经济情境下的社会创业企业成长研究中，系统深入地探讨中国社会创业企业资源拼凑行为的内涵、驱动机制及作用机理，研究结论拓展了资源拼凑的应用情境，增强了资源拼凑理论的解释广度。

（二）深化了资源拼凑的内涵研究

已有文献就西方发达国家情境下商业创业企业资源拼凑行为的内涵及特征开展了深入的探讨（Baker & Nelson，2005；Senyard et al.，2009），转型经济情境下社会创业企业资源拼凑的内涵却尚未厘清（于晓宇等，2017；邓巍等，2018）。实际上，由于独特的制度环境以及文化背景，中国转型经济情境下创业企业的资源拼凑行为可能会呈现出与西方发达国家情境下创业企业资源拼凑行为不同的特征；此外，由于社会创业企业与商业创业企业的特征差异（Austin et al.，2016），社会创业企业资源拼凑行为可能与商业创业企业资源拼凑行为存在一些不同。本书子研究一基于中国转型经济以及社会创业这双重情境，明晰了中国情境下社会创业企业资源拼凑行为的独特内涵，深化了资源拼凑的内涵研究。

（三）强化了资源拼凑的前因研究

现有资源拼凑领域的文献更多探讨资源拼凑的后果效应，相对缺乏对资源拼凑的前因开展深入的探讨。虽然近年来有些学者从个体层面或组织层面或环境层面探究了资源拼凑行为的影响因素（Ferneley & Bell，2006；Preeta & Benjamin，2009；Raffi & Charles-Clemens，2010；Geoffrey & Sandip，2013；Salunke et al.，2013 Senyard et al.，2014），但这些研究属于单一视角下的碎片化研究，缺乏对不同层次因素的整合性研究，鲜有研究涉及不同层次因素的联动作用机制；此外，这些研究通常将资源拼凑行为作为一个整体变量，尚未对不同类型资源拼凑行为的影响因素开展深入探讨（于晓宇等，2017）。本书子研究二运用定性比较分析方法，同时考察了个体层面的先前经验与社会网络，组织层面的市场导向与创业导向，环境层面的环境包容性对社会创业企业要素拼凑、市场拼凑、制度拼凑等不同类型资源拼凑行为的联动影响效应，强化了资源拼凑的前因研究，加深了我们对社会创业企业资源拼凑行为驱动机制的认识。

（四）推进了资源拼凑的后果研究

资源拼凑领域的现有后果研究较多关注资源拼凑行为的直接绩效影响（Baker & Nelson，2005；Salunke et al.，2013；Senyard et al.，2009；Di Domenico et al.，2010；Desa，2012；Desa & Basu，2013），较少涉及资源拼凑的作用机理，探究资源拼凑影响社会创业企业成长的内在机理的研究更加鲜见（祝振铎和李新春，2016）。此外，目前资源拼凑的后果研究文献更多的是静态视角下的研究，动态视角下的研究比较匮乏（邓巍等，2018）。另外，现有文献更多的是将资源拼凑行为作为一个整体来探讨其绩效影响，缺乏对不同类型资源拼凑行为的作用效应的研究。本书子研究三整合资源拼凑理论与组织合法性理论，构建了"资源拼凑—组织合法性—社会创业企业成长"的理论模型，探讨了不同类型的资源拼凑行为如何影响社会创业企业的市场合法性以及社会合法性进而影响其经济层面和社会层面成长的过程机理，并进一步分析了不同成长阶段下资源拼凑影响社会创业企业成长的内在过程，揭示了资源拼凑影响社会创业企业成长的作用机理，推进了资源拼凑的后果研究。

三　对其他相关研究领域的贡献

除了对社会创业以及资源拼凑领域有一定的理论贡献之外，本书对组织合法性、战略导向等领域也有一定的贡献。

本书对组织合法性领域的贡献主要体现在以下两个方面。一方面，深化了我们对社会创业企业组织合法性的作用机制认识。已有研究较多地探讨组织合法性对商业创业企业成长的影响，就组织合

法性与社会创业企业成长关系开展的研究比较少见（厉杰等，
2018）。本书子研究三通过案例研究，结果表明市场合法性有助于
社会创业企业经济价值的实现，社会合法性则有助于社会创业企业
社会价值的实现。此外，基于市场合法性与社会合法性的相对平
衡，经济营收越好的社会创业企业，其实现的社会价值也越高。该
研究结果厘清了不同类型的组织合法性与社会创业企业不同层面的
成长之间的关系，深化了我们对社会创业企业组织合法性作用机制
的认识。另一方面，深化了我们对社会创业企业组织合法性获取机
制的认识。本书子研究三通过多案例研究，发现实物拼凑、技能拼
凑以及市场拼凑有助于社会创业企业获取市场合法性；人力拼凑和
制度拼凑有助于社会创业企业获取社会合法性，该研究成果推进了
社会创业企业组织合法性形成机制的研究（陈昀和陈鑫，2018），
深化了我们对社会创业企业组织合法性获取机制的认识。

本书对战略导向研究领域的贡献主要体现在以下两个方面。一
是深化了市场导向与资源拼凑行为的关系研究。已有文献采用原子
化的视角，仅仅就市场导向对企业资源拼凑行为的影响开展了实证
研究，研究发现市场导向对企业资源拼凑行为具有显著的正向影响
（孙永磊等，2018）。本书子研究二运用定性比较分析方法，同时
将市场导向与创业导向、先前经验、社会网络、环境包容性等变量
纳入分析框架中，就社会创业企业资源拼凑行为的前因构型开展了
研究。结果发现高市场导向、高先前经验、高社会网络、低环境包
容性的协同联动激发社会创业企业的市场拼凑行为。该研究结果深
化了我们对市场导向与社会创业企业市场拼凑行为之间关系的认
识。二是深化了创业导向与资源拼凑行为的关系研究。已有文献就
创业导向对企业资源拼凑行为的影响开展了实证研究，研究发现创
业导向对新创企业资源拼凑行为具有显著的正向影响（祝振铎，

2015；张秀娥和张坤，2018）。本书子研究二运用定性比较分析方法，同时将创业导向与市场导向、先前经验、社会网络、环境包容性等变量纳入分析框架中，就社会创业企业资源拼凑行为的前因构型开展了研究。结果发现高创业导向、低市场导向、高先前经验、高社会网络、低环境包容性的协同联动激发社会创业企业的制度拼凑行为。该研究结果深化了我们对创业导向与社会创业企业制度拼凑行为之间关系的认识。

第三节　实践启示

本书聚焦于中国社会创业企业的成长实践，深入系统地探讨了中国情境下社会创业企业资源拼凑行为的内涵、驱动机制及作用机理等问题，旨在回答"社会创业企业如何有效地实施资源拼凑策略进而实现成长"这一核心问题。研究结论不仅对社会创业、资源拼凑等多个研究领域具有一定的理论贡献，也具有重要的实践启示，具体可以从社会创业企业以及相关政府部门两个层面展开论述。

一　对社会创业企业的启示

本书围绕"社会创业企业如何有效实施资源拼凑策略来实现成长"这一研究议题，明晰了中国情境下社会创业企业资源拼凑行为的内涵，剖析了社会创业企业资源拼凑行为的驱动机制，揭示了资源拼凑影响社会创业企业成长的作用机理。研究结论对我国社会创业企业的成长实践具有以下三个方面的重要启示。

首先，本书子研究一探讨了中国情境下社会创业企业资源拼凑行为的内涵，并进一步分析了在不同的发展阶段社会创业企业资源拼凑行为的动态演化特征，研究结果表明社会创业企业主要在实物、技能、人力等领域开展资源拼凑活动，具体包括改造闲置资源、活用废弃资源、巧用假定单一用途物料、整合专业技能、利用业余技能、利用闲置人力、整合志愿者/义工、借力客户、借力员工、利用亲友网络、运用商业伙伴网络、借用师生网络、开拓未被服务的市场、挖掘现有市场、突破规范、打破观念/认知。此外，社会创业企业在不同的发展阶段所采取的资源拼凑策略不同。具体而言，社会创业企业在创建期采取"以实物拼凑和人力拼凑为主、网络拼凑次之"的资源拼凑策略，在存活期采取"技能拼凑是首选，实物拼凑和人力拼凑略有下降"的资源拼凑策略，在成长期采取"以市场拼凑和制度拼凑为主"的资源拼凑策略。该研究结果给予我国社会创业企业成长两点重要启示。一方面，社会创业企业要积极树立资源拼凑的理念。社会创业企业因以解决社会问题为宗旨和使命的特征，难以给予资源提供方合理的财务回报，因此通过市场机制来获取资源不是首选策略，树立资源拼凑的理念，创造性地对手头现有资源进行整合性利用方为上上之策，在拼凑资源过程中，不以最佳标准来筛选资源，要善于去挖掘手头现有闲置资源、废弃资源的潜在价值，变废为宝；善于开发现有资源的多种功能与价值，善于调动一切可以利用的人力资源，将手头资源的价值充分激发出来。另一方面，社会创业企业要动态地调整资源拼凑策略，在不同的发展阶段，社会创业企业的发展目标以及所拥有的资源禀赋不同，要依据客观实际情况，有策略地选择实施拼凑的关键领域，有计划、有选择性地开展资源拼凑实践。

其次，本书子研究二整合个体、组织、环境等三个层面的因素，深入探讨了社会创业企业资源拼凑的驱动机制。研究结果表明，社会创业企业不同类型的资源拼凑行为具有不同的前因组态，高先前经验、高社会网络、低市场导向、低创业导向的协同联动激发社会创业企业的要素拼凑行为，高先前经验、高社会网络、高市场导向、低环境包容性的协同联动激发社会创业企业的市场拼凑行为，高先前经验、高社会网络、低市场导向、高创业导向、低环境包容性的协同联动激发社会创业企业的制度拼凑行为。该结果为我国社会创业企业开展不同领域的资源拼凑行为提供了行动指南，具体来说，不论企业准备在哪个领域开展资源拼凑行为，先前经验与社会网络都是至关重要的推动因素，因此社会创业者要不断积累经验，扩展自身的社会网络。在具体开展不同领域的资源拼凑行为时，社会创业企业需要注意协调不同层面因素的作用。对于那些需要在市场领域开展拼凑活动的社会创业企业而言，培育"面向市场需求、以客户需求为第一导向"的组织文化，进而提升市场导向水平是要解决的首要问题。对于那些需要在制度领域开展拼凑活动的社会创业企业而言，培育以"创新性、冒险性、先动性"为主要特征的组织文化，提升组织的创业导向水平是要解决的首要问题。

最后，本书子研究三还探究了资源拼凑影响社会创业企业成长的内在作用机理，研究发现实物拼凑、技能拼凑以及市场拼凑有助于社会创业企业获取市场合法性以促进其经济价值的实现；人力拼凑和制度拼凑有助于构建社会创业企业社会合法性促进其社会价值的实现。在生存期，社会创业企业注重实物、技能以及市场等资源拼凑策略来帮助获取市场合法性，实现经济营收以保证企业存活；在成长期，社会创业企业则主要通过人力和制度拼凑推动社会合法化，实现企业的可持续性成长。该结论启示我国社会创业企业在不同的成长阶段要善于选择不同的资源拼凑策略来获取不同的组织合法性，进而获取不同层面的成长。不同类型资源拼凑行为的有效组合有助于实现市场合法性与社会合法性的平衡，进而推动社会创业企业经济层面与社会层面的平衡成长。

二 对相关政府部门的启示

在转型经济体中，政策环境对创业企业的成长具有重要的影响（Bruton et al.，2010）。从发达国家推动社会创业活动发展的经验也可以看出，政府出台的政策体系对促进社会创业企业健康生存与发展具有十分重要的作用（沙勇，2014；李德，2018）。比如英国自20世纪末至今，逐渐构建起了一个涵盖法律模式、政府采购政策和金融产品等在内的社会创业生态体系，这有力地推动了全英国数万家社会企业良性成长，并且在全球展现出其影响力。笔者所在团队的调研发现，我国社会创业活动虽然呈现蓬勃发展之势，但社会创业企业成长现状并不容乐观。我国大多数社会创业企业都面临高度的资源约束，只有成功地突破了资源困境的社会创业企业才展现出良好的成长态势。本书研究结论表明，有效地实施资源拼凑策略有助于社会创业企业成功突破资源困境进而获得成长。然而，要使社会创业企业资源拼凑行为的效用最大化发挥，政府也不应缺位，而要积极主动地采取措施来为社会创业企业成长提供充分的支持与保障。

具体而言，一要以打造服务型政府为理念，精准打出有利于社会创业企业成长的政策组合拳。社会创业企业有助于弥补政府在解决社会问题时的"失灵"问题，因此，各级政府部门要俯下身子为社会创业企业服务，在全面了解社会创业企业成长现状及面临的困境的基础上，精准打出有助于社会创业企业成长的政策组合拳，为社会创业企业成长保驾护航。二要不断创新政策体系，为社会创业企业成长提供良好的生产要素供给保障。社会创业企业在发展过程中普遍面临专业性人才匮乏、财务资源不足的难题，各级政府部门一方面要加大社会创业人才的培养与开发力度，培养出更多的专业性人才，另一方面要探索构建包括公益创投、社会创业基金会等在内的社会创业财政支持体系，通过良好的社会创业金融生态来有效解决社会创业企业普遍面临的资金不足难题。三要加强社会创业园区建设，完善社会创业生态系统。当前我国长三角有些地方政府建设了社会创业园区，这对促进社会创业活动以及保障社会创业企业成长发挥了积极的作用。各级地方政府可以借鉴各类创业园区的建设经验，加强社会创业园区建设，优化社会创业园区的生态环境，帮助更多的社会创业项目在社会创业园区内落地实施，培育良好的生态系统来促进社会创业园区内的社会创业企业良性生存与成长。

第四节　研究局限性与未来展望

一　研究局限性

虽然本书取得了一些有意义的研究结论，但由于笔者研究能力以及研究条件的限制，本书还存在一些不足，有待未来研究深入探讨与不断完善。

首先，本书的三个子研究在样本选取、资料收集、资料分析上还存在一些不足，有待未来研究不断完善，具体体现在以下三点。一是本书子研究二运用定性比较分析方法，探讨个体层次上的社会网络与先前经验、组织层次上的市场导向与创业导向、环境层次上的环境包容性对社会创业企业资源拼凑行为的联动影响效应，该研究的因素有 5 个，样本数量为 26，虽然大于最低样本数量（16

个），但样本量相对不多。后续研究可以搜集到更多的样本案例数据，得到更加准确和可信的前因构型。二是本书子研究三以善淘网、SHOKAY、分享收获、无障碍艺途等4家社会创业企业为研究对象，就资源拼凑影响社会创业企业成长的内在作用机理开展多案例研究，在收集这4个案例的资料上，子研究三以二手资料收集为主，缺乏深入的跟踪式调研与访谈。后续研究可以通过深入案例企业开展持续多年的跟踪式访谈或参与式观察，在收集更多一手资料的基础上开展纵向多案例研究，可以得到更丰富的研究发现。三是本书子研究一运用规范的扎根理论方法与技术，就中国情境下社会创业企业资源拼凑的独特内涵开展研究，在资料分析过程中严格遵循"开放式编码—主轴编码—选择式编码"的编码流程，但编码过程仍然是手工编码。未来研究可以采用 NVIVO 等质性分析软件来开展编码工作，以期得到更加客观、准确的研究结论。

其次，本书的某些子研究在研究方法的运用上还存在一些不足，有待未来研究加以完善，具体体现在以下两个方面。一方面，子研究一基于8家社会创业企业的资料数据，就中国情境下社会创业企业资源拼凑的内涵及动态演化过程开展了探索性研究，未来研究可以采取量化研究方法来验证中国情境下社会创业企业资源拼凑的内涵及结构维度，以期进一步推动中国情境下社会创业资源拼凑的实证研究。另一方面，子研究三基于4家社会创业企业的多案例研究，构建了"资源拼凑—组织合法性—社会创业企业成长"的理论模型，揭示了资源拼凑影响社会创业企业成长的内在作用机理，未来研究可以收集大样本的调查数据，进一步验证资源拼凑通过组织合法性进而影响社会创业企业成长的理论模型，以期得到更具普适性的研究结论。

最后，本书的某些子研究在具体的研究问题设定上还存在一些不足，有待未来研究深入探讨，具体体现在以下两个方面。一方面，本书的子研究二同时考察了个体层面的先前经验与社会网络、组织层面的市场导向与创业导向、环境层面的环境包容性等五个要素对社会创业企业资源拼凑行为的联动影响效应，尚未考察个体层面的变革型领导、组织层面的战略柔性等要素的影响，未来研究可以将这些要素同时纳入理论模型中，以期从更多的要素出发来进一步明确社会创业企业资源拼凑行为的前因构型条件。另一方面，本书的子研究三从组织合法性理论视角切入，探讨了资源拼凑影响社会创业企业成长的中介作用机制，却尚未考察组织特征以及制度环境等外部环境特征对资源拼凑与社会创业企业成长关系间的调节效应，未来研究可以从组织以及环境等层面出发，探讨影响资源拼凑与社会创业企业成长关系的情境因素，以期厘清资源拼凑影响社会创业企业成长的边界条件。

二 未来研究展望

伴随着公益理念的传播普及和新时代下的创新创业浪潮，社会创业活动在我国呈现蓬勃发展之势。然而，在理论层面上，我们对社会创业行为及成长机理等问题还知之甚少（王晶晶和王颖，2015；Saebi et al.，2019）。基于转型经济情境下社会创业者以及社会创业企业成长的实践，探讨社会创业者行为过程以及揭示社会创业企业成长机制无疑是一个既令人兴奋又富有挑战的研究课题。本书基于中国社会创业企业的成长实践，就"社会创业企业如何有效实施资源拼凑策略进而实现成长"这一研究主题进行了全面系统深入的研究，也得出了一些有意义的研究结论，但未来社会创业领域还有许多有价值的研究问题值得后续研究深入探讨。

第一，就商业创业企业资源拼凑的绩效影响效应与社会创业企业资源拼凑行为的绩效影响效应开展比较研究。已有大量文献证实资源拼凑有助于商业创业企业成长（Baker & Nelson, 2005；Salunke et al., 2013；Senyard et al., 2009）；本书研究结论也证实了资源拼凑对社会创业企业成长具有显著的促进作用。资源拼凑是高度情境依赖的概念，其作用的发挥也会伴随着不同的情境而有所差异（祝振铎和李新春，2016；于晓宇等，2017）。已有研究表明，与商业创业企业相比，社会创业企业更难获取外部资源（Austin et al., 2006），面临着更加严峻的资源匮乏问题。对于高度资源约束的社会创业企业而言，资源拼凑对其成长的影响效应是否比商业创业企业更强呢？未来研究可以就该问题开展比较实证研究，以期验证资源拼凑理论是否对社会创业企业成长具有更高的解释力度，进一步论证资源拼凑理论应用在社会创业领域的重要性与必要性。

第二，就社会创业者与商业创业者的决策及行为特征差异开展持续深入的比较研究。作为创业活动的起点，个体的创业决策已经引起了学者们的关注，国内外学者就社会创业者的创业决策问题开展了不少研究，取得了比较丰富的见解与认识（Nga & Shamuganathan, 2010；Miller et al., 2012；仇思宁和李华晶，2018），相对缺乏就社会创业者与商业创业者创业决策背后的因素展开深入的比较分析。未来研究可以就社会创业者与商业创业者的创业决策差异开展深入的比较研究，以期丰富创业决策与认知领域的研究成果（杨俊等，2015）。此外，未来研究还可以就社会创业者与商业创业者如何识别与开发创业机会等问题开展深入的比较案例研究，以期丰富创业者行为领域的研究成果。

第三，从社会网络理论、制度逻辑理论等其他理论视角就社会创业企业成长过程进行解读。社会创业企业在成长过程中面临高度的资源约束问题，如何创造性地利用手头现有资源来突破资源困境进而实现成长是社会创业企业成长实践中亟待解决的重要现实问题。为此，本书基于资源拼凑理论视角揭示了社会创业企业成长机制，为解读社会创业企业成长过程提供了一种思路。实际上，社会创业企业在成长过程中还呈现出许多独特性，比如社会创业企业与其他组织机构之间存在典型的"合作大于竞争"现象，尤其是不同的社会创业企业之间的联系尤为紧密。未来研究可以基于社会网络理论来探讨社会创业企业成长机制，为解读社会创业企业成长过程提供一个新的视角。此外，社会创业企业在成长过程中还要面临公益逻辑以及市场逻辑等两种不同的逻辑，如何有效地平衡好这两种逻辑，处理实现社会价值与收获经济利益过程中的冲突问题进而实现成长呢？未来研究还可以基于制度逻辑理论来探讨社会创业企业成长机制，为解读社会创业企业成长过程提供更多的新视角。

参考文献

[1] Alvarez S, Busenitz L. The entrepreneuship of resource based theory [J]. *Journal of Management*, 2001, 27 (6): 755 – 775.

[2] An W, Zhang J, You C, et al. Entrepreneur's creativity and firm-level innovation performance: Bricolage as a mediator [J]. *Technology Analysis and Strategic Management*, 2018, 30 (7): 838 – 851.

[3] An W, Zhao X, Cao Z, et al. How bricolage drives corporate entrepreneurship: The roles of opportunity identification and learning orientation [J]. *Journal of Product Innovation Management*, 2018, 35 (1): 49 – 65.

[4] Arregle J L, Batjargal B, Hitt M A, et al. Family ties in entrepreneurs' social networks and new venture growth [J]. *Entrepreneurship Theory and Practice*, 2015, 39 (2): 313 – 344.

[5] Austin J, Stevenson H, Wei-Skillen J. Social and commercial entrepreneurship: Same, different or both? [J]. *Entrepreneurship Theory and Practice*, 2006, 47 (3): 370 – 384.

[6] Bacq S, Alt E. Feeling capable and Valued: A prosocial perspective

on the link between empathy and social entrepreneurial intentions [J]. *Journal of Business Venturing*, 2018, 33 (3): 333 - 350.

[7] Bacq S, Eddleston K A. A resource-based view of social entrepreneurship: How stewardship culture benefits scale of social impact [J]. *Journal of Business Ethics*, 2016, 152 (3): 589 - 611.

[8] Bacq S, Hartog C, Hoogendoorn B. Beyond the moral portrayal of social entrepreneurs: An empirical approach to who they are and what drives them [J]. *Journal of Business Ethics*, 2016, 133 (4): 703 - 718.

[9] Bacq S, Ofstein L F, Kickul J R, et al. Bricolage in social entrepreneurship: How creative resource mobilization fosters greater social impact [J]. *The International Journal of Entrepreneurship and Innovation*, 2015, 16 (4): 283 - 289.

[10] Baker T, Miner A S, Eesley D T. Improvising firms: Bricolage, account giving and improvisational competencies in the founding process [J]. *Research Policy*, 2003, 32 (2): 255 - 276.

[11] Baker T, Nelson R E. Creating something from nothing: Resource construction through entrepreneurial bricolage [J]. *Administrative Science Quarterly*, 2005, 50 (3): 329 - 366.

[12] Baker T, Nelson R E. Making that which is old new again: Entrepreneurial bricolage [C]. Proceeding of the Twenty-Third Annual Entrepreneurship Research Conference, 2003.

[13] Baker T. Resources in play: Bricolage in the toy store (y) [J]. *Journal of Business Venturing*, 2007, 22 (5): 694 - 711.

[14] Battilana J, Sengul M, Pache A C, et al. Harnessing productive tensions in hybrid organizations: The case of work integration

social enterprises [J]. *Academy of Management Journal*, 2015, 58 (6): 1658 – 1685.

[15] Birks M, Mills J. *Grounded theory: A practical guide* [M]. London: Sage, 2015.

[16] Bitektine A, Haack P. The "macro" and the "micro" of legitimacy: Toward a multilevel theory of the legitimacy process [J]. *Academy of Management Review*, 2015, 40 (1): 49 – 75.

[17] Bojica A M, Jiménez J M R, Nava J A R, et al. Bricolage and growth in social entrepreneurship organisations [J]. *Entrepreneurship and Regional Development*, 2018, 30 (3 – 4): 362 – 389.

[18] Boso N, Story V M, Cadogan J W. Entrepreneurial orientation, market orieatation, network ties and performance: Study of entrepreneurial firms in a developing economy [J]. *Journal of Business Venturing*, 2013, 28 (6): 708 – 727.

[19] Bruton G D, Ahlstrom D, Li H L. Institutional theory and entrepreneurship: Where are we now and where do we need to move in the future [J]. *Entrepreneurship Theory and Practice*, 2010, 34 (3): 421 – 440.

[20] Burt R S. Network items and the general social survey [J]. *Social Networks*, 1984, 6 (4): 293 – 339.

[21] Busenitz L W, West G P, Nelson D, Shepherd D. Entrepreneurship research in emergence: Past trends and future directions [J]. *Journal of Management*, 2003, 29 (3): 285 – 308.

[22] Cárdenas J. Varieties of corporate networks: Network analysis and fsQCA [J]. *International Journal of Comparative Sociology*, 2012, 53 (4): 298 – 322.

［23］ Charmaz K. *Constructing grounded theory* ［M］. CA: Sage, 2014.

［24］ Chen C. CiteSpace II: Detecting and visualizing emerging trends and transient patterns in scientific literature ［J］. *Journal of the American Society for Information Science and Technology*, 2006, 57 （3）: 359 – 377.

［25］ Cheung C M K, Lee M K O, Lee Z W Y. Understanding the continuance intention of knowledge sharing in online communities of practice through the post-knowledge-sharing evaluation processes ［J］. *Journal of the American Society for Information Science and Technology*, 2013, 64 （7）: 1357 – 1374.

［26］ Choi N, Majumdar S. Social entrepreneurship as an essentially contested concept: Opening a new avenue for systematic future research ［J］. *Journal of Business Venturing*, 2014, 29 （3）: 363 – 376.

［27］ Corner P D, Ho M. How opportunities develop in social entrepreneurship ［J］. *Entrepreneurship Theory and Practice*, 2010, 34 （4）: 635 – 659.

［28］ Covin J G, Slevin D P. Strategic management of small firms in hostile and benign environments ［J］. *Strategic Management Journal*, 1989, 10 （1）: 75 – 87.

［29］ Crilly D, Zollo M, Hansen M T. Faking it or muddling through? Understanding decoupling in response to stakeholder pressures ［J］. *Academy of Management Journal*, 2012, 55 （6）: 1429 – 1448.

［30］ Cristina P, Mónica S, Vanessa M, et al. Perspectives of social entrepreneurship in portugal: Comparison and contrast with international theoretical approaches [J]. *International Review of Social Research*, 2012, 2 (2): 103 – 124.

[31] Dacin M T, Dacin P A, Tracey P. Social entrepreneurship: A critique and future directions [J]. *Organization Science*, 2011, 22 (5): 1203 – 1213.

[32] Dacin M T, Oliver C, Roy J P. The legitimacy of strategic alliances: An institutional perspective [J]. *Strategic Management Journal*, 2007, 28 (2): 169 – 187.

[33] Dacin P A, Dacin M T, Matear M. Social entrepreneurship: Why we don't need a new theory and how we move forward from here [J]. *Academy of Management Perspectives*, 2010, 24 (3): 37 – 57.

[34] Davies I A, Haugh H, Chambers L. Barriers to social enterprise growth [J]. *Journal of Small Business Management*, 2017, 57 (4): 1616 – 1636.

[35] Dees J G. A tale of two cultures: Charity, problem solving, and the future of social entrepreneurship [J]. *Journal of Business Ethics*, 2012, 111 (3): 321 – 334.

[36] Dees J G. Enterprising nonprofits [J]. *Harvard Business Review*, 1998, 76 (1): 54 – 69.

[37] Desa G, Basu S. Optimization or bricolage? Overcoming resource constraints in global social entrepreneurship [J]. *Strategic Entrepreneurship Journal*, 2013, 7 (1): 26 – 49.

[38] Desa G. Resource mobilization in international social entrepreneurship: Brocolage as a mechanism of institutional

transformation [J]. *Entrepreneurship Theory and Practice*, 2012, 36 (4): 727 - 751.

[39] Dess G G, Beard D W. Dimensions of organizational task environments [J]. *Administrative Science Quarterly*, 1984, 29 (1): 52 - 73.

[40] Di Domenico M L, Haugh H, Tracey P. Social bricolage: Theorizing social value creation in social enterprises [J]. *Entrepreneurship Theory and Practice*, 2010, 34 (4): 681 - 703.

[41] Drees J M, Heugens P P. Synthesizing and extending resource dependence theory: A meta-analysis [J]. *Journal of Management*, 2013, 39 (6): 1666 - 1698.

[42] Duymedjian R, Rüling C C. Towards a foundation of bricolage in organization and management theory [J]. *Organization Studies*, 2010, 31 (2): 133 - 151.

[43] Dwivedi A, Weerawardena J. Conceptualizing and operationalizing the soical entrepreneurship construct [J]. *Journal of Business Research*, 2018, 86 (1): 32 - 40.

[44] Edmondson A C, Mcmanus S E. Methodological fit in management field research. [J]. *Academy of Management Review*, 2007, 32 (4): 1155 - 1179.

[45] Eisenhardt K M. Building theories from case study research [J]. *Academy of Management Review*, 1989, 14 (4): 532 - 550.

[46] Estrin S, Mickiewicz T, Stephan U. Entrepreneurship, social capital, and institutions: Social and commercial entrepreneurship across nations [J]. *Entrepreneurship Theory and Practice*, 2013, 37 (3): 479 - 504.

[47] Estrin S, Mickiewicz T, Stephan U. Humancapital in social and commercial entrepreneurship [J]. *Journal of Business Venturing*, 2016, 31 (4): 449 – 467.

[48] Ferneley E, Bell F. Using bricolage to integrate business and information technology innovation in SMEs [J]. *Technovation*, 2006, 26 (2): 232 – 241.

[49] Fisher G. Effectuation, causation and bricolage: A behavioral comparison of emerging theories in entrepreneurship research [J]. *Entrepreneurship Theory and Practice*, 2012, 36 (5): 1019 – 1051.

[50] Fiss P C. A set-theoretic approach to organizational configurations [J]. *The Academy of Management Review*, 2007, 32 (4): 1180 – 1198.

[51] Fiss P C. Building better causal theories: A fuzzy set approach to typologies in organization research [J]. *Academy of Management Journal*, 2011, 54 (2): 393 – 420.

[52] Folmer E, Nederveen C, Schutjens V. Network importance and use commercial versus social enterprises [J]. *Social Enterprise Journal*, 2018, 14 (4): 470 – 490.

[53] Fuglsang L. Bricolage and invisible innovation in public service innovation [J]. *Journal of Innovation Economics & Management*, 2010, 3 (1): 67 – 87.

[54] Garud R, Karnøe P. Bricolage versus breakthrough: Distributed and embedded agency in technology entrepreneurship [J]. *Research Policy*, 2003, 32 (2): 277 – 300.

[55] Geoffery D, Sandip B. Optimization or bricolage? Overcoming

resource constraints in global social entrepreneurship [J]. *Strategic Entrepreneurship Journal*, 2013, 7 (1): 26 – 49.

[56] George G, Rao-Nicholson R, Corbishley C, et al. Institutional entrepreneurship, governance, and poverty: Insights from emergency medical response servicesin India [J]. *Asia Pacific Journal of Management*, 2015, 32 (1): 39 – 65.

[57] Gidron B, Monnickendam-Givon Y. A social welfare perspective of market oriented social euterprises [J]. *International Journal of Social Welfare*, 2017, 26 (2): 127 – 140.

[58] Glaser B G, Strauss A L. *The discovery of grounded theory: Strategies for qualitative research* [M]. New York: Aldine Publishing Company, 1967.

[59] González M F, Husted B W, Aigner D J. Opportunity discovery and creation in social entrepreneurship: An exploratory study in Mexico [J]. *Journal of Business Research*, 2017, 81 (12): 212 – 220.

[60] Grimes M G, Mcmullen J S, Vogus T J, et al. Studying the origins of social entrepreneurship: Compassion and the role of embedded agency [J]. *Academy of Management Review*, 2013, 38 (3): 460 – 463.

[61] Guo H, Su Z, Ahlstrom D. Business model innovation: The effects of exploratory orientation, opportunity recognition, and entrepreneurial bricolage in an emerging economy [J]. *Asia Pacific Journal of Management*, 2016, 33 (2): 533 – 549.

[62] Halme M, Lindeman S, Linna P. Innovation for inclusive business: Intrapreneurial bricolage in multinational corporations

[J]. *Journal of Management Studies*, 2012, 49（4）: 743 - 784.

[63] Hockerts K. Determinants of social entrepreneurial intentions [J]. *Entrepreneurship Theory and Practice*, 2017, 41（1）: 105 - 130.

[64] Holt D, Littlewood D. Waste livelihoods amongst the poor-through the lens of bricolage [J]. *Business Strategy and the Environment*, 2017, 26（2）: 253 - 264.

[65] Hong Q X. Prior experience, social network and levels of entrepreneurial intentions [J]. *Management Research Review*, 2012, 35（10）: 945 - 957.

[66] Hoogendoorn B. The prevalence and determinants of social entrepreneurship at the macro level [J]. *Journal of Small Business Management*, 2016, 54（1）: 278 - 296.

[67] Hooi H C, Ahmad N H, Amran A, et al. The functional role of entrepreneurial orientation and entrepreneurial bricolage in ensuring sustainable entrepreneurship [J]. *Management Research Review*, 2016, 39（12）: 1616 - 1638.

[68] Hynes B. Growing the social enterprise-issues and challenges [J]. *Social Enterprise Journal*, 2009, 5（2）: 114 - 125.

[69] Janssen F, Fayolle A, Wuilaume A. Researching bricolage in social entrepreneurship [J]. *Entrepreneurship and Regional Development*, 2018, 30（3 - 4）: 450 - 470.

[70] Kannampuzha M J, Suoranta M. Bricolage in the marketing efforts of a social enterprise [J]. *Journal of Research in Marketing and Entrepreneurship*, 2016, 18（2）: 176 - 196.

[71] Katre A, Salipante P. Start - up social ventures: Blending fine -

grained behaviors from two institutions for entrepreneurial success [J]. *Entrepreneurship Theory and Practice*, 2012, 36 (5): 967 – 994.

[72] Khoury T A, Prasad A. Entrepreneurship amid concurrent institutional constraints in less developed countries [J]. *Business and Society*, 2016, 55 (7): 934 – 969.

[73] Kickul J, Griffiths M D, Gundry L. Innovating for social impact: Is bricolage the catalyst for change? [J] *Entrepreneurship Theory and Practice*, 2010, 25 (1): 64 – 87.

[74] Kickul J, Griffiths M, Bacq S, et al. Catalyzing social innovation: Is entrepreneurial bricolage always good? [J]. *Entrepreneurship and Regional Development*, 2018, 30 (3 – 4): 407 – 420.

[75] Kreiser P M, Davis J. Entrepreneurial orientation and firm performance: The unique impact of innovativeness, proactiveness and risktaking [J] . *Journal of Small Business and Entrepreneurship*, 2010, 23 (1): 39 – 51.

[76] Kumar K, Boesso G, Favotto F, et al. Strategic orientation, innovation patterns and performances of SMEs and large companies [J]. *Journal of Small Business and Enterprise Development*, 2013, 19 (1): 132 – 145.

[77] Kwong C, Tasavori M, Cheung C W. Bricolage, collaboration and mission drift in social enterprises [J]. *Entrepreneurship and Regional Development*, 2017, 29 (7 – 8): 609 – 638.

[78] Ladstaetter F, Plank A, Hemetsberger A. The merits and limits of making do: Bricolage and breakdowns in a social enterprise [J].

Entrepreneurship and Regional Development, 2018, 30 (3 – 4):
283 – 309.

[79] Lamy E. How to make social entrepreneurship sustainable? A diagnosis and a few elements of a response [J]. *Journal of Business Ethics*, 2019, 155 (3): 645 – 662.

[80] Langley A, Kakabadse N, Swailes S. Longitudinal textual analysis: An innovative method for analysing how realised strategies evolve [J]. *Qualitative Research in Organizations and Management: An International Journal*, 2007, 2 (2): 104 – 125.

[81] Lehner O M, Kaniskas J. Opportunity recognition in social entrepreneurship: A thematic meta analysis [J]. *Journal of Entrepreneurship*, 2012, 21 (1) 25 – 58.

[82] Lennerfors T T, Rehn A. Chance interventions-on bricolage and the state as an entrepreneur in a declining industry [J]. *Culture and Organization*, 2014, 20 (5): 377 – 391.

[83] Levi-Strauss C. *The savage mind* [M]. Chicago: University of Chicago Press, 1966.

[84] Li H, Zhang Y. The role of managers' political networking and functional experience in new venture performance: Evidence from China's transition economy [J]. *Strategic Management Journal*, 2007, 28 (8): 791 – 804.

[85] Linna P. Bricolage as a means of innovating in a resource-scarce environment: A study of innovator-entrepreneurs at the bop [J]. *Journal of Developmental Entrepreneurship*, 2013, 18 (3): 1 – 16.

[86] Littlewood D, Khan Z. Insights from a systematic review of citerature on social enterprise and networks [J] . *Social Enterprse*

Journal, 2018, 14 (4): 390 – 409.

[87] Liu G, Eng T Y, Takeda S. An investigation of marketing capabilities and social enterprise performance in the UK and Japan [J]. *Entrepreneurship Theory and Practice*, 2015, 39 (2): 267 – 298.

[88] Lortie J, Castrogiovanni G J, Cox K C. Gender, social salience, and social performance: How women pursue and perform in social ventures [J]. *Entrepreneurship and Regional Development*, 2017, 29 (1 – 2): 155 – 173.

[89] Luke B, Chu V. Social enterprise versus social entrepreneurship: An examination of the "why" and "how" in pursuing social change [J]. *International Small Business Journal*, 2013, 31 (7): 764 – 784.

[90] Mair J, Battilana J, Cardenas J. Organizing for society: A typology of social entrepreneuring models [J]. *Journal of Business Ethics*, 2012, 111 (3): 353 – 373.

[91] Mair J, Marti I. Social entrepreneurship research: A source of explanation, prediction, and delight [J]. *Journal of World Business*, 2006, 41 (1): 36 – 44.

[92] Mair J, Marti I. Entrepreneurship in and around institutional voids: A case study from Bangladesh [J]. *Journal of Business Venturing*, 2009, 24 (5): 419 – 435.

[93] Marquis C, Davis G F, Glynn M A. Golfing alone? Corporations, elites, and nonprofit growth in 100 American communities [J]. *Organization Science*, 2013, 24 (1): 39 – 57.

[94] Martin R L, Osberg S. *Social entrepreneurship: The case for definition*

［M］. Stanford, CA：Stanford Social Innovation Review, 2007.

［95］ Marx A, Rihoux B, Ragin C. The origins, development, and application of qualitative comparative analysis：The first 25 years ［J］. *European Political Science Review*, 2014, 6（1）：115 – 142.

［96］ McGee J E, Dowling M J, Megginson W L. Cooperative strategy and new venture performance：The role of business strategy and management experience ［J］. *Strategic Management Journal*, 1995, 16（7）：565 – 580.

［97］ McMullen J S, Bergman B J. Social entrepreneurship and the development paradox of prosocial motivation：A cautionary tale ［J］. *Strategic Entrepreneurship Journal*, 2017, 11（2）：243 – 270.

［98］ Meyskens M, Carsrud A L, Cardozo R N. The symbiosis of entities in the social engagement network：The role of social ventures ［J］. *Entrepreneurship and Regional Development*, 2010, 22（5）：425 – 455.

［99］ Miles M B, Huberman A M. *Qualitative data analysis：An expanded sourcebook* ［M］. CA：Sage, 1994.

［100］ Miles M P, Arnold D R. The Relationship between marketing orientation and entrepreneurial orientation ［J］. *Entrepreneurship Theory and Practice*, 1991, 15（4）：49 – 66.

［101］ Miller T L, Grimes M G, Mcmullen J S, et al. Venturing for others with heart and head：How compassion encourages social entrepreneurship. ［J］. *Academy of Management Review*, 2012, 37（4）：616 – 640.

［102］ Misangyi V F, Greckhamer T, Furnari S, et al. Embracing causal complexity：The emergence of a neo-configurational perspective [J]. *Journal of Management*, 2017, 43 (1): 255 – 282.

[103] Molecke G, Pinkse J. Accountability for social impact: A bricolage perspective on impact measurement in social enterprises [J]. *Journal of Business Venturing*, 2017, 32 (5): 550 – 568.

[104] Moss T W, Short J C, Payne G T, et al. Dual identities in social ventures: An exploratory study [J]. *Entrepreneurship Theory and Practice*, 2011, 35 (4): 805 – 830.

[105] Mulgan G. *Social innovation theories: Can theory catch up with practice?* [M]. Berlin: Springer, 2012.

[106] Narver J C, Slater S F. The effect of a market orientation on business profitability [J]. *Journal of Marketing*, 1990, 54 (4): 20 – 35.

[107] Nga J K H, Shamuganathan G. The influence of personality traits and demographic factors on social entrepreneurship start up intentions [J]. *Journal of Business Ethics*, 2010, 95 (2): 259 – 282.

[108] Nicholls A. The legitimacy of social entrepreneurship: Reflexive isomorphism in a pre-paradigmatic field [J]. *Entrepreneurship Theory and Practice*, 2010, 34 (4): 611 – 633.

[109] Parhankangas A, Renko M. Linguistic style and crowdfunding success among social and commercial entrepreneurs [J]. *Journal of Business Venturing*, 2017, 32 (2): 215 – 236.

[110] Perrini F, Vurro C, Costanzo L A. A process-based view of social entrepreneurship: From opportunity identification to scaling-up social change in the case of san patrignano [J].

Entrepreneurship and Regional Development, 2010, 22 (6): 515 – 534.

[111] Phillips W, Lee H, Ghobadian A, et al. Social innovation and social entrepreneurship: A systematic review [J]. *Group and Organization Management*, 2015, 40 (3): 428 – 461.

[112] Pless N M. Social entrepreneurship in theory and practice [J]. *Journal of Business Ethics*, 2012, 111 (3): 317 – 320.

[113] Poblete C. Growth expectations through innovative entrepreneurship: The role of subjective values and duration of entrepreneurial experience [J]. *International Journal of Entrepreneurial Benavior and Research*, 2018, 24 (1): 191 – 213.

[114] Preeta M B, Benjamin C A. Inventor bricolage and firm technology research and development [J]. *R&D Management*, 2009, 29 (5): 473 – 487.

[115] Raffi D, Charles-Clemens R. Towards a foundation of bricolage in organization and management theory [J]. *Organization Studies*, 2010, 31 (2): 133 – 151.

[116] Ragin C C. *Redesigning social inquiry: Fuzzy sets and beyond* [M], Chicago: University of Chicago Press, 2009.

[117] Ragin C C. *The comparative method: Moving beyond qualitative and quantative strategies* [M]. Barkeley: University of California Press, 1987.

[118] Rahman S A, Ahmad N H, Amran A. The functional role of entrepreneurial orientation and entrepreneurial bricolage in ensuring sustainable entrepreneurship [J]. *Management Research Review*, 2016, 39 (12): 1616 – 1638.

[119] Rao H, Monin P, Durand R. Border crossing: Bricolage and the erosion of categorical boundaries in French gastronomy [J]. *American Sociological Review*, 2005, 70 (6): 968 – 991.

[120] Ravishankar M N, Gurca A. A bricolage perspective on technological innovation in emerging markets [J]. *IEEE Transactions on Engineering Management*, 2016, 63 (1): 53 – 66.

[121] Renko M. Early challenges of nascent social entreprenerus [J]. *Entrepreneurship Theory and Practice*, 2013, 37 (5): 1045 – 1069.

[122] Rey-Martí A, Ribeiro-Soriano D, Sánchez-García J L. Giving back to society: Job creation through social entrepreneurship [J]. *Journal of Business Research*, 2016, 69 (6): 2067 – 2072.

[123] Rihoux, B and C. C. Ragin. *Configurational comparative methods: Qualitative comparative analysis (QCA) and related techniques* [M]. Thousand Oaks CA: Sage Publications, 2009.

[124] Ronkko M, Peltonen J, Arenius P. Selective or parallel? Toward measuring the domains of entrepreneurial bricolage [C]. in Andrew C C, Jerome A K (ed.) *Entrepreneurial Resourcefulness: Competing With Constraints* [M], Emerald Group Publishing Limited, 2014.

[125] Ruebottom T. The microstructures of rhetorical strategy in social entrepreneurship: Building legitimacy through heroes and villains [J]. *Journal of Business Venturing*, 2013, 28 (1): 98 – 116.

[126] Ruef M, Aldrich H E, Carter N M. The Structure of founding teams: Homophily, strong ties and isolation among US entrepreneurs [J]. *American Sociological Review*, 2003, 68 (2):

223

195 - 222.

[127] Saebi T, Foss N J, Linder S. Social entrepreneurship research: Past achievements and future promises [J]. *Journal of Management*, 2019, 45 (1): 70 - 95.

[128] Salunke S, Weerawardena J, McColl-Kennedy J R. Competing through service innovation: The role of bricolage and entrepreneurship in project-oriented firms [J]. *Journal of Business Research*, 2013, 66 (8): 1085 - 1097.

[129] Santos F M. A positive theory of social entrepreneurship [J]. *Journal of Business Ethics*, 2012, 111 (3): 335 - 351.

[130] Sarkar S. Grassroots entrepreneurs and social change at the bottom of the pyramid: The role of bricolage [J]. *Entrepreneurship and Regional Development*, 2018, 30 (3 - 4): 421 - 449.

[131] Sarpong D, Davies C. Managerial organizing practices and legitimacy seeking in social enterprises [J]. *Social Enterprise Journal*, 2014, 10 (1): 21 - 37.

[132] Schneider C Q, Wagemann C. *Set-theoretic methods for the social sciences: A guide to qualitative comparative analysis* [M]. Cambridge: Cambridge University Press, 2012.

[133] Scott W R. *Institutions and organizations* [M]. Thousand Okays: Sage, 1995.

[134] Seelos C, Mair J. Social entrepreneurship: Creating new business models to serve the poor [J]. *Business Horizon*, 2005, 48 (3): 241 - 246.

[135] Sengupta S, Sahay A. Social entrepreneurship research in Asia-

Pacific: Perspectives and opportunities [J]. *Social Enterprise Journal*, 2017, 13 (1): 17 – 37.

[136] Senyard J, Baker T, Steffens P, Davidsson P. Bricolage as a path to innovativeness for resource-constrained new firms [J]. *Journal of Innovation Management*, 2014, 31 (2): 211 – 230.

[137] Senyard J, Baker T, Davidsson P. Entrepreneurial bricolage: Towards systematic empirical testing [J]. *Frontiers of Entrepreneurship Research*, 2009, 29 (5): 1 – 15.

[138] Servantie V, Rispal M H. Bricolage, effectuation, and causation shifts over time in the context of social entrepreneurship [J]. *Entrepreneurship and Regional Development*, 2018, 30 (3 – 4): 310 – 335.

[139] Sharir M, Lerner M. Gauging the success of social ventures initiated by individual social entrepreneurs [J]. *Journal of World Business*, 2006, 41 (1): 6 – 20.

[140] Short J C, Moss T W, Lumpkin G T. Research in social entrepreneurship: Past contributions and future opportunities [J]. *Strategic Entrepreneurship Journal*, 2009, 3 (2): 161 – 194.

[141] Stam W, Arzlanian S, Elfing T. Social captial of entrepreneurs and small firm performance: A meta-analysis of contextual and methodological moderators [J] .*Journal of Business Venturing*, 2014, 29 (1): 152 – 173.

[142] Steffens P, Senyard J, Davidsson P. Linking resource acquisition and development processes to resource-based advantage: Bricolage and the resource-based view [C]. *Proceeding of the 29th Babson College Entrepreneurship Research Conference*, 2009.

[143] Stenholm P, Renko M. Passionate bricoleurs and new venture survival [J]. *Journal of Business Venturing*, 2016, 31 (5): 595 – 611.

[144] Stephan U, Uhlaner L M, Stride C. Institutions and social entrepreneurship: The role of institutional voids, institutional support, and institutional configurations [J]. *Journal of International Business Studies*, 2015, 46 (3): 308 – 331.

[145] Stevens R, Moray N, Bruneel J. The social and economic mission of social enterprises: Dimensions, measurement, validation, and relation [J]. *Entrepreneurship Theory and Practice*, 2015, 39 (5): 1051 – 1082.

[146] Stinchfield B T, Nelson R E, Wood M S. Learning from Levi-Strauss' Legacy: Art, craft, engineering, bricolage and brokerage in entrepreneurship [J]. *Entrepreneurship Theory and Practice*, 2013, 37 (4): 889 – 921.

[147] Stokke O S. Qualitative comparative analysis, shaming and international regime effectiveness [J]. *Journal of Business Research*, 2007, 60 (5): 501 – 511.

[148] Strauss A L, Corbin J M. Grounded theory in practice [M]. Thousand Oaks, CA: Sage, 1997.

[149] Suchman M C. Managing legitimacy: Strategic and institutional approaches [J]. *Academy of Management Review*, 1995, 20 (3): 571 – 610.

[150] Sunduramurthy C, Zheng C, Musteen M, et al. Doing more with less, systematically? Bricolage and ingenieuring in successful social ventures [J]. *Journal of World Business*, 2016, 51 (5):

855 – 870.

[151] Tan W L, Williams J, Tan T M. Defining the "social" in "social entrepreneurship": Altruism and entrepreneurship [J]. *International Entrepreneurship & Management Journal*, 2005, 1 (3): 353 – 365.

[152] Tasavori M, Kwong C, Pruthi S. Resource bricolage and growth of product and market scope in social enterprises [J]. *Entrepreneurship and Regional Development*, 2018, 30 (3/4): 336 – 361.

[153] Theobald R. *Therapids of change: Social entrepreneurship in turbulent times* [M]. Indiana: knowledge Systems, 1988.

[154] Thompson J, Alvy G, Lees A. Social entrepreneurship: A new look at the people and the potential [J]. *Management Decision*, 2002, 38 (5): 328 – 338.

[155] Townsend D M, Hart T A. Perceived institutional ambiguity and the choice of organizational form in social entrepreneurial ventures [J]. *Entrepreneurship Theory and Practice*, 2008, 32 (4): 685 – 700.

[156] Toyah L M, Curtis L W. Assessing mission and resources for social change: An organizational identity perspective on social venture capitalists' decision criteria [J]. *Entrepreneurship Theory and Practice*, 2010, 34 (4): 705 – 733.

[157] Tracey P, Phillips N, Jarvis O. Bridging institutional entrepreneurship and the creation of new organizational forms: A multilevel model [J]. *Organization Science*, 2011, 22 (1): 60 – 80.

[158] Vanevenhoven J, Winkel D, Dougan W L, Bronson J. Varieties of bricolage and the process of entrepreneurship [J]. *New England Journal of Entrepreneurship*, 2011, 14 (2): 53 – 66.

[159] Weick K E. The collapse of sensemaking in organizations: The Mann Gulch disaster [J]. *Administrative Science Quarterly*, 1993, 38 (4): 628 – 652.

[160] Welter C, Mauer, René, Wuebker R J. Bridging behavioral models and theoretical concepts: Effectuation and bricolage in the opportunity creation framework [J]. *Strategic Entrepreneurship Journal*, 2016, 10 (1): 5 – 20.

[161] Wiklund J, Shepherd D A. Where to from here? EO-as-experimention, failure and distribution of outcomes [J]. *Entrepreneurship Theoy and Practice*, 2011, 35 (5): 925 – 946.

[162] Wilson F, Post J E. Business models for people, planet (& profits): Exploring the phenomena of social business, a market-based approach to social value creation [J]. *Small Business Economics*, 2013, 40 (3): 715 – 737.

[163] Wu L, Liu H, Zhang J. Bricolage effects on new-product development speed and creativity: The moderating role of technological turbulence [J]. *Journal of Business Research*, 2017, 70 (1): 127 – 135.

[164] Yang Y K, Wu S L. In search of the right fusion recipe: The role of legitimacy in building a social enterprise model [J]. *Business Ethics: A European Review*, 2016, 25 (3): 327 – 343.

[165] Yin R K. *Case study research and applications: Design and methods* [M]. London: Sage publications, 2017.

［166］ Yitshaki R, Kropp F. Motivations and opportunity recognition of social entrepreneurs ［J］. *Journal of Small Business Management*, 2016, 54 （2）: 546 - 565.

［167］ Yiu D W, Wan W P, Ng F W, et al. Sentimental drivers of social entrepreneurship: A study of China's Guangcai （glorious） Program ［J］. *Management and Organization Review*, 2014, 10 （1）: 55 - 80

［168］ Yunus M, Moingeon B, Lehmann-Ortega L. Building social business models: Lessons from the Grameen experience ［J］. *Long Range Planning*, 2010, 43 （2/3）: 308 - 325.

［169］ Zahra S A, Gedajlovic E, Neubaum D O, et al. A typology of social entrepreneurs: Motives, search processes and ethical challenges ［J］. *Journal of Business Venturing*, 2009, 24 （5）: 519 - 532.

［170］ Zahra S A, Newey L R, Li Y. On the frontiers: The implications of social entrepreneurship for international entrepreneurship ［J］. *Entrepreneurship Theory and Practice*, 2014, 38 （1）: 137 - 158.

［171］ Zahra S A, Rawhouser H N, Bhawe N, et al. Globalization of social entrepreneurship opportunities ［J］. *Strategic Entrepreneurship Journal*, 2008, 2 （2）: 117 - 131.

［172］ Zhao E Y, Lounsbury M. An institutional logics approach to social entrepreneurship: Market logic, religious diversity, and resource acquisition by microfinance organizations ［J］. *Journal of Business Venturing*, 2016, 31 （6）: 643 - 662.

［173］ 白彦壮, 张璐, 薛杨. 社会网络对社会创业机会识别与开

发的作用——以格莱珉银行为例 [J]. 技术经济，2016，35 (10)：79 – 85.

[174] 蔡莉，单标安. 创业网络对新企业绩效的影响：基于企业创建期、存活期及成长期的实证分析 [J]. 中山大学学报 (社会科学版)，2010 (4)：189 – 197.

[175] 蔡莉，单标安. 中国情境下的创业研究：回顾与展望 [J]. 管理世界，2013 (12)：160 – 169.

[176] 曹桢. 大学生环保类社会创业研究——国际经验和本土案例 [J]. 调研世界，2018 (7)：62 – 65

[177] 曾凡奇，刘倩，曹馨蕊. 情感能力是否影响社会创业者的创业意向？——基于中国创行项目的实证研究 [J]. 创新，2017，11 (3)：20 – 27.

[178] 曾凡奇，郑慕强，刘倩. 创业意向的影响因素实证研究——基于大学生社会创业问卷调查 [J]. 汕头大学学报 (人文社会科学版)，2015，31 (3)：70 – 76 + 102.

[179] 曾建国. 大学生社会创业动机结构研究 [J]. 技术经济与管理研究，2014 (12)：33 – 36.

[180] 曾建国. 大学生社会创业环境比较分析——基于北京、上海、长沙三城市的实证研究 [J]. 继续教育研究，2014 (6)：94 – 96.

[181] 陈怀超，陈安，范建红. 组织合法性研究脉络梳理与未来展望 [J]. 中央财经大学学报，2014，1 (4)：87 – 96.

[182] 陈劲，王皓白. 社会创业与社会创业者的概念界定与研究视角探讨 [J]. 外国经济与管理，2007，29 (8)：10 – 15.

[183] 陈悦. 引文空间分析原理与应用 [M]. 北京：科学出版社，2014.

[184] 陈昀, 陈鑫. 基于认知视角的社会创业企业合法化机制及获取策略 [J]. 管理学报, 2018, 15 (9): 45 - 51.

[185] 成中英, 张树旺, 黄晶, 任庆怡, 岳磊. 基于易经的中国商业伦理与管理 [J]. 管理学报, 2015, 12 (1): 29 - 37.

[186] 程聪, 贾良定. 我国企业跨国并购驱动机制研究——基于清晰集的定性比较分析 [J]. 南开管理评论, 2016, 19 (6): 113 - 121.

[187] 程建青, 罗瑾琏, 杜运周, 等. 制度环境与心理认知何时激活创业?——一个基于 QCA 方法的研究 [J]. 科学学与科学技术管理, 2019, 40 (2): 114 - 131.

[188] 池毛毛, 赵晶, 李延晖, 王伟军. 企业平台双元性的实现构型研究: 一项模糊集的定性比较分析 [J]. 南开管理评论, 2017, 20 (3): 65 - 76.

[189] 仇思宁, 李华晶. 亲社会性与社会创业机会开发关系研究 [J]. 科学学研究, 2018, 36 (2): 304 - 312.

[190] 邓巍, 梁巧转, 范培华. 创业拼凑研究脉络梳理与未来展望 [J]. 研究与发展管理, 2018, 30 (3): 145 - 156.

[191] 杜晓君, 杨勃, 任晴阳. 基于扎根理论的中国企业克服外来者劣势的边界跨越策略研究 [J]. 管理科学, 2015, 28 (2): 12 - 26.

[192] 杜运周, 张玉利, 任兵. 展现还是隐藏竞争优势: 新企业竞争者导向与绩效 U 型关系及组织合法性的中介作用 [J]. 管理世界, 2012 (7): 96 - 107.

[193] 杜运周, 张玉利. 新企业死亡率的理论脉络综述与合法化成长研究展望 [J]. 科学学与科学技术管理, 2009, 30 (5): 136 - 142.

[194] 杜运周，贾良定．组态视角与定性比较分析（QCA）：管理学研究的一条新道路 [J]．管理世界，2017（6）：155 - 167．

[195] 方慧，王丽萍．职业成熟度与社会创业决策研究 [J]．西安石油大学学报（社会科学版），2018，27（2）：50 - 58．

[196] 方世建，黄明辉．创业新组拼理论溯源、主要内容探析与未来研究展望 [J]．外国经济与管理，2013，35（10）：2 - 12．

[197] 符峰华，蒙生儒，刘刚．高新技术企业社会联系与创新绩效关系的实证研究——基于资源拼凑和创新搜索强度的中介调节效应 [J]．预测，2018，37（4）：17 - 23．

[198] 付丙海，谢富纪，张宏如．创业拼凑的多层次诱发机制及影响效应 [J]．科学学研究，2018，36（7）：1244 - 1253．

[199] 傅颖，斯晓夫，陈卉．基于中国情境的社会创业：前沿理论与问题思考 [J]．外国经济与管理，2017，39（3）：40 - 50．

[200] 高静，张应良．农户创业价值实现与环境调节：自资源拼凑理论适视 [J]．改革，2014（1）：87 - 93．

[201] 龚丽敏，江诗松，魏江．架构理论与方法回顾及其对战略管理的启示 [J]．科研管理，2014，35（5）：44 - 53．

[202] 苟天来，毕宇珠，胡新萍．社会创新过程及其面临的局限 [J]．中国行政管理，2012（9）：75 - 78．

[203] 郭新东．企业社会创业动机的探索性案例研究 [D]．安徽财经大学硕士学位论文，2013．

[204] 郝志鹏，张所地，王建秀．国内外创业学习比较研究及中国情境化启示 [J]．2018，15（9）：1411 - 1422．

[205] 何一清，崔连广，张敬伟. 互动导向对创新过程的影响：
创新能力的中介作用与资源拼凑的调节作用 [J]. 南开管
理评论，2015，18（4）：96 – 105.

[206] 胡相峰，陈延斌. 略论传统节俭思想的现代伦理价值 [J].
江苏社会科学，2005（6）：228 – 231.

[207] 胡杨成，徐敏辉. 社会创业导向时非营利组织绩效的影响
研究——兼论环境不确定性的调节效应 [J]. 江西社会科
学，2014，34（1）：228 – 232.

[208] 黄艳，陶秋燕，孟猛猛. 社会网络、资源拼凑与新创企业
的创新绩效 [J]. 技术经济，2017，36（10）：31 – 37 +
106.

[209] 贾旭东，谭新辉. 经典扎根理论及其精神对中国管理研究
的现实价值 [J]. 管理学报，2010，7（5）：656 – 665.

[210] 焦豪，邬爱其. 国外经典社会创业过程模型评介与创新
[J]. 外国经济与管理，2008，30（3）：29 – 33.

[211] 李德. 西方发达国家发展社会企业对中国的启示 [J]. 上
海师范大学学报（哲学社会科学版），2018，47（1）：71 –
77.

[212] 李非，祝振铎. 基于动态能力中介作用的创业拼凑及其功
效实证 [J]. 管理学报，2014，11（4）：562 – 568.

[213] 李华晶，李永慧，贾莉，等，企业社会创业导向的绩效转
化路径研究 [J]. 广州大学学报（社会科学版），2015，14
（9）：53 – 60.

[214] 李华晶，肖玮玮. 机会识别、开发与资源整合：基于壹基
金的社会创业过程研究 [J]. 科学经济社会，2010，28
（2）：94 – 97.

[215] 李健. 基于模糊集定性比较分析的民营企业政治行为有效性研究 [J]. 商业经济与管理, 2012 (11): 48-55.

[216] 李婷婷, 李艳军. 农技人员推广导向对农户品牌行为影响的作用机理——基于扎根理论的探索性研究 [J]. 财经论丛, 2016 (1): 83-89.

[217] 李晓翔, 霍国庆. 资源匮乏、拼凑策略与中小企业产品创新关系研究 [J]. 商业经济与管理, 2015 (3): 41-55.

[218] 李垣, 田龙伟. 中国情景与中国管理研究: 转型特征与文化认知特征的整合观点 [J]. 管理学报, 2013, 10 (2): 168-171.

[219] 李远煦. 社会创业: 大学生创业教育的新范式 [J]. 高等教育研究, 2015, 36 (3): 78-83.

[220] 李长安. 我国四次创业浪潮的演进: 从 "难民效应" 到 "企业家效应" [J]. 北京工商大学学报 (社会科学版), 2018, 33 (2): 1-9.

[221] 厉杰, 吕辰, 于晓宇. 社会创业合法性形成机制研究述评 [J]. 研究与发展管理, 2018, 30 (2): 148-158.

[222] 梁强, 罗英光, 谢舜龙. 基于资源拼凑理论的创业资源价值实现研究与未来展望 [J]. 外国经济与管理, 2013, 35 (5): 14-22.

[223] 林海, 黎友焕. 社会创业组织商业模式核心要素构成的跨案例研究 [J]. 山东理工大学学报 (社会科学版), 2014, 30 (2): 14-19.

[224] 林海, 张燕, 严中华. 社会创业机会识别与开发框架模型研究 [J]. 技术经济与管理研究, 2009 (1): 36-37+67.

[225] 刘露, 郭海. 新创企业资源拼凑研究现状与未来研究展望

[J]．现代管理科学，2017（9）：64－66．

[226] 刘人怀，王娅男．创业拼凑、创业学习与新企业突破性创新的关系研究［J］．科技管理研究，2017，37（17）：1－8．

[227] 刘人怀，王娅男．创业拼凑对创业学习的影响研究——基于创业导向的调节作用［J］．科学学与科学技术管理，2017，38（10）：135－146．

[228] 刘威．从分立实践到嵌合共生——中国社会工作与公益慈善的理想关系模式建构［J］．学习与探索，2018（11）：51－58．

[229] 刘玉焕，井润田．社会创业的概念、特点和研究方向［J］．技术经济，2014，33（5）：17－24．

[230] 刘振，崔连广，杨俊，李志刚，宫一泓．制度逻辑、合法性机制与社会企业成长［J］．管理学报，2015，12（4）：565－575．

[231] 刘振，管梓旭，李志刚，管珺．社会创业的资源拼凑——理论背景、独特属性与问题思考［J］．研究与发展管理，2019，31（1）：10－20．

[232] 刘振，乐国林，李志刚．双重驱动因素与社会企业成长绩效——市场合法化的中介作用［J］．科学学与科学技术管理，2016，37（9）：114－128．

[233] 刘振，李志刚，高艳．社会创业的本质：基于创业过程的结构性创新［J］．山东社会科学，2017（9）：121－125．

[234] 刘振，杨俊，李志刚．国外社会企业成长研究综述与发展趋势［J］．现代财经·天津财经大学学报，2014（2）：84－93．

[235] 刘振，杨俊，张玉利. 社会创业研究——现状述评与未来趋势 [J]. 科学学与科学技术管理，2015，36（6）：26 - 35.

[236] 刘志阳，金仁旻. 社会企业的商业模式：一个基于价值的分析框架 [J]. 学术月刊，2015（3）：100 - 108.

[237] 刘志阳，李斌，陈和午. 企业家精神视角下的社会创业研究 [J]. 管理世界，2018（11）：171 - 173.

[238] 刘志阳，李斌，陈和午. 社会创业与乡村振兴 [J]. 东南学术，2018（11）：77 - 88.

[239] 刘志阳，庄欣荷. 社会创业定量研究：文献述评与研究框架 [J]. 研究与发展管理，2018，30（2）：123 - 135.

[240] 马蔷，李雪灵，申佳，等. 创业企业合法化战略研究的演化路径与体系构建 [J]. 外国经济与管理，2015，37（10）：46 - 57.

[241] 买忆媛，徐承志. 工作经验对社会企业创业资源整合的影响 [J]. 管理学报，2012，9（1）：82 - 88.

[242] 彭伟，于小进，郑庆龄. 基于扎根理论的社会创业企业资源拼凑策略研究 [J]. 财经论丛，2019（1）：81 - 90.

[243] 秦剑. 基于创业管理视角的创业拼凑理论发展及其实证应用研究 [J]. 管理评论，2012，24（9）：94 - 102.

[244] 邱均平，段宇锋，陈敬全. 我国文献计量学发展的回顾与展望 [J]. 科学学研究，2003，21（2）：143 - 148.

[245] 芮正云，庄晋财. 产业网络对新创小微企业成长绩效的影响研究 [J]. 经济体制改革，2014（5）：97 - 101.

[246] 沙勇. 社会企业：理论审视、发展困境与创新路径 [J]. 经济学动态，2014（5）：49 - 56.

[247] 沈陆娟, 陈国法. 社会创业视角下美国社区学院社会创业教育研究 [J]. 教育评论, 2016 (2): 99 - 103.

[248] 盛南, 王重鸣. 社会创业导向构思的探索性案例研究 [J]. 管理世界, 2008 (8): 127 - 137.

[249] 史会斌, 陈金亮, 杨东. 战略导向对外部创新搜索策略的影响——基于港资企业的实证研究 [J]. 技术经济, 2019 (1): 14 - 21.

[250] 宋晶, 陈劲. 创业者社会网络、组织合法性与创业企业资源拼凑 [J]. 科学学研究, 2019, 37 (1): 86 - 94.

[251] 苏芳, 毛基业, 谢卫红. 资源贫乏企业应对环境剧变的拼凑过程研究 [J]. 管理世界, 2016 (8): 137 - 149.

[252] 苏敬勤, 刘静. 案例研究数据科学性的评价体系 [J]. 科学学研究, 2013, 31 (10): 1522 - 1531.

[253] 苏郁锋, 吴能全, 周翔. 制度视角的创业过程模型——基于扎根理论的多案例研究 [J]. 南开管理评论, 2017, 20 (1): 181 - 192.

[254] 苏郁锋, 张延平, 周翔. 互联网初创企业制度拼凑与整合策略多案例研究 [J]. 管理学报, 2019, 16 (2): 168 - 179.

[255] 孙红霞, 马鸿佳. 机会开发、资源拼凑与团队融合——基于 Timmons 模型 [J]. 科研管理, 2016, 37 (7): 97 - 106.

[256] 孙锐, 周飞. 企业社会联系、资源拼凑与商业模式创新的关系研究 [J]. 管理学报, 2017, 14 (12): 1811 - 1818.

[257] 孙世敏, 汤甜. 社会企业业绩计量文献评述 [J]. 商业研究, 2010 (11): 128 - 133.

［258］孙世敏. 社会企业业绩计量理论、方法及其应用［M］. 北京：经济科学出版社，2014.

［259］孙永磊，陈劲，宋晶. 双元战略导向对企业资源拼凑的影响研究［J］. 科学学研究，2018，36（4）：684－690＋700.

［260］汤淑琴，蔡莉，陈彪. 创业者经验研究回顾与展望［J］. 外国经济与管理，2014，36（1）：12－19.

［261］田宇，杨艳玲. 贫困地区新创企业创业者关系网络对其组织合法性的影响机制研究［J］. 管理学报，2017，14（2）：176－184.

［262］汪忠，李姣，袁丹. 社会创业者社会资本对机会识别的影响研究［J］. 中国地质大学学报（社会科学版），2017（2）：145－154.

［263］汪忠，吴倩，胡兰. 基于 DEA 方法的社会企业双重绩效评价研究［J］. 中国地质大学学报（社会科学版），2013（4）：106－111.

［264］汪忠，袁丹，郑晓芳. 青年公益创业动机特征实证研究［J］. 青年探索，2015（5）：25－30.

［265］王凤彬，江鸿，王璁. 央企集团管控架构的演进：战略决定、制度引致还是路径依赖？——一项定性比较分析（QCA）尝试［J］. 管理世界，2014（12）：92－114.

［266］王国红，秦兰，邢蕊，周建林. 新企业创业导向转化为成长绩效的内在机理研究——以创业拼凑为中间变量的案例研究［J］. 中国软科学，2018（5）：135－146.

［267］王皓白. 社会创业动机、机会识别与决策机制研究［D］. 浙江大学博士学位论文，2010.

[268] 王节祥. 互联网平台企业的边界选择与开放度治理研究: 平台二重性视角 [D]. 浙江大学博士学位论文, 2016.

[269] 王晶晶, 郭新东. 企业社会创业动机的探索性研究——基于三家企业的案例分析 [J]. 管理案例研究与评论, 2015, 8 (4): 340 – 351.

[270] 王晶晶, 王颖. 国外社会创业研究文献回顾与展望 [J]. 管理学报, 2015, 12 (1): 148 – 155.

[271] 王晶晶, 王颖. 基于个体视角的社会创业领域选择差异研究简 [J]. 财贸研究, 2015 (6): 116 – 121.

[272] 王玲, 蔡莉, 彭秀青, 温超. 机会——资源一体化创业行为的理论模型构建——基于国企背景的新能源汽车新企业的案例研究 [J]. 科学学研究, 2017, 35 (12): 1854 – 1863.

[273] 王璐, 高鹏. 扎根理论及其在管理学研究中的应用问题探讨 [J]. 外国经济与管理, 2010, 32 (12): 10 – 18.

[274] 王爽爽, 汪忠, 李姣. 中国青年社会创业实践的特征研究 [J]. 青年探索, 2017 (6): 33 – 39.

[275] 王义明. 青年公益创业的困境与突破——以珠江三角洲为例 [J]. 青年探索, 2014 (3): 11 – 15.

[276] 王兆群, 胡海青, 张丹, 张琅. 环境动态性下创业拼凑与新创企业合法性研究 [J]. 华东经济管理, 2017, 31 (10): 36 – 42.

[277] 邬爱其, 焦豪. 国外社会创业研究及其对构建和谐社会的启示 [J]. 外国经济与管理, 2008, 30 (1): 17 – 22.

[278] 吴亮, 赵兴庐, 张建琦. 以资源拼凑为中介过程的双元创新与企业绩效的关系研究 [J]. 管理学报, 2016, 13 (3):

425 – 431.

[279] 吴亮，刘衡. 资源拼凑与企业创新绩效研究：一个被调节的中介效应 [J]. 中山大学学报（社会科学版），2017, 57 (4)：193 – 208.

[280] 奚菁，罗洁婷，冯冈平，魏新. 家族企业嵌入式 CSR 行为的心理机制：基于身份理论的多案例研究 [J]. 管理学报，2017, 14 (5)：650 – 662.

[281] 奚雷，彭灿，杨红. 资源拼凑对双元创新协同性的影响：环境动态性的调节作用 [J]. 技术经济，2017, 36 (4)：1 – 5 + 62.

[282] 夏浩钰，于正东，张岚，张纬. 基于非物质文化遗产传承与保护下的社会创业研究——以湘西自治州为例 [J]. 资源开发与市场，2018, 34 (3)：367 – 371.

[283] 夏鑫，何建民、刘嘉毅. 定性比较分析的研究逻辑——兼论其对经济管理学研究的启示 [J]. 财经研究，2014, 40 (10)：97 – 107.

[284] 谢家平，刘鲁浩，梁玲. 社会企业：发展异质性、现状定位及商业模式创新 [J]. 经济管理，2016, 38 (4)：190 – 199.

[285] 薛建宏，汪红梅. 中国需要怎样的社会创业 [J]. 财经科学，2015 (2)：72 – 79.

[286] 薛杨，张玉利. 社会创业研究的理论模型构建及关键问题建议 [J]. 天津大学学报（社会科学版），2016, 18 (5)：392 – 399.

[287] 闫佳祺，罗瑾琏，贾建锋. 组织情境因素联动效应对双元领导的影响——一项基于 QCA 技术的研究 [J]. 科学学与

科学技术管理，2018，39（4）：150-160.

[288] 严中华，姜雪，林海．社会创业组织商业模式要素组合分析——以印度 Aravind 眼科医院为例［J］．科技管理研究，2011，31（21）：214-217.

[289] 杨俊，张玉利，刘依冉．创业认知研究综述与开展中国情境化研究的建议［J］．管理世界，2015（9）：158-169.

[290] 杨志春，任泽中．大学生创业动机的二元共生现象及其理念引导［J］．高校教育管理，2016，10（5）：107-112.

[291] 姚梅芳，栾福明，曹琦．创业导向与新企业绩效：一个双重中介及调节性效应模型［J］．南方经济，2018（11）：83-102.

[292] 于淼，马文甲．CEO 个性、资源拼凑与开放式创新——基于中小企业视角的研究［J］．山西财经大学学报，2018，40（5）：83-94.

[293] 于晓宇，李雅洁，陶向明．创业拼凑研究综述与未来展望［J］．管理学报，2017，14（2）：306-316.

[294] 于晓宇，陈颖颖，蔺楠，李雅洁．冗余资源、创业拼凑和企业绩效［J］．东南大学学报（哲学社会科学版），2017，19（4）：52-62+147.

[295] 张驰，郑晓杰，王凤彬．定性比较分析法在管理学构型研究中的应用：述评与展望［J］．外国经济与管理，2017，39（4）：68-83.

[296] 张建琦，安雯雯，尤成德，吴亮．基于多案例研究的拼凑理念、模式双元与替代式创新［J］．管理学报，2015，12（5）：647-656.

[297] 张锦，严中华，梁海霞．基于 FAHP 的社会创业绩效评估体

系构建与实证分析［J］. 科技管理研究, 2013, 33 (16):
254 – 258.

[298] 张明, 陈伟宏, 蓝海林. 中国企业"凭什么"完全并购境
外高新技术企业——基于 94 个案例的模糊集定性比较分析
(fsQCA)［J］. 中国工业经济, 2019 (4): 117 – 135.

[399] 张秀娥, 张坤. 创业导向对新创社会企业绩效的影响——
资源拼凑的中介作用与规制的调节作用［J］. 科技进步与
对策, 2018, 35 (9): 91 – 99.

[300] 张秀娥, 张坤. 先前经验与社会创业意愿——自我超越价
值观和风险倾向的中介作用［J］. 科学学与科学技术管理,
2018, 39 (2): 142 – 156.

[301] 张玉利, 杨俊, 戴燕丽. 中国情境下的创业研究现状探析
与未来研究建议［J］. 外国经济与管理, 2012, 34 (1):
1 – 9.

[302] 张玉利, 田新, 王晓文. 有限资源的创造性利用——基于
冗余资源的商业模式创新: 以麦乐送为例［J］. 经济管理,
2009, 31 (3): 119 – 125.

[303] 赵立波. 公益事业, 社会事业, 公共事业辨析［J］. 山东
社会科学, 2017 (1): 11 – 85.

[304] 赵丽缦. 社会创业国际化战略选择的影响因素研究［D］.
东华大学博士学位论文, 2014.

[305] 赵萌, 郭欣楠. 中国社会企业的界定框架——从二元分析
视角到元素组合视角［J］. 研究与发展管理, 2018, 30
(2): 136 – 147.

[306] 赵兴庐, 刘衡, 张建琦. 冗余如何转化为公司创业? ——
资源拼凑和机会识别的双元式中介路径研究［J］. 外国经

济与管理，2017，39（6）：54-67.

[307] 赵兴庐，张建琦，刘衡．能力建构视角下资源拼凑对新创企业绩效的影响过程研究［J］．管理学报，2016，13（10）：1518-1524.

[308] 赵兴庐，张建琦．资源短缺情境下创业拼凑与新产品开发绩效的关系［J］．湖北经济学院学报，2016，14（5）：80-87.

[309] 赵兴庐，张建琦．以创业拼凑为过程的新创企业的新颖性形成机制研究［J］．科技管理研究，2016，36（20）：183-189.

[310] 赵兴庐，张建琦．资源拼凑与企业绩效——组织结构和文化的权变影响［J］．经济管理，2016（5）：165-175.

[311] 郑晓芳，汪忠，袁丹．青年社会创业现状及影响因素研究［J］．青年探索，2015（5）：11-16.

[312] 周飞，沙振权，孙锐．市场导向、资源拼凑与商业模式创新的关系研究［J］．科研管理，2019，40（1）：113-120.

[313] 朱秀梅，鲍明旭，方琦．变革领导力与创业拼凑：员工建言与刻意练习的权变作用研究［J］．南方经济，2018（6）：102-119.

[314] 祝振铎，李非．创业拼凑、关系信任与新企业绩效实证研究［J］．科研管理，2017，38（7）：108-116.

[315] 祝振铎，李新春．新创企业成长战略：资源拼凑的研究综述与展望［J］．外国经济与管理，2016，38（11）：71-82.

[316] 祝振铎，李非．创业拼凑对新企业绩效的动态影响——基于中国转型经济的证据［J］．科学学与科学技术管理，

2014，35（10）：124 – 132.

[317] 祝振铎. 创业导向、创业拼凑与新企业绩效：一个调节效应模型的实证研究 [J]. 管理评论，2015，27（11）：57 – 65.

[318] 左莉，周建林. 认知柔性、创业拼凑与新企业绩效的关系研究——基于环境动态性的调节作用 [J]. 预测，2017，36（2）：17 – 23.

后　记

本书是我承担的国家社科基金一般项目"基于资源拼凑的社会创业企业成长机制研究"（17BGL002）的结项成果，该结项成果被鉴定为优秀。

在中山大学攻读博士学位期间，我选择以创业与创新管理作为自己的学术研究方向。博士毕业后，我来到常州大学工作，工作不久就观察到苏南地区蓬勃发展的海归创业现象，因此以海归创业为主题开展了系列研究工作。2015 年 11 月，我指导的本科生杨敏、沈黄君、张亚芳、黄剑飞等完成的课外学术科技作品"'海归创客'：中国创新驱动的一支可贵力量——基于常州市 6 个留创园 158 家企业的调查研究"在参加第十四届"挑战杯"全国大学生课外学术科技作品竞赛现场决赛时，有一位年长的评委专家建议杨敏和沈黄君同学在关注海归人才开展的旨在打破国外技术垄断的"高大上"式创业活动的同时，更要去关注底层普通大众开展的贴近老百姓生活的"接地气"式创业活动。2016 年 8 月，我前往天津参加南开大学创业研究中心举办的高校创业师资训练营（第一期），张玉利教授授课时提到"社会创业与经济创业同样重要，要积极关注社会创业……"。"挑战杯"国赛评委专家的点评以及张玉利教授的授课深深地触动了我的神经，让我萌生了"关注社会创业、研究社会创业"的想法。令人欣喜的是，我发现近年来常州、无锡等苏南地区的社会创业活动也在蓬勃发展中。到无锡社会创新创业园区、常州北斗星公益园等地开展调研之后，我脑海就涌现了一个疑问，"与传统的商业创业企业相比，社会创业企业的成长机制有没有特殊性？"带着这个问题，我查阅大量国内外相关文献，以"基于资源拼凑的社会创业企业成长机制研究"为题申报了国家社科基金项目。幸运的是，我的项目申请获得立项资助。自此，我开启了充实而又快乐的社会创业研究旅程。

在这段研究旅程中，我指导的硕士生于小进、郑庆龄、赵栩、唐康丹深度参加了项目研究工作，也参与了本书部分章节初稿的撰写工作；我指导的本科生鲍志琛、虞睿、孙步明参加了项目研究资料的收集与整理工作；我指导的硕士生殷悦、夏靖婷和本科生刘美阳参与了书稿校对工作。在研究过程中，社会创业者们身上所迸发的公益情怀和社会责任感深深地感染了我们课题组所有成员，社会创业者们的艰辛创业历程让我们课题组成员受益颇深。在参与本项目的研究过程中，学生们都获得了很好的成长。看到他们的成长，作为高校"青椒"的我倍感欣慰。

在这段研究旅程中，我得到了诸多领导和同事们的支持与帮助。常州大学副校长张宏如教授，人文社科处处长葛彦东教授、副处长潘道广老师，商学院党委书记江涛涛副教授、院长姜鸿教授、副院长姜国刚教授和佟金萍教授等领导对我的研究工作都给予了很多关心和支持。常州大学商学院杨春教授、汪锋教授、杨月坤教授、钟昌宝教授、管志杰教授、王文华教授、蔡建飞副教授、刘建刚副教授、王启万副教授、张普副教授等同事对我的研究工作都给予了很多指导和帮助。在此，我要向他们表示最诚挚的谢意!

自2008年步入学术殿堂至今，我还得到了诸多师长的指导与支持。在我攻读博士学位期间，导师符正平教授悉心指导我如何做学术研究；在我博士毕业后，他还悉心指导我如何申报科研项目以及平衡教学与科研工作。在此，特别感谢恩师一直以来对我的关心与指导！此外，中山大学李新春教授、任荣伟教授、李炜文副教授，南京大学赵曙明教授、刘洪教授，南开大学张玉利教授、任兵教授，重庆大学刘星教授，大连理工大学胡祥培教授，首都经济贸易大学高闯教授，河海大学王慧敏教授，南京理工大学周小虎教授，华东理工大学郭毅教授，浙江大学杨俊教授，上海大学于晓宇教授，东南大学杜运周教授，西安交通大学苏中锋教授，北京师范大学焦豪教授，吉林大学葛宝山教授、朱秀梅教授、马鸿佳教授、董保宝教授、尹苗苗教授，上海财经大学刘志阳教授，宁波大学钟昌标教授、彭新敏教授，华南农业大学杨学儒副教授，汕头大学梁强教授对我的研究工作都给予了很多指导和支持。在此，感谢他们对我这位学术新人的提携与帮助！

最后，要感谢我的爱人刘巍女士。曾从东北龙江大地远赴西北兰州大学攻读社会学专业硕士研究生的她与我探讨学术时，总会提到"做学术研究时要有社会情怀，要做一些关注弱势群体的研究"。因此，当我告诉她我想就社会创业现象开展研究时，她给予我极大的鼓励与肯定。平时我投入较多时间与精力于工作中，很少承担家务，她没有半点怨言。她的全力支持给予我的学术研究工作无尽的力量，但愿本书的出版能够给她带来一丝慰藉。我还要感谢我的女儿彭琬旎，她的出生给我带来了无尽的快乐，也给予我在学术之路上勇攀高峰的力量。

社会创业研究是当前国内外创业研究领域的前沿课题，许多问题还有待于深入研究。由于本人知识、能力等多方面条件的限制，书中难免存在纰漏之处，还恳请读者不吝指教！

彭　伟

仲夏于常州西太湖

2019 年

图书在版编目（CIP）数据

基于资源拼凑的社会创业企业成长机制／彭伟著
. －－北京：社会科学文献出版社，2019.11
ISBN 978 - 7 - 5201 - 5733 - 9

Ⅰ.①基… Ⅱ.①彭… Ⅲ.①企业管理 - 研究 - 中国
Ⅳ.①F279.23

中国版本图书馆 CIP 数据核字（2019）第 229616 号

基于资源拼凑的社会创业企业成长机制

著　　者／彭　伟

出 版 人／谢寿光
责任编辑／宋　静　吴云苓

出　　版／社会科学文献出版社·皮书出版分社（010）59367127
　　　　　　地址：北京市北三环中路甲 29 号院华龙大厦　邮编：100029
　　　　　　网址：www. ssap. com. cn
发　　行／市场营销中心（010）59367081　59367083
印　　装／三河市龙林印务有限公司

规　　格／开　本：787mm × 1092mm　1/16
　　　　　　印　张：17.25　字　数：216 千字
版　　次／2019 年 11 月第 1 版　2019 年 11 月第 1 次印刷
书　　号／ISBN 978 - 7 - 5201 - 5733 - 9
定　　价／98.00 元